U0452084

食货花鸟

于非闇 著
沈宁 编注

北京出版集团
文津出版社

于非闇《牵牛花》(1958 年，私人收藏)

目录

食货篇

花鸟虫鱼篇

晚年于非闇

于非闇《萃锦图》(1952 年，私人收藏)

于非闇《时乐鸟》（1945 年，私人收藏）

于非闇《墨竹文鸟》（1947 年，私人收藏）

于非闇《双鸽》（1948 年，私人收藏）

于非闇《心里美》（1940 年，北京画院藏）

于非闇《牡丹蜜蜂》(1947 年，私人收藏)

于非闇《红叶黄鸟》(1947 年，私人收藏)

于非闇《腊梅山禽》（1948 年，北京画院藏）

于非闇《辛夷花图》（私人收藏）

于非闇《菜蔬蝈蝈》（1941 年，北京画院藏）

于非闇《水仙墨蝶》（1947 年，私人收藏）

于非闇《白莲红蜓》（1947 年，私人收藏）

于非闇《临赵佶御鹰图》（1954年）

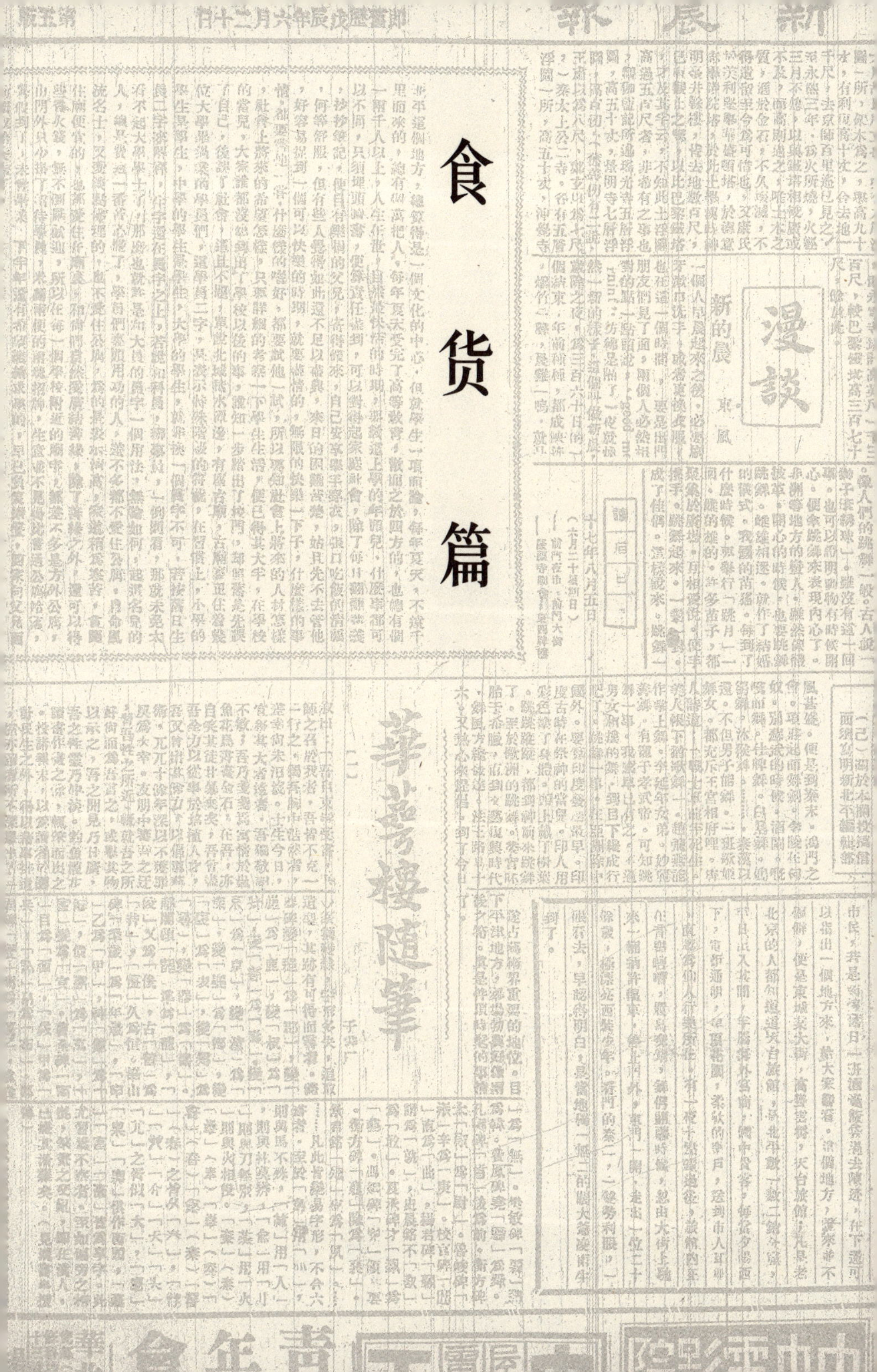

食货篇

帝都食货志

绪言

序曰：班孟坚《食货志》[1]曰："洪范八政，一曰食，二曰货。食谓农殖嘉谷可食之物，货谓布帛可衣，及金刀龟贝，所以分财布利，通有无者也。……"吾幸而为帝都一细民，天生我，赋予四肢百体，赋予脑髓灵魂。吾家自高曾而下代读者，至吾尤不幸而不能辍其读，吾家无长物，所以祖孙父子相授受者，罔非书，故吾之中书之毒，乃有生以具来，非有所迫而为之也。吾既为书所毒，乃不自揆，日兢兢焉以求吾心之所安，而祛其所未安者，故吾生年已四十，吾实愧无所树立焉。吾之毒，中于书者且日深，吾复不自觉其性淡，吾以获明窗净几，日即其中

[1] 班固（32—92），字孟坚，扶风安陵（今陕西咸阳）人。

读书已足，日啖粗粝，服短褐，吾体乃倍健，吾之力乃倍增。吾日除读书作画治印外，颇以其余逞迂说，以实各报尾，吾于是颇易自珍其说，不敢滥袭窃。故数年来，吾说之为人所小可者，亦仅为穷愁牢骚之数知音焉。今者《新中华报》主者约慎言[1]先生主编文艺版。吾与慎言交至久，慎言以董狐之笔，描写龌龊社会，人固不审其意，谓其笔近俳优，犹人之诮吾嗜好特深，盖举不足为知已也。慎言膺斯任，大索吾（慎言来舍间，不遇，驱车走寄庐，又不遇，杂仆厮屋中，耐候至一句钟，不复耐，草短札付仆，驱车去，吾竟获邂逅，稍慰慎言，故志之），谓不可无一言，且要吾为长草。吾日来，时较闲，颇欲以耳目所经，草为帝都车服器用礼乐习俗各志，虽已小有所获，而文献尚未尽足。比为慎言言，慎言坚欲得迂说，因据班书《食货志》草其篇，曰“帝都食货志”。盖清人入关，垂三百年，其人之饮食器用，故颇有一述之值，惜吾生也晚，不获见鼎盛之隆。而缙绅之士，故旧之家，其流风余韵，尚未尽泯，笔而出之，或亦读报尾间者所不深恶乎？

十有八年一月一日于照识于花萼楼

（一）本志仅限于个人之见闻，其各书所载，与清史（此史幸未见过）所入者，概不肯任缮写之劳。

（二）“帝都”二字，是对于清人入关，以迄未改“北平”以前而言。因自清人为帝，以迄著者着意考察以来，觉得偌大北京城，无非是一个满洲化。故直谓其饮食器用为帝都的，非他处所能有也。

---

[1] 陈慎言（1887—1959），福建闽侯人。作家、报人。历任北京《公言报》《社会报》《星报》编辑，《新中华报》副刊主编，《北京日报》副刊主编。1910年开始发表作品。1957年加入中国作家协会。著有小说《故都秘录》《说不得》《浑不似》，剧本《小杂院》等。

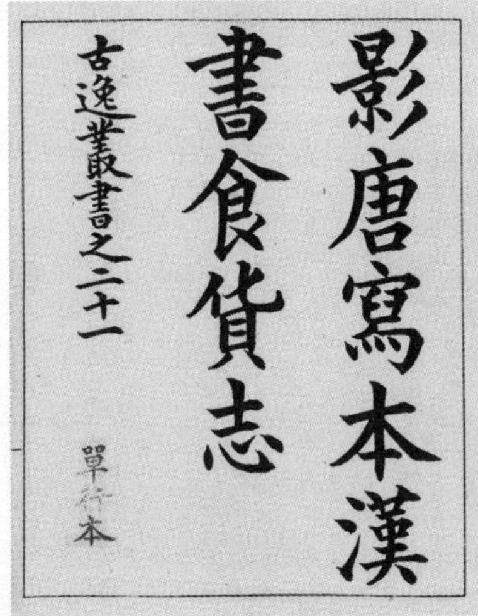
影唐寫本漢書食貨志

古逸叢書之二十一

單行本

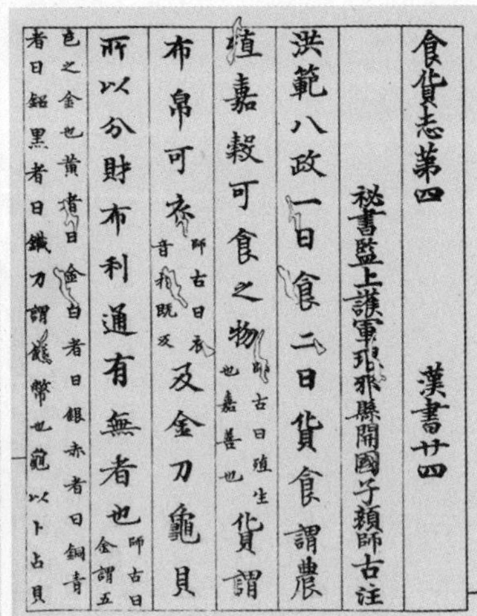
食貨志第四　漢書廿四

秘書監上護軍琅邪縣開國子顏師古注

洪範八政一曰食二曰貨食謂農殖嘉穀可食之物師古曰殖生也嘉善也貨謂布帛可衣師古曰衣音於既反及金刀龜貝所以分財布利通有無者也師古曰金謂五色之金也黃者曰金白者曰銀赤者曰銅青者曰鉛黑者曰鐵刀謂錢幣也龜以卜占貝

《帝都食货志》

（三）《汉书·食货志》，为帝王之食货志，非吾所为食货志。吾不幸未曾趋跄于龙庭，吾尤不幸，未曾入蚕室而为阉竖[1]，故大皇帝之饮食器用之如何如何，吾实莫能尽举而详之，凡吾所言，举帝都中之一切言之，非紫禁城中，与夫政教所及如班书者也。

（四）帝都历三百年（专就清朝），其宅于是者，不尽满洲人。以其力之久且渐而为满人化者，旗籍而外，汉族且与焉，更无论乎蒙与藏，故本志不复析其族，而一以“帝都”括之（回族亦然）。

（五）著者为“帝都”之细民，故其言多细琐，且有近俚俗者。在著者务存其真，以见“帝都食货”，固自有其品质性格，所谓“街谈巷

[1] 阉竖：指太监。

于非闇“帝都食货志”手迹

议”之言，非板起面孔，草清朝食货志也。

（六）著者前草都门各记，颇蒙识者不弃，为书教之。此志之作，只限于见闻，容有未尽详实，或误于俚俗处倘蒙辱教，岂特幸甚。

（七）此志分上下两卷，上卷志食，下卷志货，皆就所知，拉杂出之，不复第其目。

十有八年一月一日非厂又识

北平为都，历数百年，辽、金、元、明，固无论矣。吾人苟居北平久，则知其土著所为饮食器用者，咸与他处异，此无他，满洲化也。自清人入关，且三百年，虽其间满汉互化，而皇帝，而王公，而百僚，而旗民，挟其伟大之力，潜移默化，虽间有一部分名称服饰尚保存朱明遗制，而饮食器用，谓帝都为满洲化，殆非武断也，故吾特拈“帝都”二字以冠诸篇。而曰食，曰货，窃本诸班孟坚之《食货志》焉。

语曰：“饮食男女，人之大欲存焉。”况北平在昔日，为贵族麇集之所，人文荟萃，凡所以快口腹，娱心意，乐耳目者，咸集于斯，而罔不各至其极，加以清廷制度，王公贵戚，士兵仆隶，无不入丰履厚，日除声色狗马玩嬉外，其欲逐一集于饮之与食。其为食，虽不必一饭百金，而极其精，亦至堪味也。

人每谓“北平”之食，为北方人通常食品，此说就现状观之，或亦有据。惟“北平”为帝都，为王公贵人之品食处。其来观光者，以为北京之食如何如何，归而夸其乡里，其乡里窃慕之，或多方仿效之，于是“炮羊肉”“炸酱面”，遂传遍各处矣，况几次旗兵出征，其不携饮食法于各地，使各地亦知所谓“包煮饽饽”“烙黄油饼”……吾不信也，北方人在昔日，岂真饱尝此味乎？辛亥以前，各省驻防旗人，其为饮食，卒能特保其异，明乎此，则知吾之为此志，或亦探源之说也。

吾今先言帝都食品，而后及于饮。吾之言食，仅就世俗之名称，不后求古字古意，存其真也。如“白菜”则直称之曰“白菜”，不曰“菘”；“野鸡”则直称之曰“野鸡”或“山鸡”，不曰“雉”。而“炸”“炒”“穿”“萨其马”……则仍就以其音为字，不复顾其字之有无，与夫字之本意也。

帝都以麦粉为主要食品，以麦砻去壳，磨为粉，以“罗”筛之谓之“白面”。其杂入麦糠与壳者，谓之“混面”。“白面”而以再细之“罗”筛之，谓之“重罗白面”。“重罗面”价昂，为中等以上人家食品。“白面”为普通人家食品。“混面”为贫家食品。

研面之磨，以石为之，上下各其一，其合和处，以凿凿为棱，下盛以盘，磨用久，棱渐失，则又凿，故面粉中乃不能无石粉。粮肆任磨面者，系专家，俗呼曰“磨官”。盖王公世爵邸第中，皆置磨房。在宫中且置之官，故俗即官之云耳。“磨官”日策其骡以研面，悬弹弓置“罗”而筛之声琅琅然，时和俚歌，为状至愉；人且喜闻其清响焉。

北方人食麦，南方人食米，此由气候、出产、体质……而不同也。帝都在昔日，独于麦乃尤能利用之，且友朋戚好相馈赠，几于舍麦粉外无他物，故不仅“达子饽饽”之纯恃面做也。

“达子饽饽”为旧糕饼铺之一种食物，其类有八，故谓之“达八件”，其形制稍小者，谓之“小达八件”。道咸后，人始不谓之“达子饽饽”，称“达八件”为“大八件”，又谓之“大八样”；称“小达八件”为“小八样”或“小八件”。说者谓“达子饽饽”，乃对于蒙古而言，谓蒙古人所食者为“达子饽饽”。吾尝考之，在旧糕饼铺，其市招皆作小木牌，敷金漆，以索连缀若串珠，其一面书满洲字，一面书汉字，其室中亦往往书“满汉饽饽”。吾因询其满洲饽饽状，则咸以“达子饽饽”对。且吾亦颇习蒙古语，知其仅年班朝觐时，携此饽饽以归，夸其得自天朝，蒙古习俗，故不嗜此也。

吾今请就所知，一述面粉之为食。吾所不知，或虽知而未详者，姑从阙略。惜吾非易牙才，合味与否，深滋愧焉。

帝都人谓“面条”为“面”，谓面粉亦曰“面”，吾于后者特称曰“面粉”，为吾记述之便，不复存其真也。

一　以面粉为主要成分者

一、面

帝都人最尚食面，亲朋过从以及庆吊诸事，罔不食“面”，于是“面”之种类遂不一。有“伸面”[1]者，以面粉和水，力搅之，后压以掌，使成绕指柔。以柳木制为板，俗曰“案板”，枣木制为圆棒，长尺许，置和就之“面”于板，以棒滚压之，使成薄片。当以棒滚压时，“面”受力，随其棒向前伸展，若驱之然。俗因谓此棒曰“擀面杖”。片既薄而平，以刀划成条状，撒以面粉，总五六条，两手各持一端而力抖之，“面”受力，其延展性随之而伸，故可任意为粗细宽仄。就沸水入之，俟熟，挑出之，此习用之制法也。面粉之质，则以“重罗”者能任意伸展，“白面”次之。“混面”质杂且粗，无伸展性。食之者，和水视“白面”须少，以手按之，质极硬，就“案板”以棒滚压之，务使薄，两面撒面粉使折叠勿黏合，然后叠为三四折，以棒为规，随以刀切之，

[1]　伸面：今作抻面。

伸面

切后弛其叠皆成条，此谓之“切面”。

又有“拨鱼”者，和面粉若糊状，以箸就碗沿向沸汤中力拨之，“面”受箸之压与拨，成蝌蚪状，随沸水而上下之，若鱼之游于潭焉。其以一二人之“伸面”，供二三十人食用者，则有“把儿条”与“面山子”。

所谓“把儿条”者，和成之“面”，须视“伸面”尤柔腻，两手握三四斤，使成“面”棒，伸开四五尺，折而缠之，成两“面”棒相纠结，两手各执一端而力抖之，又伸长四五尺，再折而缠之，成四“面”棒相纠结，其棒乃越细。而执两端，而力抖，又俾长又折缠，如是赓续行之，视其“面”之棒，如此期而止。设以其“面”之条而展开之，固一条绝长之“面”条也。以此入沸汤煮之，可供十数人。且其“面”之条，受力之伸与缠，皆成圆柱状，可任意为极细，故尤适口。惟伸此者，非厨司之具有力与艺者莫办，非人人能伸之，亦非纯恃力者能伸之也。

所谓“面山子”者，即市肆中“切面铺”之专技，其法与前述之“切面”，似同而实异。近来“切面铺”皆以机器之力以为之，已不复见此“面山子”矣（间亦有之，惟极少，容后详之）。以“案板”制为床，长五六尺，宽二三尺，光泽可鉴。和成之“面”，须加明矾与碱少许，使极硬，摊床上。“擀面杖”长五六尺，径约四寸，以一端置联于床预置之臼中，一端以人乘其上，力压之，使极薄而腻为止。“面”受压，辄伸展，即成，为一大薄片，制者折叠之，底宽上仄，望之若山然。切“面”之刀，若铡刀，长亦如之，一端为柄，一端为特出而下垂之座，中为刃，就折叠之“面”切之，术愈精，其宽仄巨细愈任意。其细若游丝者，俗曰“一窝丝”，其宽若竹帘者，俗曰“帘子根”，名目多至十余种焉。近旧肆除机制外，间有预置“面山子”者，惟不切成条，仅斜切之，使成菱形之块，俗谓之“柳叶”者是也。此外，肆中尚制有所谓“杂面”者，是乃合腐坏（发酵）之“面山子”，而杂入以豆制之粉，食之者谓有异味，吾仅食一二次耳。他如，挂面、油麦面、荞麦面……非帝都之恒食品，且其为制，亦有非帝都所有者，恕不详焉。惟面食中尚有所谓“疙瘩汤”者，此为佐食之物，帝都中多嗜之。其为用，殆如饭后之食粥，吾将于佐食中述之。

下之所述，为“面”食中之主要者，其调味制汤诸法，吾且不揣其迂，而一述之。盖饮食为人之大欲，况三百年来帝都人士优游于大皇帝羽翼之下，所以求满其欲者。其为制乃不厌精且详，吾为自恨寒家，不得时入王公贵人邸第中，饱尝异味，而戚好酬酢，所得于调制诸品，间乃获佳馔。吾生苦晚，不获见承平之熙和；吾生幸晚，亦不致为口服之欲所中，是又吾草斯志，而小费踟蹰者也。

“面”之状既如是，其关于令节者，则夏至日必食“面”，二月初二必食“面”……而庆寿之日必食“面”，生子三日必食“面”，尤俚俗中所弗得免者。夫“面”既以之为主要食物，必如何而烹调之，然后可以称其为“面”？则有所谓“卤面”“酱面”“汤面”“冷面”……条述如次。

（子）卤面：“卤面”以精汤杂以干鲜肉菜，和以酱若油等，浇面而和合之，使其味鲜美而适口；其味汤浓稠而色重，故谓之卤。析言之，又有“混卤”“清卤”之分。

1.混卤：以鸡鸭或猪肉煮为汤（有以猪蹄、猪皮、猪骨等煮为汤者，则中下之家，用以应节令，作寿诞，亦差可慰情于无也），俟浓稠，去其浮脂与釜底渣滓，起出之，鸡鸭与肉精英，皆入于汤。此汤遇冷即凝为冻，无色透明。俗谓此汤曰“白汤”，又谓之为“高汤”。

面食铺（馄饨、饺子、切面）

佐以鸡鸭猪肉之生片（熟肉则不香不鲜），用真“营盘口蘑”，须泡为汤。加大虾米、木耳、干贝、黄花……入釜煮之。釜之质，以铜胎而银裹，或俗所谓“砂锅”者为佳。铁质最次。俟沸，预以“百合粉”或俗称为“老干团粉”者，调之使稠，以鸡卵调匀入之，卤遂成。此卤有调“酱”者，有用“酱油”者，以“酱油”之味尤美。吾今讲述一目击事：有贫妇托破钵，沿巷乞食，友适食“卤面”，即以馂余使之食。妇受而食，方启唇，即赞曰：“此‘全卤’也！”又食，复曰：“此卤用‘小次生’，故味绝美！”随食随赞，唇啪啪作声；又若不胜唏嘘者。友以其为知味，叩之。妇曰：“吾家耗于口腹者，至货田庐，典衣物以赴之，卒至不能为生，贫病死。贫妇年且五十，已五六年未尝此味矣！能不令人一思吾家人乎！”友询其家世，不肯言，仅知其为八旗子弟后耳。

如上所举，各味全备者，曰“全卤”。“小次生”，为“口蘑”之一种。由是观之，食欲之中人，帝都中之知味者，固大有人在也。尚有“豌豆卤”“毛豆卤”，亦当属之“混卤”。在夏历二三月间，园艺家之早豌豆乍结实，翠碧鲜嫩，俗谓之“豌豆荚”。去其皮，子粒尤稚嫩。以“白汤”杂入鸡鸭之生肉片，调以酱油、料酒（绍酒之次者）。俟汤沸入肉片与豆，遂调以百合等粉，使稠，即成为卤。

又以春间河中，“青虾”（此虾惟玉河产者味尤美，价亦昂），去皮取肉，佐以鸡肉生片，与豌豆和为卤，尤佳。所谓“毛豆”者，指“黄豆”（大豆）之荚多毛而言。乌豆亦有毛，状且类黄豆，味不如黄豆美。当仲夏之际，毛豆结荚，鲜嫩可爱。取其子粒，嫩乃若浆。时青草初生，羊肉味美，取羊肉之精，切为丝或片，以“白汤”入酱油、料酒等，俟沸，羊肉与豆粒同入之，随调以粉，即成卤。“夏至面”中之应时佳品也。此外则有“茄子卤”。取初夏嫩茄，去皮，切成薄片，风干之，约数小时。以“脂油”（猪内脏贴于两肋者，又谓之“香脂油”）文火煎之，至略焦，如“豌豆卤”法制之，猪羊肉均适口也。

2.清卤:“清卤”之于“混卤”，仅不调粉使之稠耳。其去“汤面”殆无几。说者谓“清卤”为“混卤”之别名。而类于“汤面”者，乃谓之“穿卤”。吾亦知帝都有所谓“穿卤”者，而饭肆谓不全者为“清卤”，且有谓素食之卤为“清卤”者。吾求记述之便，即以俗所谓“穿卤”为“清卤”，对等言之耳。

“清卤”中有以“蘑菇”为主者，而佐以虾米、冬笋等品，汤则非好“白汤”不可。乾隆时喜食“三鲜卤”，鲜蘑、鲜菜、鲜肉切为小片，“白汤”调之，味最适口，谓胜于肥膏焉，此见诸御制诗者。惟三者鼎足，不详其法。有以鲜菜为主者，如菠菜、虾米、鸡丝……则谓之“菠菜卤”。酸菜（白菜以热汤浇之，密封一二日即发酵而味酸）、羊肉、黄花、木耳、虾米……则谓之“酸菜卤”。胡萝卜为细丝，杂以羊肉……则谓之“萝卜丝卤”。故凡以蔬菜为主者，概就其菜而称之，而皆视“白汤”之纯驳以定其佳不佳焉。有以肉类为主者，那拉后[1]喜食“虾仁卤”，张香涛食“烧羊肉卤”而善之，此皆见诸吟咏者。（民国二年见某杂志有易哭厂咏“烧羊肉面”及“虾仁卤”诗。）“虾仁卤”，愧未知其详，“烧羊肉”则为帝都夏令之恒食品。帝都之羊肉，视各地为佳，固不待言。惟食羊肉者，于其头、蹄、肠、胃等脏腑，向不能自烹而食。于是有专售羊头肉者，头、蹄属之。有专售“羊杂碎”者，脏腑属之。然皆宜于天气寒冷之时，酷暑中固无敢制而售之者。羊肉肆于夏季，其所余之头蹄脏腑，无所去，逾半日且腐臭。于是自为计，

[1] “那拉后”指慈禧太后。

良莫如制而售之，遂与腐臭之肉，同入釜煮之，此夏季之所以有“烧羊肉”也。“烧羊肉”有“五香”“九香”之分，皆就其杂入之香料（如桂皮、花椒、茴香……）以别之，无关紧要，其特异处，乃在煮肉之汤与烧耳。

汤之主要成分为酱，杂以香料，入肉等煮之，此为“新汤”匪善也。汤之煮肉，随煮随加水，夏季用毕，以樽盛之封置地下枯井中，（羊肉肆内皆有井，为四时置肉之用）。翌年出之，以煮肉也，味较新汤稍佳，亦匪善也。必此汤赓续存之至六七年，其味乃醇，谓之“老汤”。煮肉至熟，就汤中起浮脂，即以脂入釜煎肉，俟焦，于是乎“烧羊肉”成。售肉者，兼与以汤，不患不多，而患在不老。苟得“老汤”，再入以佐味之品，固无怪香涛嗜之也。此外如“鸡丁冬笋卤”“鸽子卤”“羊肉卤”……其为类殆不暇一一举。而“黄油榛子卤”则纯乎满洲食也，请为述之。

游牧地如满蒙，其特产如酪、奶油、黄油……而榛产关外者，盖随地而是。以“黄油”煎“榛仁”，微焦，俟冷。“羊肉”之精者，切如榛子块，亦以“黄油”煎之，稍变色，即取出俟冷。用真“口蘑”入“白汤”煎之，俟沸，去浮脂，煮至榛已脆嫩为度。吾初尝此异味，颇询其调法，制者谓“此为三百年来老家法，子孙相传，其法不替，惟须汤与酱两佳耳”。

尚有不用肉汤，而以豆腐等为“素卤”者。帝都人多佞佛，初一、十五、十九，推而至于“马王诞日”“眼光娘娘生日”……皆于其日素食以祈福祥，则素卤者，乃应时而生焉。“素卤”原应分“混”与“清”，吾以其非日常食品，且不复详其品目焉。说者谓：“‘御膳房’每遇斋戒等日，向素食；素食在皇帝，且为要务，乌得而不详?”吾曾观“御膳房”之《报销底册》矣，“初一日：老佛爷用早膳一桌，价银三百两”。所谓老佛爷者，以光绪册再推之，当为那拉后。那拉后朔日向素食，设核其浮冒至十之一，尚须银三十两。吾无易牙才，愧莫能举其品；况吾兹所述，乃佐“面”之“素卤”乎？

（丑）酱面：“酱面”者，以肉等调酱使稠，用以佐“面”者也。吾在帝都久，于“面”之食，习之颇深。惟吾独不能食，故于味不复能详。要而述之，亦惟具其品目耳。

1.炸酱：帝都造酱，向推香山。在数十年前，香山之酱，遍于都下，所谓“天义酱园”是也。都中制者“天源”较佳。近且凌驾“天义”而上之。以“天义”减原料而味涩也。都中之酱有奇味，用以调味，吾乃格格不喜食，此或为吾胃之病所致。而帝都中相率以“炸酱面”为请客待人之品者，盖均嗜此，视“卤面”尤普遍而易举焉。第其品如下：

帝都所谓“干炸酱”者，用油煎去酱与肉等之水分，使浓稠若糊，而所煎之油，浮于酱上作浅黄色。其煎法有二：以油入釜，俟滚，入以肉等，稍煎，即入酱，勿和水，俟酱已熟，油浮出即得，此一法也。以油入釜，随入酱肉等物，和以多量之水，以火极煎之，水分遇大热即蒸发，俟水干，起出之，此又一法也。前者可速成，后者味浓厚焉。调酱之品，有用瘦猪肉切成小方块者，有用小鸡块、猪肉块和以口蘑者；有以羊肉切丝，以猪油煎者；有以榛瓤、松仁、鸡肉、虾仁、口蘑、猪肉……为“八宝酱”者，要惟视其嗜而调之，初无定也。

炸酱之油，以猪油与“芝麻油”（俗名香油）合用为佳。其纯用“香油”者，则有“素炸酱”。“素炸酱”亦同于“炸酱”，惟不用荤肉，盖皆植物性之品。“面筋”切为块，煎之使焦，然后佐以榛瓤、冬笋、黄花、木耳诸物，如法炸之，味亦鲜美。

又有所谓“面马儿”者，其“马”之意者何，其是否为此“马儿”字，吾皆愧莫能知。其为物，盖皆为佐“面”者。即吾前述之“卤面”，亦匪此不可焉。其一为“青豆”。以豆入温水泡之，俟发生，而尚未发芽时，取出之，去其皮，入沸汤即出之。勿过热。帝都谓此物曰“豆嘴儿”。其在夏日，则用鲜“豌豆”“黄豆”代之。其二为“绿豆芽”。以绿豆入木筒，予以适宜之温度、水分，则发芽与肥大之根茎，白而鲜嫩。以吾所考，帝都以此为专业，他处匪善也。都中人谓其连根、茎、子叶与叶，曰“豆芽菜”。据医家言：“此物冬季食之最宜，若冬疫，若春疫，其中下社会中，所以不尽为疫所中者，殆皆恃于此与‘窝窝头’。至于消释煤毒，尤有特长，固不仅能清热也。”惜吾不知医，特志于此。谓其去子叶与须，状根者，曰“掐菜”。谓仅去其须根者，曰“闯菜”。用以做“面马儿”者为“掐菜”。其三为“青蒜”，即蒜之球茎尚未发育，其茎与叶之鲜嫩者，生切之以佐“面”。其四为“萝卜芽”。以萝卜种子入苗床，予以适宜之温度、水分，使发芽，俟其子叶两片开展，中生叶芽，即取之，去其根，生切之。其在夏秋，则用“小萝卜”（都中人又谓之“把儿萝卜”。色红，体小，四五枚系为一束。都中谓一束为“一把儿”故云），去皮生切为细丝。亦有不去皮者，各有嗜也。其五为“黄瓜”。取黄瓜之嫩者，生切为丝，有去皮，有否者，各以嗜。其不切为丝，仅剖为三四条，覆以“青蒜”一二株，老蒜两三瓣，小萝卜一二枚，随其“面”嚼而啖之。“面”之条特宽博，酱浓稠而色黑。烧酒余馨，炸酱面与蒜葱之气，满室作异香，久久不能去，尤帝都中之妙味也。以上五品，“面马儿”之为物，盖已略具于是。其“卤面”之“马儿”，则除以上所举外，尚有咸胡萝卜丝、十香菜丝、老蒜糜……数品耳。“十香菜”为帝都咸菜之一种。

2.素酱：吾兹所谓“素酱”，非谓“炸酱”之仅用植物性者。吾之意，谓凡不用油煎，而又为植物性者为“素酱”。盖对“炸”而言，非仅对于荤酱而言也。其一为“芝麻酱”。作芝麻油而余之副产品，一曰“芝麻酱”，一曰“麻渣”。取“芝麻酱”，渐入以水，以食盐粉杂之，俟稠而油浮出为度，佐以“面马儿”、酱油、醋等。面须冷，且有用冰使极凉者，为夏日之恒食品。其二为“辣酱”。以秦椒粉，入油煎之，俟其油呈红色，取油另入釜，切生葱成小块，以椒油煎之，入酱油、醋等，俟沸取出，以调面，味颇美。其三为“甜酱”，取生“甜酱”（亦酱之一种，味甜，俗谓之“甜面酱”）和以香油、芝麻酱、酱油、醋等，以调面。老蒜糜为必需品焉。以上所举，在吾已尽于是。说者谓“北方人身体强健，故其食品若葱、蒜、醋……含有刺激性者，独能嗜之。且其食物多含有壮阳性……”吾实愧莫能曲为之说焉。

（寅）汤面：帝都人食“汤面”，非如通行各省之“鸡丝汤面”“三鲜汤面”……也。其制法及取材，乃与通行者异。吾窃谓帝都人之食“面”（面条）颇足以证朔方人之体健。其在昔日，八旗子弟，且匪此不饱焉。食干面粉一斤，或十二两者，所在皆是。且非仅劳动界，吾儿时犹及见之。故多驰马击剑，躯干魁梧之士。而习弓矢，练跌扑，自入关以迄庚子，王公子弟，亦且严为督课，八旗满蒙汉，尤恃为进身之阶焉。其在庚子以前，制“窝窝头”所用之“杂和面儿”，每斤价仅一百二十文（合铜元一枚零二小钱）；“小米面”每斤价仅一百六十文（合铜元一枚零六小钱），故食此者甚少。因“重罗白面”价才合铜元五枚，普通白面，仅合铜元三枚余一斤也（吾家所用账簿有之）。职此之故，中等之家，一“汤面”之微，在今视之，乃若甚奢。即如吾前所述之“八宝酱”，亦所谓“家常便饭”也。

“汤面”之汤，自以“高汤”为妙，然亦有不尽然者。吾请条析述之。

1. 羊肉汤面：所谓“羊肉汤面”者，非以羊肉煮为汤以佐“面”也。

其一：以“生羊肉”切细丝，先以“生羊脂”入“香油”煎之，俟“羊油”熔化，以葱丝、蒜片、姜及“黄酱”入釜，随和以水少许，俾“酱”与油合。俟大沸，酱臭已出净，以肉丝入之，和以多量之沸水及“料酒”“盐”等物。水沸，伸成面就釜中煮之，羊肉等味皆入面中，俟熟挑出，撒以“青韭”等鲜菜，味绝美。惟此汤只能煮“面”一次，二次以后，汤即浓稠，肉味全失矣。下同。俗谓之“羊肉热汤面”。

其二：以白水注釜如量，以“生羊脂”切为细丝及葱、姜、蒜同入之，俟沸。另以器入“生羊肉”细丝或片，倾入和匀之“黄酱”或“酱油”及“香油”“料酒”等。汤俟沸，置伸成面于汤，俟将热，以器中各物倾入，稍盖严，起出食之，味较前述尤佳。若再于将起出时，而以“青韭”或夏日之嫩韭入之，尤饶异味。盖所以取其鲜也。俗谓之“羊肉喂穿儿”。

其三：以“奶油”（即牛乳之油）入釜，杂以多量之“葱花”（俗谓切葱成小碎块，曰“葱花”），和以如量之水。以“生羊肉”和“酱”，另以“口蘑”泡汤入之。俟沸煮面，有奇味。俗谓之“奶油穿儿”。

2. 猪肉汤面：“猪肉汤面”，亦非以猪肉之肉汤为面佐，乃用“生猪肉”为制汤之主要成分也。以香油、脂油入釜煎之，葱、姜、蒜如量入之（俗谓此三物为“佐料”），倾以黄酱、猪肉丝，俟酱臭出，注入水，再以口蘑、大虾米、黄花、木耳等入之，俟沸，以鲜白菜丝，或酸菜、冬笋、茭白……置汤中，再沸，入面即成。俗谓之“猪肉穿汤儿”，又曰“猪肉边锅儿”。[“边”之意，愧不能详。或曰：“就滚油倾入诸物，油辄爆燃作连响，如燃‘鞭’然，故谓之‘鞭’。”或曰：“炮（京音包）音之伪。”故志之。] 此其一。以猪肉切细丝，入“脂油”中，俟色变惨白，倾以酱汁或酱油及佐料，加入少许“口蘑汤”，俟沸煮面，起出后以生香菜少许拌匀，味绝美。俗谓之“猪肉穿儿”。此其二。又有不用“猪肉”，而仅用“脂油”及“白汤”“口蘑汤”“大虾米”入釜者。面皆伸成薄板，以手任意撕为块状，入汤煮之。另备“干虾米皮”、“虾米仁”(此须另以香油煎之，使焦)、“冬菜”、“紫菜”、“葱丝”、“胡椒面”、“香菜”、“干粉条”、“酱油”、“醋”、“秦椒油”等物。俟面熟，就碗中拌置诸物，别有风味。俗谓之“虾米片儿”。此其三。

3.素汤面：此法绝简单，以香油入釜，煎花椒使焦，倾入凉水，俟沸入面，起出后，仅拌以酱油、醋即可食。又按前述之“虾米片儿”，去荤物及虾米、葱丝等，亦堪食。俗谓前者曰“素汤儿”，后者曰“素片儿汤”。

此外尚有一妙品，殆纯为帝都之特品，帝都之鸭，肉味浓厚，远非他处之所及，以其饲法、饲料皆适合于鸭之成长也。入炉而烤之，在其腹中，填以松瓤等佐味之物，使诸物之味，随炙，随入于腠理，鸭之味，遂迥异乎常，所谓“八宝烧鸭”是也。吾数年来，在帝都烧鸭肆，求能制此者乃无有，诚令人不胜今昔之感。此鸭之味既美，其脏中脂及骨骼头颈之类，向不食之。以之入釜，注水煮为汤，味特厚而香。以此汤加以口蘑、笋丝等煮面食之，视前所述各“汤面”尤美。俗谓之“鸭架装汤面”。吾人试用近日之“烧鸭”(最好汤烧鸭)，以其汤与油及骨骼头颈入釜煮之，加以“佐料”，俟汤成，起出存之，用以煮“挂面”，盖无论何人，均将嗜之也。以鸡骨头颈制汤，煮面食之亦佳，又“八宝鸭汤”用以“熬白菜”或“穿羊肉”，亦别有味。尚有以“八宝猪”(即烧奶猪，容后详之)骨骼为汤以煮面者，味尤浓艳。

二、饼

饼之为物，虽不比皆为帝都所创，而帝都人之食“饼”，独与“面”占同等地位；且其制法尤与他处异。故吾仍目之为帝都食品焉。吾草斯志，所以传帝都食货者，盖仅限于个人之所知，吾为识又绝陋，故前述之“面”，止其十之一二。近有人辱教而督吾过，吾虽曾遵其所指，造谒故旧之家，以求其真，殆皆茫然不复能道其详。吾雅欲传其法以就正于读者，只以莫可证吾说，吾虽竭吾力，向壁而虚构之，特愧吾脑之力弗堪为力，卒不敢以之光吾志；吾惟有先向惠教者，志谢悃耳。抑犹有弗能已于言者，吾为此志，虽应友人之约。独吾于所传述，惟求吾心之所安。其误于一时，觉一言未洽，吾辄为之不适不安者，盖曾有之。吾既坦然署姓名，吾视吾名与姓特珍重，初不敢以蔓衍支冗之词，以为字数多，吾之得钱且亦多。盖吾非文学家，于文之宜如何如何，且未之能识。顾凡非吾个人耳目之所亲历者，虽其为材，可蔓衍伸展至数千万字，吾乃弃之，不敢有渎于读者。人若以文法上之割削见责，盖未知吾不文也。

(子)薄饼:“薄饼”又谓之“春饼”，立春日应节之食品。是日食此饼，且必食“象牙白”(萝卜之一种，作圆柱形，长五六寸，色白，以脆嫩而甜者为贵。因其状若象牙，故谓之“象牙白”)，俗谓之“咬春”，不审何意也。“薄饼”之和面粉法有二：一法，以冷水和之，饼成，则韧而有力。一法，以滚水和之，饼成，必柔而软。二者各随其嗜，不必同也。和成之面粉，视伸面须柔而腻。团成径寸四五，厚二三分之小饼，以两枚合之，于其间敷以“香油”，以“擀面杖”展之使极薄而圆，其直径五寸许。炉火须文，烈乃不适。上置“钲”（音撑）（是否此字，愧不知），其状为圆形，大小不一，饼肆之“钲”，径约三尺，裂为数块，以便调理炉火。铁质，圆之周特起以墙，高寸许，有不起墙而中心凹下者，俗谓之“钲”。使热，置“钲”上，面受热，中隔以“香油”，其蒸汽乃涨，饼之中央，特隆然起，渐及于边，及至边，汽泄而饼成，为时甚暂，最忌焦也。

此以两片合成者，俗谓之“两合”或“双合”。其团成之小饼为三枚，各以“香油”隔而展圆者，谓之“三合”。“三合”即三片合成者，中间之一片，独未着“钲”，味尤美，俗曰“饼瓤”。嗜“瓤”者，余两片辄弃之，不食焉。尚有所谓“草帽饼”者，以和成之面，展之使圆，其直径四五寸，厚分许，涂以“香油”。自其圆心，以刀切至一边，就圆形等分为四而折之，则成九十度之直角四片。因只切一边（即切一刀，不再切为四块），故所成直角之四片皆连合。以杖展之，各边受压，不复保其边缘之直线，而皆为弧形，遂形成昔日之草帽状矣。此饼亦能薄若纸，瓤且得两枚焉。俗谓以“钲”制饼曰“烙”。吾于此，乃不得不述食此之菜。因“春饼”所用菜，虽其中有恒食之品，顾其大部，乃专为食此而特制者，吾特举之如下。

1.苏盘：说者谓此为江苏所创，故谓之苏盘。吾亦曾就“酱肘”等铺而考之。盖今日所谓酱肘铺者，在二十年前皆谓之“盒子铺”。即所售之“酱肘”等肉，按包售之亦谓之“盒子菜”。“苏盘”之与“盒子菜”，盖皆以漆盒盛之。苏人好漆饰，自昔已然，而所谓“盒子铺”“酱肘铺”者，又皆大书曰“苏魁”，或曰“南式”。即其中所售之香肠、清酱肉等，又与南货中之腊肠、火腿……形制略同。惟营此者，皆吾乡山东人，所制之物，其原料皆于帝都中求之，非如“火腿”之必“金华”也。友人谓“乾隆南巡，始有此制，东华门外某肆，即其初创之一家”，是则吾莫能考焉。吾今且述“苏盘”之状。盘以木为之，敷以漆，径尺有二三。盘之周以木制为托，成扇形，数块连合，缘盘边围之，遂形成盘心为径六寸许之一小圆，另以碟置小圆处，于是盘皆实。以此盘置大盒中，谓之“苏盘”也可，谓之“盒子”亦可。盖仅其中所盛之物不同也。其特置者则以瓷为若干扇面形之碟。以吾所见，瓷为嘉庆时制者甚多，雍正、乾隆，各仅一见焉。此物且有他用，不能独据为盛肉之器，容后详之。每一托，上置酱肘、熏鸡、烧鸭、清酱肉、海参、香肠、小肚、大肚……皆切为薄片。若以之佐食“春饼”，则切为细丝。其切余之物，则置于中央之小碟中，俗谓此碟中物曰“攒碟”。如是者谓之“苏盘”。其力不足以致“苏盘”者，则以“盒子”充之。“盒子”与“苏盘”，其所盛之器则同，所盛之物则异。鸡、鸭、海参、清酱肉等皆无之，而惟以猪之肉实之也。

2. 炒菜：析其目则有炒菠菜（以其叶柄近根际呈红色者为佳，俗谓之“红头”）、炒青韭、炒韭黄（“韭黄”，一曰“煨韭”，又有谓其为“卫韭”者，意谓卫辉所产。以吾所知，当谓之“煨韭”较适）、炒和菜（即豆芽菜和粉条而炒之）、炒酱瓜丝、炒豆腐、炒佛手疙瘩、素烹掐菜、炒白菜丝、炒木樨肉、炒笋丝等。此外则有“春菜丝”者，以腌芜菁切为极细之丝，置盘中，和以“香油”、炸“花椒”之油与醋即成。余物尚有数种：一是以“香油”炸“挂面”使焦。二是以“羊角葱”切为丝，或裂为段（羊角葱为煨葱。以种子埋暖室苗床中，使成长，勿受日光，呈嫩黄色，状如羊角，故云）。三是以“酱黄瓜”（咸菜之一）切为丝。四是以高“黄酱”和“香油”。五是以“酱豆腐”。

六是以“卤虾”……论其品，盖不下数十，此真极食品之大观，设几席较小，或无法置箸矣。匪仅此也，友人某君，固世家子，曾邀吾食“春饼”。座间五六人皆挚友，妻子莫避。室甚巨，时当立春，梅香满室。中置巨桌，五六人环坐，每人之侧，各置一小几，姬人三环伺几侧。几上置瓷盘。廊间有巨笼，中实“春饼”，以缓火蒸之，一姬司焉。五六人每一食，各就其所嗜，以箸置之坐前碟中，既毕。侍姬取笼中饼，置几之盘中，展开之，就客坐前碟中物，另以箸调匀置饼中。几下预置巾，洁其纤手，卷饼成筒状，另以碟置客前，客仅费咀嚼之劳耳。另一姬，为技且绝奇，若专为“春饼”而研习有素者。既以客前物置饼中，不复以指，即以两箸夹饼缘而逆卷之，包裹且较严。吾窃笑吾友之役役于食，而吾且不仅获享口腹之福焉。惟此食，为类既多，生熟羼杂，殊为胃患。吾每食此，辄不敢尽量，然尚须多饮水也。以上所举，以家中食较佳，饭肆中殊不能完备，若一人于饭肆中食此者，则又有说，帝都中有所谓“二荤铺”[1]，即茶楼兼饭铺之谓。是中人，品类至不齐，鸟奴花贩，工艺杂流，群争趋之，每当立春之日，身入其中者，炒闻有“炒杂拌”之说。而“盖被服”否？铺中人每反问也，是即食“春饼”之谓。所谓“炒杂拌”者，置菠菜、韭菜、豆芽菜为一锅，而合炒之，若“盖被服”，则另以油煎鸡卵使成饼，覆于“杂拌”之上焉。

（丑）家常饼：“家常饼”通谓之“烙饼”，以松软酥韧为贵。烙之之器，大都用钲。而以沙泥制为炉，上凿若干孔，以之覆诸火上，使热之力并可由炉孔直透至饼，其所制遂别饶异味。俗谓此器曰“支

[1] 指售卖肉和下水的饭铺。亦有将猪肉、羊肉合为二荤之说。

烙饼摊

炉”。通常制饼之油，概用“香油”。以温水和面粉，使柔软而腻，取一块置“案板”，以“擀面杖”压之，使成椭圆状，撒以细盐，涂油使遍，随卷成筒状，以两手握两端伸之，使一端极细，自细处盘之，向彼端，彼端亦回盘之，则成两螺旋盘矣。以细端所盘，压于彼盘之上，用杖压为圆饼，厚分许，即可置“鏊”或“支炉”烙之。烙饼之火，宁缓勿烈，须使火之力，不能焦饼，而饼因烙之久，仅微黄焉；且随烙须随涂以“香油”，所以使饼之表面酥而不滞。因其用油卷为筒，伸长覆盘之，盘而又压之，故能松。而火缓则软，温水和面则韧，又制饼者之要诀也。此饼之制，殆已遍及北方，尚非帝都中特制品；不过帝都中制此饼者，殆无家不能，而以烙饼为专肆者，尤所在而有焉。吾今请再述特制品：

1.黄油饼：烙饼之器，非“鏊”不可，固不待言。惟盘卷之法，乃不尽同，兹就最普通者言之。以“黄油”切为薄片，另用“松瓤”“蜜糕”等物，加入白糖，与“黄油”羼合之。以和成之面，压为圆形，倾以黄油诸物，沿圆之边，向内包之，随包随伸，勿使面稍有淤聚，既合，以杖轻轻压之，成饼状，置“鏊”烙之，火愈缓，愈佳，此甜饼也。切“黄油”为薄片，以“羊角葱”切为细花，加细盐，如前法包之，压使薄，烙之，此咸饼也。味均美。

2.脂油饼：切生“脂油”为小块，取嫩葱切为花，加以少许之糖与盐，如“黄油饼”法包而压之，火须稍缓，务使饼中脂块，在已化而未尽化为佳。又有所谓“葱花饼”者，制法与“脂油饼”同，仅易“脂油”为“猪油”耳（“脂油”价昂，“猪油”有炼熟而售者，俗谓之“荤油”）。此饼为中下之家所恒食品，既可省钱，又不具菜，最为简便，饼肆亦能烙此，惟须食之者，自买“葱”与“荤油”耳。

3.芝麻酱饼：若食甜者则和以糖，其制法同于“黄油饼”。所和糖若为“红糖”，则谓此饼可以医泄。盖民间传述，群认有奇效，夏秋劳力者，多食之。咸食者，则不和糖，亦能医泄。又女子经期腹痛，和糖之饼，亦能治之，与“红糖姜汤”，同功也。

4.糖饼：以“白糖”“青梅”等加以“脂油”小块，如“黄油饼”制法，既成，糖与脂已熔融，呈半透明体，俗因谓之为“水晶饼”。其纯以“红糖”制为饼者，意取其能暖腹，亦谓之“糖饼”。

5.鸡油饼：此饼与前述无甚特异处，且其制亦同于“脂油饼”，惟易“脂油”为“鸡油”耳。有加“葱花”者，有和糖者，概随其嗜。用“鸭油”者，谓之“鸭油饼”，制法亦同。

6.羊油饼：此饼之制法，愧不能详，因吾仅于友人处一食之，迄今固仍觉腥膻满口也。

7.藤花饼：春间紫藤，去其萼与蕊，和“脂油”与糖等，按“黄油饼”法制之，乘稍缓，略取其急，以藤花不过烂为佳。食之，余香满口。

8.玫瑰饼：取玫瑰花瓣，和“脂油”与糖按“藤花饼”法烙之，味亦鲜美。

9.饭饼：此殆为废物利用之一种，夏秋之间，食余米饭，最易霉腐，取已腐之饭，以冷水涤之，稍入以碱，则恶臭即去，与面和之，制为饼，置“铛”烙之。然此饼多用“支炉”，尤饶风味。俗嘲痘瘢有“支炉烙饭饼”之语，即谓其表皮粗裂，多坑坎也。

以上饼之类，在吾所知，已略尽于是。惟吾自役役于传述，初非借以为糊口之资。吾自稍经忧患，觉吾之所以为吾，有不可即归澌灭者。吾幸生帝都久，经吾耳目者，在在均以为有研求之价值，故吾摭拾其万分之一二，不惮细碎，特举而出之。吾非文学家，愧不能文，吾于所记述，充吾力，亦仅曰能此，非敢小题大做，敷衍蔓延至若千万言，以求吾人之丰也。吾之说，虽尚未足以登大雅之堂，不复值大人先生学士贵人之一顾。而在小民如吾，惟有兢兢以求其稍是，而力汰其所不甚是者，吾为吾姓名计，固不敢怠慢以出之。至于支冗之失，充吾力，亦仅曰能此而已。特附于此，敢告世之读吾说者。

（寅）清油饼：此饼以松脆为主，殆如苏东坡之“为甚酥”。家中能制者甚少，饭肆中类能之。以面伸为丝，盘而压之，丝皆敷以油，置“铛”间以盖覆之，俟熟，再涂以油，去盖，则丝丝皆分离，“铛”与“饼”所附之油受大热，则缓缓以煎面丝，俟稍焦，即成为云髻蓬松之饼矣。

（卯）摊饼：此则以瓜类制为细丝，和面成糊状，就“铛”上摊之，使成饼状，若宋人所谓“煎饵”也。其用“黄瓜”者，则以“黄瓜”就“擦床”（为使瓜果等制成细丝之器。以薄铜片中制为隆起而有刃之孔若干，嵌于竹床上，以瓜果就片上推之，其刃即刺入瓜果，瓜果肉为所刺，则由刃下孔中漏出，即成丝矣，故谓之“擦床”）制为丝，和面与盐或“佐料”等就“铛”烙之，“铛”须预置油，盖多恃油煎也。此谓之“黄瓜摊儿”。其用“西葫芦”（瓜之一种，或曰“北瓜”）者，制法同，俗谓之“葫摊儿”。蘸“酱油”等食之，味均美。

三、馒首

馒首之为物，不仅限于帝都，其时代之流传，按宋人小说中，已有之，似可无入于帝都食货中。虽然，就形质上以区别之，帝都之所谓“馒首”，固有特异，足以表见其为帝都食品，与他处非可强同，吾因之，辄亦次于篇。

夫使面粉和水发酵，夫人而知之，固无庸赘；即用酵面和以碱等团为头状，入笼蒸之，亦人而知之。吾所认为帝都之特品者，其团为头（首）之状已失，其状且类帝都中之所谓“饽饽”者，吾安可以不入吾志。“馒首”之状，有方有圆，皆以木制为型，刻以花纹，二寸三四，横广亦如之，厚三分许。其所为花纹，有龙纹者，龙之爪若四，则为王公贵戚用，五爪则皇帝御用。士大夫用者，有凤纹、寿字纹、喜字纹、牡丹纹、桃纹等。以酵面入型，先撒以生面粉，既印出，置笼蒸之，即成。酵面中有和糖者，谓之“混糖馒首”。形制馒首，较普通馒首，柔软适口，无黏燥之弊，盖以其取形薄也。

又有不用模型，仅恃制者之艺，制为桃、柿诸形者，其松软与用模型等，而体稍大。吾家在昔，曾得馒首四枚，径大四寸，作桃形，左右盘两龙，须眉鳞爪咸具，盛以康熙天青釉盘，衬以黄龙漆盒，觉其物虽微，而工制配合都妙。盖先曾祖在大公主邸教书，公主所以敬先生者也。

此外有所谓“蒸饼”“花卷儿”……皆用酵面。饼以层多而中心联合，不开散者为佳。“花卷儿”则纯恃制者之艺以为形。其艺之粗者，仅纠结若“麻花”，其精者，则制为佛手菊花诸形，而质则须保持其松软白洁，是盖纯恃刀切者。其以酵面和生面，制为饼状，中涂“香油”，撒以“椒盐”，卷之成筒，以刀切为数段，每段再以刀压之，入笼蒸熟，亦谓之“卷子”，盖中下之家，普通食品也。

其利用腐饭，如“饭饼”法制之，做饼状，如“卷子”之涂“香油”撒“椒盐”，卷而切之，入笼蒸熟，俗谓之“饭卷子”，颇有佳味。吾友苏君，江南人，来帝都，食此而嗜之，辄故腐其饭，蒸食之，谓易消化，滋脾胃也。庚子联夷据吾巷熙氏园，举巷皆不得安，无朝夕，无昼夜，不时侵入各居户，食物器用，以得博夷欢，蒙笑纳者为大幸。一日，吾家制“饭卷子”，佐以“腌萝卜条”，兵燹得此，盖已至幸。方家人团栾举箸时，不期此不速之碧眼客忽掩至，吾母吾妹等皆奔避，客三人踞上座，举而啖之，颇欣然以为美，吾家人应伺惟谨，幸不遭呵挞，客食已，携数枚去，归而遗其类，其类之小酋，且又来，吾家人告以得不易，不能日食此，小酋尚稍可理喻，吾家竭力具此物，以十枚遗之，自是遂不恒至吾家，吾家得小安，“饭卷子”乃与有力，此吾所不可不志诸篇末者也。

二　以面粉为对等成分者

上之所志，皆面粉为主要成分，一之“面”，则尚须调以“酱”与“卤”，二之“饼”与三之“馒首”，则不必另佐以何物，故吾特析之为一类，盖皆可以面粉独成为一物品也（帝都谓伸面成条，煮而熟之，曰“面坯”，又谓之“白坯”，故亦为独立的）。兹之所志，面粉仅居其成分中之一，换言之，即非纯恃面粉以成之也。然舍面粉又无能成其为食品，故吾特以意为之，而称之曰“对等成分”，所以别于主要成分也。析其品如下：

以“面”做包皮者：帝都中食品，以面做包皮者，为品特多，向称面之包皮曰“皮”，其内所包之物曰“馅”，吾姑仍之。

（甲）煮饽饽：“煮饽饽”之为物，本与所谓“饺子”（应作“角子”。角，帝都音绞）有别。自帝制消，“煮饽饽”一名词，遂随帝王已俱去，然故旧之家，固仍称之也。面粉和水，须少，使“面”较硬，搓成棒状，其直径六分许，以手折为段，段之长七八分，团为丸，置“案板”

上，以“擀面杖”压之，随压随转其面，使成圆饼。技若精，无论压若干，大小同，厚薄亦同，是即为之“皮”。“皮”之直径，勿过大，以二寸一二为合度，其厚薄，则近中心处须较厚，近边须较薄，所以为捏合时，不致过厚也。最厚处约半分，最薄处则须一二厘，皮之制，大略如此。

帝都中人，每至冬至、除夕、元旦，无贵贱，无贫富，皆食“煮饽饽”。盖在三十年前之帝都，生活程度至低，失业者少，食之所出，固非至难；况每月之“钱粮”“米”，每季之“俸银”“俸米”，其所以养都中之游惰者，至有余。都中人之所以为都中人，遂亦酣嬉于升平歌舞中，而肆其力于衣食玩戏，故冬至而不食“煮饽饽”者，殆未之有。设冬至而力有不足，则必多方告贷，或典质衣物，亦必市“羊肉”，买“白菜”，刀俎琅琅然，以切以包以食以为快。不尔，则辜负此令节，终身且引以为憾，又何况除夕、元旦……之关系于大典者耶！帝都视“煮饽饽”为至重要之物，可以祀神明，祭祖宗，荐天地，敬嘉宾，且其制易成，无家弗谙，故以其物为祭祀之用者，自皇帝以迄平民皆同。吾因之请再申迂说。

帝都中人，于祀神祭祖，最为隆重，其所用祭品，且向不假手佣奴，皆主妇等亲为调制。以“煮饽饽”而祀神祭祖，可谓至陋且简。然而三百年来，皇帝、王公、士庶、民隶……皆以其荐神明，其为质皆同，无尊卑贵贱之分，且皆亲为调制，后、妃、福晋、命妇……皆须包之，从不假手佣奴，或故为奢侈也（以“羊肉”“白菜”为“馅”，或以“素馅”荐神明皆如此。其用素者，则礼佛之故）。礼亡而求诸野，吾窃谓尚不失古人祭祀之义，不得仅以食品目之。

皮之制，既如上述，其为“馅”盖不一，切“白菜”为极碎，和以“羊肉”碎块者，曰“白菜羊肉馅”；和以“猪肉”者，曰“猪肉白菜馅”。其纯用“羊肉”或“猪肉”，仅杂以“葱花”者，曰“羊肉葱花馅”或“葱花猪肉馅”。其纯用“韭菜”者，曰“韭菜馅”，羊肉猪肉均可。在六七月间，淫雨连绵，韭叶肥嫩，和以“脂油”小块，佐以盐，不加“酱”与“酱油”者，曰“碎脂油韭菜馅”，味尤鲜美。此外若“菠菜”，若“倭瓜”……皆可制馅，味亦美。其取仲春“菠菜”，曝而干之，至冬季和以“猪肉”入“白汤”煮之，俟熟，切而为馅，尤饶异味，曰“干菠菜馅”。“冬笋”“火腿”“海参”切为“三鲜馅”者，在昔且未之知焉。

帝都中庭前阶下，春夏间辄生有所谓“长寿菜”者，俗又谓“麻绳菜”。此物初春始生，秋间开淡黄小花，枝叶肥嫩，治中毒及为蜂蝎所刺，历深秋不死，故谓之“长寿”。春夏间，取其茎叶，曝干之，储为除夕、元旦或祭祀之用，谓之“长寿馅”，盖所以祈福祥也。此外吾乃不胜举，凡菜与肉皆可制为馅，吾敢武断言之焉。

帝都“除夕”祀神祭祖，尚有所谓“素供”者，亦皆家人亲为调制，不假手于人。其为质皆恒品，无珍物。为类有三：一为“面筋”，二为“饹馇”，三为“豆腐”。以“面筋”切数段，长短须相等，入“香油”中炸之，俟焦，即成。“饹馇”则切为长方小块，豆腐亦然，皆入油炸之使焦。既成，则以碟盛之，为祭祀之用，其剩余或不具形者，剁为碎块，加以“白菜”“香菜”“胡萝卜”“木耳”……调以“香油”“黄酱”，勿入肉，勿用葱蒜，则为“素馅”，礼佛者“元旦”皆食此，且以之祭祀焉。帝都习俗，“除夕”“接神”，向用此馅，然亦有肉馅者。在佞佛者，谓荐神明宜用素；在讲礼者，谓祭神用三牲，岂宜禁肉。光宣间，吾曾见有人著为之说，披报端，以相驳诘，是亦谈帝都者之好资

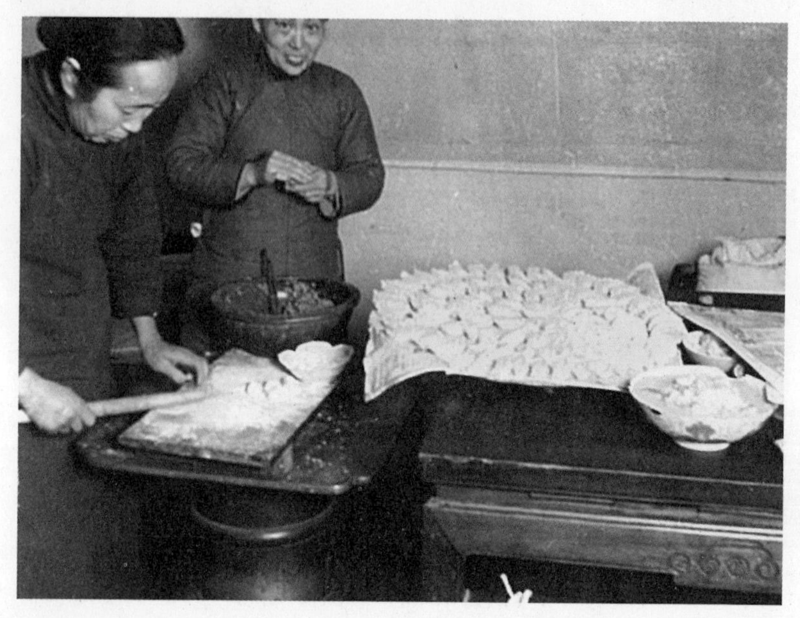

家庭包饺子

料欤?

又帝都旧俗，当婚娶之日，有所谓“子孙饽饽”者，是即“煮饽饽”之一种，特其形制较小耳。此物为嫁女者所备，请年长而又有夫有子女之妇人制之，小不盈寸，承以盘，盛以漆盒，以彩绸覆之，礼请一童子须父母俱全者，使持此盒，随女所乘轿入纳妇家。女既下轿，一切如仪，则夫妇并肩坐于床，男女两襟须稍接搭，交杯之后，则食此“子孙饽饽”矣。时洞房中幛极严，舍固定之数人外，家族戚友，不得作壁上观，穴窗儿窥，亦在必禁，惟觅男童数人，在窗外伺之，既食此物，则童子必呼曰："生不生?"内必由娶妻者直接答曰："生!"盖借煮法之不熟，所以祈螽斯之衍庆也，是之谓"子孙饽饽"。犹忆在光宣之际，新会梁任公曾有言曰："八旗子弟，除饮食玩嬉外，即设法生育子女，他无所能。"此言虽不为无见，惟帝都人乞祈子女之繁衍者，盖亦有故，不得仅以皮相而讥之也。当满人崛起于长白一隅，窥伺中原，盖非一世，聚族而居，地广人稀，非生聚无以厚其力。观其初，服兵役者仅四旗（红、黄、蓝、白），厥后民愈多拓为八旗（正红、镶红、正蓝、镶蓝、正黄、镶黄、正白、镶白），益多而益拓之，于是乎有内三旗，内八旗，外八旗之别，而各部落王之士卒不与焉。后犹虑其人之稀，力之单薄，汉军旗、蒙古旗于焉以立，以迄雍乾，盖惟求其人之能生聚，借以与中原竞也。

自皇帝以下，迄于八旗子弟，妻妾之属，惟祈多子，复假"无后为大"之义以促之，所谓"十年生聚，十年教训"，清太宗固俨然以勾践自命焉。帝都娶妇，必食"子孙饽饽"，其为意乃特长，非泛泛陋俗所能比，即新嫁娘所用之盥漱器、嫁衣、衾、枕诸物，亦以"枣""栗""落花生""榛瓤"等纳之，盖借"枣"为"早"，借"栗"为"立"，借"落花生"为"生"，借"榛瓤"为"子"（俗曰榛子），意谓"早生子""早立子"，则其意可深长思矣。任公不察，徒讥八旗子弟之善于多子，啼饥号寒，徒为社会分利之物，而不知当其生聚未充，固有如淮阴侯之多多益善者。八旗子弟，食息于帝都中，非无杰出之才，惟以习于固闭，教育不良，致其族类，日就澌灭，设能因势而利导之，勤苦耐劳，头脑聪慧，固其特性焉。

（乙）水饺："水饺"之异乎"煮饽饽"者，"煮饽饽"之包法，最忌折痕，以馅置皮中央而包裹之，使成半圆形，就其皮之两边沿捏合处，以指压为锁链形，两面之皮，固皆舒展也。俗谓压成链状者，曰“捏花”。因其皮之舒展与两边沿之捏合，故制皮者，愈近边愈薄始佳，否则面厚而硬，食之则不美。至于“水饺”，其皮视“煮饽饽”尤小而薄，馅视“煮饽饽”须精而细腻，以馅置中心，两手捏之，使成元宝形，皮则稍有折痕，其近底端处，形成两角，故谓之“角子”（即饺子）。在“煮饽饽”以水中煮熟，取出之，置于盘，蘸醋食之，不用汤也。在“饺子”，则入“高白汤”或鸡鸭汤中煮之，盛以碗，仅于肴核既陈之后，聊当佐食之品，非如“煮饽饽”之为独立的食品也。

帝都中之有“饺子铺”，专以制“饺子”供人食者，考其制，距今不逾四十年，要以西单牌楼之“饺子卢”为最著。当四十年前，帝都交通，已渐便利，四方来帝都者渐众，都中人之所嗜，不期然而然，渐为来游者所喜，顾其调制之法，不复能详，仅能于“饭庄”中一领略“水饺”之风味，初不能单独食之以满其欲也。（帝都以酒席为业者，最华贵处，谓之“饭庄”，燕菜席可咄咄立办数十桌者。次曰“饭馆”，所谓应时小卖者也。再次，则曰“二荤铺”，饭铺兼茶馆者。又次，曰“大货铺”，为劳动者聚食之所。）

时“东四”（东四牌楼）、“西单”“鼓楼”前（皆地名，即西单牌楼及地安门外、北大街），为城内最繁盛之区，马路高与沿齐，路之两旁，张布伞，架芦棚，构木为屋列百物以求售者，食饮器用，玩嬉狗马无不备，游人蚁聚，挥汗真可成雨，而腥膻恶秽之气，久且习而不觉焉，夫如是“饺子卢”，遂独以其制鸣一时，缙绅之家，有不屑自侪于平民，不肯躬往尝试者，则令仆役往，购其未煮者，自煮食之。翁同龢居西单头条胡同时，辄购其物，自煮而食，谓其味绝美也（见瓶斋尺牍）。法教士樊国梁，酷嗜此物，当其居西什库教堂时，教徒每赠“水饺”，樊氏谓独食此而无患，称之为东方面包，此吾儿时亲闻之教徒者。迨庚子而后，业“饺子”者渐众，火车亦渐通，四方来者愈多，“饺子”业遂迄于今弗替，惟仅行于中下级人，帝都土著，则有其自制之“煮饽饽”，仍嫌“饺子”皮多折痕，不甚适口也。

（丙）馄饨：馄饨之于“水饺”，仅形式上不同，其为馅无甚大异，盖纯为帝都食品也。帝都之有馄饨，虽不能详考其起源，和珅日非此不饱，则见诸松筠杂缀者，可证其物之由来已久，今请略举所知，述为后：

1. 包皮：以水和面粉，须极硬而腻，置案板，以杖压之，极薄，成圆饼状，其直径三寸许，以刀纵横切为四，使成直三角形（九十度），另以高团粉（即黄豆粉，纯白色，俗谓之“老干”），和面粉敷其上少许，则包皮乃滑而腻，虽至薄，入水煮之，不烂碎。

2. 馅：帝都习俗，于馅多喜用羊肉，独于“馄饨”，则每以猪肉为主，罕有用羊肉者。旧历新正之初二，俗有祭财神之举，则举家必食。“馄饨”，谓“馄饨”之形，类“元宝”，“元宝”则所旦夕以求诸财神者，食之，可以致多金，故此日之食，独谓之“元宝汤”而以“馄饨”之名弗雅驯讳之，所以祈福祥也。此日之馅，各家皆独出心裁，各视其力而不同：有冬笋猪肉者，有菠菜猪肉者，有猪肉韭黄者，有白菜青韭者……其无力特具，则以元旦“煮饽饽”之余馅，用“馄饨”法而包之，亦颇足以慰情于无，盖不食此，谓一岁中即不能发财焉。以猪肉为馅，又有生熟之分，生者仅切肉使碎，和菜与酱等搅拌使匀，尚易调制；其熟肉者，则以生肉切极细，先以香油、脂油和入釜煎之，入以黄酱、佐料等，俟酱臭出，倾之出，为状乃若“炸酱”，俟冷，和以菠菜（亦煮熟切碎），味视生肉尤不同。春间谷雨节前，菠菜葱翠繁茂，人取而去其老菜叶，置沸汤中，菜遇熟变色，即取出，阴而干之，历春夏冬三季，谓之“干菠菜”。以汤煮之，使柔，切碎，拧极干，俾其富于吸水力，然后取“高白汤”浸之，入以“脂油”，汤与油尽为菜吸入，另以生猪肉切碎，和酱置油中炸之，俾酱臭尽去，以浸透之菜拌匀，以之包“馄饨”尤饶异味，俗谓之“干菠菜馅”。其仅用猪肉加少许“葱花”者，则为普通之“馄饨馅”为饭铺中佐食之品，非吾所谓独立之食品也。

3.汤：汤之于馄饨，乃若花之于叶，盖相得而益彰，匪可忽视也。帝都中人，以馄饨为食，而其力未足以致“高白汤”者，在昔年，每至“白肉馆”（饭铺之一种，专以猪之肉、肠、胃、心、肝……为肴馔，而亦能制百数十品，容后详之），市“白肉”一碟（以白水煮猪肉使极烂，色惨白者，俗曰白肉，以碟计值），附以汤，即以肉与汤入釜，注水而力熬之，汤亦遂胜于白水焉。

4.佐料：“馄饨”既为独立之食品，且足以表征其为帝都食品者，非仅馅之异，其佐此物使别具异味，完成其为帝都特品者，则有下列之诸物为之佐：

（子）炸虾米仁：以干虾米仁入油炸之，使焦。（丑）“干粉条”：干粉条之极细，俗所谓“游丝粉”者，煮柔之。（寅）生香菜。（卯）葱丝。（辰）虾米皮。（巳）冬菜。（午）紫菜。（未）椒面。（申）酱油。（酉）醋。（戌）秦椒油。（亥）豆苗。以上诸物，皆和于所食之碗中，与馄饨拌而食之，匪特有异味，并其色亦丹青相错杂也。

上之所述，不过为馄饨之大略情形，吾非不能纤细靡遗，举吾力表而出之，独吾之为文，不复欲以浪费而虚掷，故吾仅以梗概出之。

吾不幸，不善抄袭，吾尤不幸，不能向壁而虚构，吾仅摭拾人所屏弃而不屑为者，郑重而实吾篇，初不自知其当否也。吾自近数年来，本所知以实报末，亦稍稍为人所识，在小民若吾，觉帝都中一食饮之微，其神秘光怪竟若此，而人之视吾说者，辄亦从而稍稍注意及之，是诚吾始料所不及者，吾之识，虽自知失之太小，然则吾不将即此以自豪耶！今人于“馄饨”，盖无不知其为佐食者，且亦无地无之，若帝都之致美斋，在昔尤以“馄饨”名。顾吾所举，则纯以此物为食，其“佐料”尤繁复，已觉特异，而煮“馄饨”于汤，又加入他物者，在帝都尤数见不鲜焉。有以“肉丸子”随汤煮者亦谓之“元宝汤”，以“鸡卵”随汤煮者，则谓之“元宝汤卧果”，余如山鸡片、生鸡丝……皆可随而煮之，盖皆随其嗜以为之，恕不复详。

（丁）馅饼：“馅饼”之起源，始自何时，吾实愧莫能详。故旧之家，以此为食者，其制初无大异，谓之为帝都之恒食品，固可断言，非仅光绪季年，煤市街之“馅饼周”所独创也。馅饼之制，当杨立山在日，雅好食之，其制法颇与人异，吾家有佣妇，得其法，撮述如后。

1.皮：“馅饼”之皮，至关重要，设和面之法不良，馅纵佳，每不适口，盖面过柔，则伤于黏，过硬则失之脆，非恰到好处，不能适口也。和之法，须在包馅前一时余，使极柔腻，历时既久，面乃愈柔，至包馅时，再以干面粉搅和之，面渐硬，因已和之面，黏性大发，骤遇干面粉，遽失其性，若化学之所谓“中和”然，以此而包之，不黏后不燥也。面既成，置案板以杖压之，使成直径三寸许之小饼，薄与“煮饽饽”之包皮同。然后置馅于中心，执圆之周边而包之，使淤合，以手稍按，即成扁圆之饼，大不逾寸五也。惟包之之法，较和面尤难，非熟练有素者，则淤合处必成一极大之面块。且执周边使聚于一处，

胡同内的馄饨挑

尤不免有折叠之痕，皮既折叠，则厚薄乃至不匀，匪佳也。在精于其术者，虽亦执周边而拢合之，使聚于一处，迨其既聚，则以手力拔去之，使淤合之面，为所掀去，仅掀断之面口，互相封合，折痕既失，淤面亦去，厚薄停匀，饼馅充盈，至堪大嚼也。惟其包皮之难匀，故帝都中人，多不自包，调制馅之后，辄令“饼铺”（又谓之切面铺）代包而烙之，然不能随烙随食，面皮多蔫谢焉。煤市街之“馅饼周”其所制初无特异，当光绪之季，煤市街地近歌楼舞榭，中下级人，观剧赏花之余，辄即其地为小点染，祈求果腹，不复求精，“馅饼周”之制“馅饼”在馅惟肉多，在形惟庞然大，在值乃特廉，且备有小米粥，食饼饮粥，为值匪昂，故人乐即之，非如今日之辉煌其门市，南北号佣如许人，盖昔仅一饭摊之小棚耳。且在曩年，人仅称之为“馅饼粥”，不称为“周”。主其事者，初非回教中人，近始入教。自寻花者愈众，营业愈发达，每至午夜，客座常满，趋之者既皆为此辈，时人复称之为“战饭铺”，盖果腹后，即寻所欢，以求一逞其欲也。其所制非佳，非吾所谓“馅饼”，聊复及之。

2.馅：“馅饼”之馅，其考究一如“煮饽饽”，各随所嗜以为之，羊肉可，猪肉亦可；白菜可，韭菜亦可。闻慈禧后颇嗜此，馅为羊肉，生切细之，佐以“韭黄”，谓食此而甘，远胜珍馐也。惜吾不能详其制。

3.烙法：馅饼之美恶，视乎包皮，尤视乎烙之之法。盖无论用何物为馅，设烙法不合，颇损其味也。烙之之器，皆用“钲”注以脂油、香油，使极热，以包成者置“钲”上，火不可急，亦不宜太缓，以铲反复之，务使其不过焦，不过软，俟两面微黄，则立于“钲”边，渐转之，使饼缘亦受热，必各面渐成赭黄色，而停匀如一，始成。火太急，则焦而不熟；火太缓，则韧而不松，皆非善也。饼铺烙者，火力虽佳，油乃不足，辄以力按饼，使馅露出，利用馅中之油以煎之，味乃弗善，不如自家精心制之，馅之味不外泄，皮之表不焦脆，脂与香油合和，酥松适口，即俗称之“外焦里嫩”者焉。

（戊）烙盒子:“烙盒子”之于“馅饼”，初无大异，惟以其制法简单，遂通行于中下之家，盖纯为帝都食品也。当此三春天气，菠菜、韭菜正鲜美适口，求如“馅饼”之精制，为力既不可复得，退而思其次，辄以“烙盒子”满其欲，虽不必诮之为“过屠门而大嚼”，而山肴野蔬，亦别饶风味也。

1.皮:“盒子”之皮，其和面之软硬，初无关系，可任为之，以杖压为直径二寸许之圆饼。厚薄与“馅饼”同，以二枚覆合之，中置馅，沿边缘捏之，使淤合。复以二寸许之瓷杯或碗碟之属，覆于上力按之，则捏合之边，即为瓷杯切之去，杯心所存，成圆饼状，即成。设不切去其边，则捏合之面，坚实不适口也。

2.馅:“盒子”之馅一如“馅饼”。其在中下之家，每以菠菜煮熟，切极碎，掺以少许虾米皮，拌以猪油，加盐、酱少许而包之，亦佳。在仲夏之季，阴雨连朝，韭菜特茂，取而切之，加以生猪油小块及虾米仁、盐等，以之烙“盒子”，尤中下人家通行食品。

3.烙法:盒子之烙法，用“鏊”可，用“支炉”亦可。用“鏊”者，可少涂以油，用“支炉”者，并此油而省之，烙成后，焦而干，以物覆之，可使之软，随所嗜以为之，不必同也。帝都人于有馅之食品，每不须另具菜，即以此果厥腹，且谓奇饱，故俗讥人之板滞无笑颜者，谓之为“见‘煮饽饽’亦不乐”，由此言以证之，盖无有不喜食有馅之物如“煮饽饽”之类者也。

（己）肉馒首："肉馒首"之于"馒首"，匪仅内容之异，即其形亦匪同于"馒首"。宋人小说中有所谓"肉馅馒"者，或即此物之滥觞。惟其形制，则大异于他处，故吾仍以帝都食品目之。帝都之"肉馒首"，以木制为范，径寸许作菊花纹，故又谓之"菊花包儿"。其皮以发酵之面为之，馅则概用猪肉，佐以葱花，以皮包馅，就范而按之，震之出，木击案声琅琅然，其制法，若前述之"喜字馒首"焉。说者谓此物最佳，且能干至数日犹可食，昔日乡会试，多以此为入闱食品。又谓馅为"猪肉葱花"，若佐"铁雀"（瓦雀以卤煮熟者）而食之，为壮阳剂，昔年八旗子弟，无不喜此，即今之"大茶馆"（即二荤铺）中，仍备此物，以供提笼架鸟者之食品，而八埠一带，昔固多售此者也。吾不喜食葱，故此物之舍果腹外，尚有如何之用，愧弗能知，姑以其实说之。又昔日菜市口行刑，凡斩头者，于颈断处，塞以"馒首"，以阻血之迸溢，此阻塞之"馒首"，往往为人重价收之去，谓可医"噎嗝"，此与帝都丧葬，以"噎食罐"同埋，一有移起，则此罐中之水，亦可医噎，同其珍贵。先父曾病噎，此"馒首"吾恨不能得，仅乞罐中水半杯，已珍同甘露，如法服之，依然无少验也。

（庚）包子："包子"之为物，以其馅而分之，殆数十种，非仅为帝都食品也。其为馅，有荤有素。如"枣泥"，如"澄沙"……则谓之素包。如"脂油"和糖，则谓之"水晶包"。余如"三鲜""火腿""冬笋""干菜"等，各地均有之，吾乃不暇举。今请述所谓帝都食品者。

1.攒馅包：此物之馅，独具五光十色。猪血、猪皮、脂油、香菜、白菜、豆芽菜、胡萝卜、木耳、黄花、菠菜、青韭、胡椒面……此粗制也。其精者，则加以鸡、鸭、海参、火腿等物，仅易猪血为鸡血，猪皮为蹄筋耳。吾前在友人处，友人飧此物，妻女妯娌四五人，历三小时始制成此馅，吾食之，初不以为甘，只觉其具异味。而主人之于吾，隆情厚意，若飨以昌歜[1]，吾实愧非知味者也。

2. 韭菜篓：馅如“煮饽饽”中之“碎脂油”，为夏季包子之一。盖纯以韭菜为主，佐以脂油小碎块，不用酱，仅加少许盐，即成，馅之最简单者也。“包子”面皆须发酵，其皮尚薄，于“韭菜篓”犹然。皮之量，仅须占全量六之一，六之五均为馅，皮若篓之盛物然，故云。其易“碎脂油”为“碎羊油”者，亦佳。

3. 倭瓜馅：以瓜类为馅者，如“冬瓜羊肉”“西葫芦羊肉”……不胜枚举，惟皆须佐之以肉始成。至于“倭瓜”则异是。其为物皆至微末，得清轻之意，盖民间的食品也。用“老倭瓜”去皮，以“擦床”制为细丝。“擦床”者，以巨竹板为之，长尺许，宽约三寸，于其中凿为方孔，宽二寸余，长约四寸。另以铜若铁，凿为有刃之孔若干，嵌方孔上，即成为床。“油炸果”者，帝都有数种，取其焦酥者，剁为碎块。另以香油、木耳和之，馅成，入少许香菜。以之做“包子”，深得田园风味，较之韭菜，有恶臭，尤妙也。此馅不仅制“包子”，且可蒸“汤面饺”。“汤面饺”，一如水饺，仅水饺煮而熟之，此则蒸之使熟，为不同耳。此外，若“煮饽饽”，若“水饺”，皆可用此馅。若制为角，蒸熟而冷置之，再以油煎，尤可食。

4. 卤馅包子：此馅之制，真乃匪夷所思，吾观其物，初不足食，而嗜此者，则谓其别具异味，于以见人之所嗜焉。以“高白汤”杂肉屑、香菜等，和以“团粉”，使浓稠成块状，以面包之，是为“荤卤”。其仅以蘑菇、芝麻、酱油、香油为汤，和“团粉”而浓稠之，加以香菜，

[1] 昌歜（chù）：菖蒲根的腌制品。

则谓之“素卤”，一曰“素闷子”。二者皆可制“包子”。且可用薄皮包而炸之，谓之“炸三角”，以其状，包为三角形也。杨梅竹斜街东口一带，有专以此列肆而售者，是皆帝都之特品也。

吾草此志，初不欲侈为铺叙，用以取厌于读者。故自粗分条目，已洋洋乎尽万余言，而所述仅以面粉为成分者，尚不获能尽，是诚吾始料之所不及也。吾年来役役于笔墨，每以时之我限，不复能肆吾意以为之，吾所摭拾者自觉为量乃至多，蓄之心，而不克笔而出之者，叠叠若积吾债，吾自律极严，不敢少逸，日埋首几案间，以笔墨应求者，每至夜分，尚不获寐。及吾一稿之成，投于此则绌于彼，为状乃若左右做人难，言之亦殊可笑也。吾虽以有限之笔墨供求者，顾其说初不敢有所肆，有所忽，要皆尽吾力以为之，于以求万一之是。而世之见知者，每责吾敷衍以塞责，枝蔓以利稿费，是则吾所至感，吾之感，感见知者期吾之深，故不觉责吾之切也，吾以居帝都，吾母与吾妻，又同为帝都中人，故吾之得略悉帝都中琐屑者，颇亦不鲜。吾略事分别，析其条目而述之，在吾尤惧其不忠实，不详且尽。脱肆吾意以为之，几何不能如某某文学家之参考改窜，动累数百万言耶！吾自始即不敢自命为文学家，吾于文，初未能多所读，为文之法则规律，吾皆不晓，只以吾自童龆所读之四子、五经、左、国、史、汉诸旧书，皆文言，吾齿渐长，吾读之熟，遂亦能习而安之，不自知其丑也。洎吾以所写出之言，使人读，人亦可以通吾意，吾自觉吾可以所知写出之，于是吾始以所写投之出。幸所写不为主报末者所不识，肯辟地而刊出之，吾之胆乃愈壮，吾所写乃愈勤，迄于今初无少异。盖吾惟知就吾所知笔而出之，枝蔓不枝蔓不解，亦不计也。吾以所写投报社，报社视所写，以计其货色之良窳。吾自问吾说之不太窳，从而吾所得酬，吾亦欣然受之，不复却，多寡厚薄吾实不暇计，更何有于利不利乎？今幸面粉之说毕，辄不自知，而以迂说殿之。

三　米

帝都人之主要食品为面。稻米之食，盖沿明制，非清时始有仓库也。然吾尝考八旗行军，糇粮之中，炒米为上。康乾之际，更有特调稻米谓之“得胜粮”者，则帝都人食稻米，自有其历史的关系焉。

帝都建仓储米所以备万一，供禄饷，南北运河，以时输入，储于仓。仓之建筑特异，米储久，则渐变，由白而黄，而褐，而黑赤，即俗所谓“老米”。阴历二八月，三品以下赐“老米”，二品以下赐稻米，此属于官者也。一年四季，八旗兵丁，即仓领米亦为“老米”。当三十年前，帝都人食米，皆“老米”之一种，非至丰者，不能食稻米焉。

庚子而后，若仰光，若西贡，若敏党……诸米，始来帝都，时人谓之“洋白米”。人以食“老米”惯，觉此洋米有异味，不肯食；只以值较廉，中下之家，渐有食之者，然尚不敌“老米”之普遍也。

“老米”之煮法极简单，储藏亦易，往往经十余年不坏，储以箱或巨缸，仅伏日使稍透风即行，非若白米之易生蠹也。煮之之法，先以滚水泡之，约一句钟，然后淘以冷水，使净，入沸汤中煮之。米之佳者，每斤可煮四五斤，少亦二三斤，俗谓之“出饭”。俟熟，或掏之出，或以锅盖就锅倾水使干，即可食，味绝美，亦非如白米之尚须入笼蒸也。近郊农夫，日食粗粝，视此“老米饭”，谓可以祛病延年，故辄就乞儿所得，市之归，淘而曝之，每当春秋佳日，一家之长者，始掬一撮煮薄粥，阖家以能食此余汤为大乐，此盖吾数见不鲜者。今故旧之家，犹有存此米者，殆已珍奇视之。其出而售之者，多赝鼎，为炒焦而又染以色者，骤视之，颇似，设以数粒入口而咀嚼之，焦炒之味立显，然索值亦往往三四角钱一斤焉。在二三年前，西城白肉馆，俗所谓砂锅居者，尚有真“老米”。以之佐食白肉，犹仿佛二十年前帝都食品。今此居虽亦有“老米”，味不若前之佳，色亦淡矣。

老米之所以变化若此者，吾实愧莫能详。惟不储仓库中，无论经年若干，只有腐坏，绝不变化，此可断言。吾因之于仓库之建筑，知其惨淡经营，确有充分之研究也。今者仓库已墟，非复昔日之旧，吾国文物，屡经妄人所破坏，致其制莫可得而详者，则又不仅此仓库一端已也。

昔年之“老米”，皆为帝王颁赐之俸禄饷糈，人以得之易，辄以之易钱，于是有所谓“碓房”者，以舂米为业，盖仓库之米，皆糙米，须舂之细也。八旗兵丁，与夫微官小吏，辄以其每季所得之米为质以质钱，业“碓房”者，亦利其米而贷之，故“碓房”之为业，翻以抵押借款为正业，舂米而售为副业。而窝娼聚赌，卖官鬻缺，与夫诳骗斗殴诸事，举恃此为聚合之所，“碓房”之老板，遂亦腹便便，利市百十倍也。自光绪之末，仓库空虚，人所得米，始易以银代之，老米始渐缺，以银代米，至宣统三年始罢，盖亦行之七八年也。

由上之说，仓库虽因明制，而帝都近三百年，皆食“老米”，则谓为帝都之食品，盖无可疑者。相传那拉后最不喜食“老米”，而光绪帝独喜食之，后斥之曰无福气。盖后之所食，皆“御田香稻”，米粒长而韧，有香味，色白。另一种作浅紫色，亦有香味，为煮粥之用。今小站所种，犹是御田种，谓之“小站稻米”。京西御田，则已易种矣。前阅某笔记（今不复记），谓乾隆巡幸江南，食米而甘之，故岁特贡此，

米店

为宫中食米之用。京西辟稻田，移其种以植，色渐变，是即帝都人所谓“御田香稻米”者。至于世俗相传，与夫笔记所侈谈之那拉后食米，必选其米粒同大小，同厚薄，同长短，同色泽者，吾曾叩之宫人，殊不足据以为信。要之，后之所食，较清代帝后为精，则无可疑耳。

米由糙舂细，去其糠，复去其被碾而破碎者，始谓之“大米”。其被碾而破碎之米，俗谓之“碎米”。在曩年帝都生活至易，此破碎之米，无肯食之者。或辇致四乡，为村农食料，或佐以菜叶，为犬彘充饥，故俗有“乡下人，不如京城犬”之谚。犹忆庚子兵燹而后，百物奇昂，老米一石，索价三两二钱，群诧为得未曾有，长安居真乃大不易。今才三十年耳，以所值较之，不更堪惊诧耶。曩有精于统计者，谓自漕粮所用之官吏舟车，以迄仓场之官吏夫役……诸费，统合而计之，每石之值，合银十五两有余。设以一旗丁计之（饷银除外），每年用米银六十两，其为数亦至可观矣。

1929年1月5日—5月14日
《新中华报》
署名于非厂

俄国糕点

举世皆尚俄罗斯糕点，亦犹举世皆称巴黎化妆也。故都有俄国式糕点，其年不甚远，而其制则不可不知。吾居西城，吾所知自以西城为甚。西城有此，创自西单之滨来香，其后则亚北继之，迄今为盛。吾国人之特性，每于成规中必思有以自利，自利至极，赝造以起。成规敝，人遂交口诟其不良，而不知非成规之不良，特于成规中入以自利，规已破，斯诟丛也。以“可可”言，自利者则以杏仁、花生仁焙而赝之。以咖啡言，则以玉米仁、黄豆焙而赝之。其他若面粉，若糖……在在以粗劣者充之，成规破，于是乎名犹是也，而实则非矣。故都制俄式糕点者，皆来自哈尔滨，其人皆山东籍，吾以乡人故，知之最悉，于亚北之制则独许之。往者，吾弟心厂于役俄边，因俄人制造，稍知涯略。吾国面粉，其制不如美国，美国制则视俄又逊，制面包而用哈尔滨面粉者，惟亚北一家。亚北不特制面包为佳，其特绝尚有“伯泄拉”（俄语）——俗谓之枣泥糕，其原料乃用美国之莓子制之，有妙味。糖之制，则推果子露糖，其原料皆守成规，不事赝代。尤妙者，有以蜂蜜制糖，口噙之，试以武夷岩茶烹而饮，更平添情趣不少。吾尝谓：吾辈穷措大[1]，日惟绞脑汁呕心血，若不大笑三五声，噙糖一二口，其苦况殆无以稍舒，固不必含饴也。向者，西单牌楼有史氏三杰之目，谓能制俄式糕点者三人也。吾以嗜糖之故，曾遍尝之，辄敢第其品曰亚北龙，和兰虎，滨来香狗，余子碌碌不足道也。世不乏与吾同嗜者，曷试之。

1931 年 2 月 16 日
《北平晨报·艺圃》
署名非厂

---

[1] 穷措大：比喻贫寒的读书人。

窝窝头

人但知“窝窝头”为北方粗粝之食，人间有知“窝窝头”为有益消化器之食，而“窝窝头”之不易食，与夫必砭手砥足然后仅仅得食，则非躬亲食者尤不知也。考“窝窝头”之为质有二，以黍为之者，则用宣化以北所产磨砻[1]为之，宣化以北所产之黍，质松色淡，味苦涩，俗呼曰“口小米”；其产自河南北者，质韧色浓，味香而甜，谓之“伏地小米”。“伏地”质良而值贵，“口小米”向以化外视之，鲜用煮食者。米粮商运之入北京，在曩昔纳“伏地小米”之税，两掺磨粉以售，所谓“小米面”也。其不甚掺“口小米”者，当光绪末，新街口有一家，西单有一家，地安门外有二家，余不详。人往往出三五里，负一二斤，为恒见之事。民国后，仓库之制废，米粮商则纯以“口小米”磨砻，

[1] 磨砻：磨治。

实窝窝头者，不复得“伏地小米”之香味矣。其用玉蜀黍（俗曰老玉米）、黄豆掺和磨粉者，曰“杂和面儿”，值较“小米面”为尤低。市之者视其所掺和之豆而有佳不佳：尤佳者四成黄豆，六成玉蜀黍；次者为三七成，其不多用黄豆，杂以乌豆者，味稍次；其纯用乌豆以代黄豆者，则为今日普通之制。至如仿膳茶点社等用栗子粉杂糖以制，吾乃不暇言。以面制为窝窝头，用“小米面”者可稍和淡碱汁，“杂和面儿”则否。“小米面”制色淡而松软，其味香；“杂和面儿”制色黄而韧，味香而甘。若以冷者微火烤之，味尤妙也。合以水，团为球，纳拇指于内，俾上锐而下广，拇指拓为空洞，覆笼蒸之，历约一时而熟，俗谓之“窝窝头”。其不暇为团者，则和碱汁略浓，和水略多，覆笼蒸之，有蜂窝，尤松软，俗曰“丝糕”，此惟“小米面”为能。“杂和面儿”制为饼，刀切为小方块，以盆若箕摇之，小方块皆滚为球，入水煮之，市数枚肥羊肉，一枚葱，入酱或酱油为浆，拌之而食，有奇味。其用巨锅烧枯草败絮，团面为饼，蘸水贴锅围，锅中注清水或菜，燃火俟熟，则此饼一面焦黄，一面松软，视面包加香，而无其酸味也。力不足以具“窝窝头”则注水于釜，未及沸，以“杂和面儿”调之，浓稠若糊，佐咸白菜食之，俗曰“杂和粥”。

1932年7月6日
《北平晨报·艺圃》
署名非厂

大豆腐

在此古城中，下级平民所食之熟豆腐，除“豆腐卤”容再谈外，今先谈“大豆腐”。

在每一处有卖饭摊馒首车之旁，则有方其盘，圆其锅，盘中置鸦片膏罐四五，内盛酱油、胡萝卜、芝麻酱、酱豆腐、辣子油、咸韭菜……围其盘置短足凳，锅中煮豆腐，随其锅小大筑为一块，以火候及心与围底与上，而豆腐有老嫩，随所嗜指购，无有差。此豆腐制最精，其质料直等于豆精之乳，而其值三大枚一碗，惟下级平民独享受之。堪为记之。

1933年7月4日
《北平晨报·艺圃》
署名闲人

老豆腐

往者故都有禁售“烙烧饼，烤白薯”之事，谓此二物含煤毒，不卫生，予曾数为文，辟其谬妄。犹忆有一事，奇惨，不可以不书。当予至高梁桥与友垂钓也，见一卖“老豆腐”者，与官役争辩，官役谓此物不卫生，售干禁例，驱之归，售者哀恳，触其怒，举其盛酱卤之方盘投之河。售者急，遽前攫役，抱曳之诸河，相与一跃入水，役与售者咸灭顶，观者不无太息痛恨。按“老豆腐”为故都最美最纯洁之物，以巨砂锅盛之，覆以盖，下煮以火，其酱卤皆钠盐质，食之者从未发生危险也。且为细民工匠午餐最便之品，工散后，市烧饼，大饼等，就其方盘出四大枚，擎一碗热豆腐，佐饼下咽，鲜美不啻珍馐。而妄人竟欲禁之，是安知细民之为食，亦有其道也耶？

1935年12月7日
《北平晨报·闲谈》
署名闲人

小吃

小吃也者，非西餐之开场白，亦非一二知己，占一架桌头，要两壶白干酒，一碟花生仁，然后各吞五七个肉包，一小碗馄饨也。我居北平久，我能知白薯之所以烤，萝卜之何以赛过梨，于是笔而传之，皆吾侪小民之吃也，因以名其篇。

一　烤牛肉

下午五六点钟，道经宣武门小市，往往肉香扑鼻，使人肠益辘辘，馋涎至不可耐，则往往随其味若蝇之逐臭，偻身钻入外障灰布棚乌烟瘴气之“老五”烤牛肉也。棚中张两巨锅，锅罩铛，火熊熊若不可耐，人跷一足横围之，无隙地，北且盛于南。“老五”左手按牛肉，右执刀，腕悬，左足屈向前，以膝与肩作关节切肉，肉独薄。“老五”目视客，默记：几碗酒，几碟葱香菜，几张大饼；口算：一包糖，一碗粥，一吊钱糖蒜……不少误。筷长而巨，从未闻涤洗。碟盘皆磁州产，类宋元窑。时手尚挥蒲葵扇，衣尚轻纨，夕阳尚如火，即已围炉而啖，汗味与肉馨交，而食者津津有余芬也。

二　猪头肉（上）

棉袄裤上罩及膝蓝布衫，青布皮背心，布以油垢摩擦，光泽若公司缎。左肩背朱油箱，椭圆而方其盖，盖可为砧。箱贯皮带，套左臂，曲肱，左手入背心左洞取暖。右手握耳，“熏鱼”“面筋”或“烂肉”而喊，绝口不言猪头肉。所用刀，巨而方，刃薄于纸，便于切。下午三时后，肩箱自“作坊”出，沿曲巷喊，右手冻痛，臂酸，易左手，右手又入背心右洞缓和之。最是午夜，烟余牌罢，“面筋”之声，清越闻里许，呼之来，启箱，猪脑猪肝灌肠……诸精品已售罄，只余猪拱嘴一片，苦肠数根，切极薄，独有滋味。

三　猪头肉（下）

卖猪头肉者分两派，其原一，以利竞，不能相容，始析。卖猪头肉而兼售熏鱼者为左派。肉不甚烂，而熏味较佳，使人陶醉，以用杉木锯屑熏也。专售肉与灌肠猪肝肚，不售鱼与面筋者为右派。肉惟烂，腻而欠香，其喊售，惟“烂肉”二字，音促而短，呜咽；不若左派叫喊闻里许也。各有“作坊”，市猪头肝肠等，奇秽恶。房有长，长下有熏煮肉师。沿街喊售者谓之伙计。屋角掘巨坑，深及丈。肉价有涨缩，缩则市之来纳坑中，备数日用，不腐不坏。列巨锅，以斧劈猪首若腕解，取其脑，另制，然后纳诸锅，锅中汤不尽清水，以陈汤和之，陈汤谓之“老卤”，浓稠最有味。煮时汤面浮有脂，起之出，有按时来取者，论斤两，售出。取脂者曰“白油局”，再炼，为洁白之油，以供若天福斋酱肘铺零售熟油之用。煮后，涂以红檗，以锯屑熏。伙计自计其售量，以斤两领出，剩余不退还，翌日再售。卖肉虽歧两派，其作坊之秽恶不堪则一也。

四　萝卜赛过梨

萝卜以甘酥水嫩为上品。东郊之“大底红”，西郊小屯之“苹果青”，八里庄之“落八分”，南苑之“心里美”，虽其形色各有不同，其甘酥水嫩则各臻其妙，确能赛过梨。向者尝为《京报》草《卖萝卜》一文，传卖者之苦，颇为人传诵。卖萝卜者利最厚，合脚力、损毁、涤洗、灯火、沿街巷叫计，为利已微，故此著名上品，不若叫售恒品之为利也。

荆条椭圆筐，内围麻袋，实“大底红”三四枚，杂以恒品可四五十斤。“大底红”每百斤约铜元五百枚，叫售合千枚且过之；恒品才二百余枚，叫售则可得八百余枚，故以售恒品便。虽有佳者，不遇其人，不能识，翻以恒品为佳，卖萝卜者，亦未尝不慨然叹知者之少。

筐沿竖铁签，备置灯。以马口铁为骨柱，四面嵌玻璃，内置三号煤油灯，背其筐提之，沿巷叫，嗓音高亮而清，叫至“梨”字则故拖其音使漫长，然后以清脆斗转而下曰“辣了换”。此叫售，与喊口号、书标语同，不必真“赛过梨”，而“辣了”固十九不换也。

五　羊头肉

自立秋迄立夏，沿巷有叫售白水煮羊头肉者，味淡而美，下酒最宜，书之如后。

以藤条竹篦编巨筐，径四尺余，高才五六寸，筐有盖，纳羊头之肉，为前担。后担为木桶，加盖，纳未劈之头。羊头自顶囟纵剖，连皮之部曰“脸子”，附于颊骨，肉色赤。下颚之部曰“信子”，肉腻而味醇。劈其脑，连二目，曰“脑眼”。特嗜者，就其鼻腔软骨韧胰而食，曰“鼻须”。羊之足，以热铁炙，略焦，筋皮独具而无肉，以手自其指际横劈，蘸椒盐咀嚼之，啧然有声。嚼维缓，口含维久，久则味出，饮酒引之下，又嚼，嚼无肉，惟余筋骨，则力吮，吮之啧啧然，与饮酒沾唇之声翕然以和，乐融融虽珍错[1]不顾也。肉之切独薄，是其特长。若以铜元五六枚使切，其薄且逾纸，若买其“脸子”或“信子”使切，则仅在精处切十余片薄肉，所以敷于上，虽力嘱，不肯精切。以此一块肉，已全售出，自无虞乎争多少也。

---

[1]　珍错：“山珍海错”的省称。泛指珍异食品。

六　烤白薯

白薯为天赐穷人美食，煮而食，佐以小米，一家四五口，一餐不过铜元三十枚，既饱且温暖。若蒸食，且可省两枚咸萝卜钱。煮与蒸，“春薯”佳，春薯皮亦肉黄，绝类所谓“中华民国”之国徽；味甘芳，块大。烤白薯，妙在文火，徐徐使之熟，块大且不易透，故以“麦茬”为佳。所谓“麦茬”者，五月刈麦之后，就其地略耘，即以薯种就地布之，所收吸皆麦余之养。种又晚，故块小而长，奇嫩，筋脉少，故佳。以大木桶实泥制为炉，中以铅丝络为网，环其周，生火，不需旺，就铅丝上置薯，桶上蒙以盖，煴之，久久始熟。煮与蒸，洗涤维密，独烤，不须洗，洗则味散，不佳。闻乡人有食猬者，以黄泥生涂之，掷火炉中，泥干裂，猬熟，发奇香。烤薯不须洗，或者以此乎？严冬猬缩，市烤白薯数枚，握之而嚼，饱且身与手咸暖。若袖烤薯行，尤胜于暖水之瓶焉。

七　羊腱子

前者为羊头肉，经艺术家郑颖孙[1]先生试之，亟告我曰：“香嫩！”足可引以自壮。羊之头与蹄，既为卖羊头肉者所包办，其余若前腿膝关节之“猴儿头”，后腿膝关节之“拐子”，羊脖左右两条之“板筋”，附于羊胃之“沙肝”，与夫胫骨之筋，前膝以下之腱，则另有“卖羊腱

[1] 郑颖孙（1893—1950），安徽黟县人，古琴专家。

子”者包销之。其时亦自立秋后立夏前也。卖者有作坊，作坊役“跑外”，诣各羊肉铺收，灶架大锅，以陈汤和清水煮，陈汤有五香之味，有盐。煮熟，以马兰叶扎，筋则成束，腱则排比，候冷，肩贩以荆条椭圆筐叫售。小儿女以两大枚买一“拐子”，既食附骨之筋，又以其骨染各色，凿孔，中注铅，以手或足作势横击之，骨与骨相撞，视远近为赢输以戏。小巷屋角，壁画乌龟之形，旁书“君子自重”，肩贩左右顾，背其筐，撩衣，溺，滔滔然继以淅沥，则探手出，提裤又左右顾，惧为人见，疾行去。再叫，至夜半始已。

八　泡羊肚

羊之头蹄膝腱，已各有售者。羊胃为之肚，肚通食之部曰“食信”，特厚者曰“领”，褶为薄叶曰“伞带”，胃皱纹呈六角形者，曰“葫芦”，无草芽，皱襞滑腻，色赤，曰“蘑菇”，其下口小而厚，曰“蘑菇尖”，余大部曰“板”。剥其里，表之皮曰“仁”。以松木板支为案，左右置巨盘，盘列肚、板、蘑菇之属，两间，醋一盎，麻酱一罐，葱、香菜、酱油、辣椒油各一器。案前列短足窄板凳，右置小火炉，炉架木盖小铁锅，旁置水桶储水。案上列竹筷、小碟，高足碗，刀坫，另一小瓷罐盛香料。入座，举其名求食，售者刀切，调油醋。俟沸，又入冷水少许，此少许水关老嫩，过不及皆不佳，亟以肚入，合盖，分许时，启以勺搅，捞出水，合拇食指掏，断其火候，盛入高足碗，勺麻酱，撒香菜，蘸油醋食，松脆有奇香。其小瓷罐所蓄，云为香料，实不类，在夏日俟熟，就锅淋之，足以祛腥腐。此摊贩，以天桥及各市场露摊为最佳，酒肆前者次之。

九　窝窝头

闲人前写《有闲阶级》，人遂认我为此阶级中人，实则我岂得闲！今写《小吃》，友又误会，以为邀我小吃，或投脾胃。其实我病于胃且十余年，我之吃独以不恒为则，而羊腱子、烤牛肉、猪头肉等，我不敢吃亦十余年矣。惟我能想象其味，故笔出之，以为“地道京腔”而已。窝窝头者，以形言，美其名兼色，曰黄金之塔，举之聊解嘲。此食最与我有缘，自我入市为人佣，家落，日食此，迄今约三十年。病发，食良得，往往功参药饵。我妻出贵族，来寒家日蒸窝窝头，以习之久，和碱兑水团丸用火，皆造上乘，非他人所及。小米面和水，兑入碱，手合之，团为圆锥，当其团，以拇指入内，四指平伸，拢面而旋转之，拇指与余指中间面，随转随按，俟厚薄停匀，锥体之下已为拇指洞巨孔。置笼蒸之，约四十分钟即得，过则米香失，不及则香且不发。我归迟，饭罢，以冷者切为片，置炉上烤，焦黄，香内含，外酥脆，捻腌萝卜条而食，食后饮两碗淡茶，往往读书作画达午夜不饥，斯则闲人所最嗜者也。

十　羊杂碎

独轮小手车，两辕之间，以煤油铁筒砌为炉，上置黑铁锅，炉腔小，少容，火文然而锅温。车之上，并列两巨屉，上罩以曾经洁白而已为灰尘油垢所染之灰黑色布。另一罐盛水插竹筷，一盎盛温水备洗盏。牙黄色瓷碗，巨大而扁浅，边沿绘写意蓝菊花，视八大山人笔墨尤恣肆，盖古磁州产也。“掌柜”而兼“掌灶”“跑堂”“徒弟”（皆饭馆专名，掌灶司烹调，跑堂司设摆，徒弟司洗涤盏碗），败色蓝布外挂，罩以肩心，双足御“毡趿拉”[1]，胜祁寒不冻。羊之头蹄肝胃，已自有出路，惟其肠与心肺，若煮之烂熟，佐以酸白菜、红辣椒，呷几口白干之酒，啖两枚硬面“火烧”，在拉车叫卖运贩……之余，就尘灰飞扬，呜呜汽车风驰之后，斜睨乘者，以咽烂杂碎，未尝不恨天之弄人也；然而力嚼之余，问心亦堪自傲。

十一　炒　肝

青布老羊大皮袄，袖长及膝。青绒绳织为护耳套帽，耸然高。足蹬皂布棉靴，凌晨缓步行。手有提：水磨竹六十条白骨鸟笼二，月白布笼罩，赛银抓，两笼腰贯十三股蓝色绦，蜡地红花湘妃竹管，合两笼自其孔以两抓贯之，左手提。手有架：雕镂龙抱柱乌木架二，以蓝绳白丝脖索各扣山喜鹊一，两架端交于掌心，手微侧，以拇指扣之，鹊飞落右手随其势以行。不须问，知笼中物为善效“油葫芦”（视蟋蟀而大）山喜鹊之黄鸟也。左提右架以行，谓之“遛”，供遛者以荤腻，在小饭铺于前门列长桌，桌上置圈笼，笼藏小火炉，笼上锅纳猪肝及肠，以酱油面粉和之，浓然若酱卤。另一罐储蒜汁，每碗肠五六块，肝一片，铜元十二枚。肠切为环，厚分许。若二十枚，则此五六块肠中，必匀出三两块未及扯净之白色肠油，而其肝之片，面积亦稍拓且加厚。备有箸，以提架不便，左手奉其碗狂吸，虎吞狼咽，蹙眉瞪目，

[1]　毡趿拉：趿拉（tā lā），把鞋后帮踩在脚后跟下。“毡趿拉”指毡子做的拖鞋。

噜噜有声。鹊啧然斗，蓝绳互纠结，不可开，则不暇吃，先排解，比竣，炒肝已冷，冻凝不复可吞，则曰：“再来一碗！”

十二　卤煮炸豆腐

豆腐切为三角形，入豆油炸之，焦黄。黑粉与豆粉之条团为丸，径七八分，入油炸，黄而微赤，谓之“小丸子”。以柳木板为圆笼，二笼制各异。前者纳入小火炉，架砂锅，笼旁曲铁为半圆，备落担而支受“扁担”及锅盖之用。后者笼有盖，纳炸豆腐与小丸子等。盖上合五六碗。锅之盖周围镶以圈，圈曲柳木之板，高寸许，为栏，内置醋一小壶，辣椒油、韭菜末各一器，沾布、筷等。沿巷担叫喊，小儿女围食小丸子，一大枚与丸子四，加汤，布韭菜末、醋。汤从不沸，沸则丸烂豆腐腐。呼之前，蹲身，捻两箸，售者亟自后笼取其碗，启锅盖，以勺自锅底上搅。豆腐埋在底，遇热，已蔫软，色微白，随勺随示蹲者曰：“透的！”以箸夹入碗，又搅，又夹入，售者目不瞬，惟视夹入豆腐数。比食，淋辣椒油，丹珠沿腕而滚，衬以碧韭，盛以灰白之碗，色彩至堪爱也。

十三　炖狗肉

狗肉味最美，耐咀嚼，食余，狗肉丝塞齿隙，以舌舐，余馨久久且不绝。犬有三，以功用分，曰田犬，曰吠犬，曰食犬。食犬既不能守，又不善吠，饱食而嬉，肥硕供人割宰。剥其皮，去脏腑，以新泉涤血污，肢解，辨肉丝斜切之，若牛头之块。京酱入锅炒，纳肉于内，老葱用白断二寸长，沿锅缘平置，姜三片，大蒜十余瓣，敷肉上，入水，以淹过肉寸有五为度，密盖。草蒿灶烧，初惟猛，已沸，撒盐粒，火愈猛，肉已缩，火力渐杀，自后历一句钟，火文，肉成，香四溢，墙角之猫，篱边之狗，若蝇逐臭，灼灼然望诸锅频掀其鼻。烧酒呷两口，夹肉吞，随捻生蒜纳诸口，大嚼，酒与肉内哄，汗且涔涔，周身毛孔毕张，挺其胸，抚腹而鼓，自笑口福匪浅也。

十四　豆汁儿

方木盘中置圈笼，纳小铜锅于内，满盛碗，注水。傍笼竖铁叉，叉旁缚瓷瓶，瓶插白竹箸，林立。盘两角以木圈架两巨盘，盘盛咸菜。咸菜以时蔬而变化，其主则老咸萝卜，无夏冬。切细丝，色赤黑，佐以红萝卜，碧堇菜，大赤辣椒，色调和，光闪闪夺目。另一盘切为骰子块，无辣味。三寸小碟一二枚覆其旁，备调剂。一角纳柳丝编扁筐，罩以布，盛烧饼油脍等。一角迭架短足凳，备坐。其担之他端，圈笼大而高，火炉、砂锅、木勺、锅盖、煤球、豆汁儿咸俱。木扁担，一端架叉，一支锅盖，冬日择背风向阳，夏则通风树荫。售以碗计，咸菜不取值。豆汁儿为制“团粉”之余浆，已酵，泉甘则芳洌，不则酸而不甘。蒸一笼窝窝头，买两大碗豆汁儿，多取咸菜，半盏白干，捻细丝菜下酒，杯空，嚼窝窝头，热豆汁儿润肠腑，腹果，自问无自作，泰然卧，虽穷何害！

1933年11月18日—12月16日、1934年1月6日
《北平晨报·艺圃》
署名闲人

什刹海岸边的一家豆汁儿摊

烤白薯

甘薯色殷红，北平谓之白薯，俗言，不可解也。置炉中，火炙，皮焦肉松软而甘芳，价廉，五七枚铜元可得斤许。入严冬，取暖果腹，穷人惟一食品也。以其“普罗”故，不可以不书。

以荆条编筐，高三尺许，圆围尺有半。自底半围泥沙，施炉条，燃煤球，凿孔俾通风。沙砂上平坦若床，周围敷灰土堆严密。自床距顶之半，以铅丝为网，作环状，顶留圆洞可启闭。此器以荆条制者价廉，木制者加半。

环平郊植白薯者，视麦黍盈歉。盈则春种少，歉则多，薯贵春种，麦熟而种，俗曰麦茬，块小而不甘。

平市小贩以冬夏而异其所售，炎暑逼人，担筐奔驰于烈日下，喊甜瓜，喊酸梅汤，喊凉粉者，入秋则制炉，喊烤白薯，天愈寒，喊声愈凄厉。喊一日半夜才赚铜元百五十枚，若至二百枚，则以四枚市白干酒，欣欣然一吸而干，塞其寒凉。面赭然赤，暂调和其菜色，傲然归，妻孥得窝窝头而饱。朔风起，扬沙，行人缩颈却步，洋车夫鹄立僵缩倒拖其车枵腹归，卖烤白薯者炙一炉，回家与妻孥共啖，愁相对，甘芳浑不觉，冀翌日天或晴朗，炉煤二十枚有所取偿也。

食烤白薯者，无不去其皮，而曰有煤毒，君子是以知小民之该死也。

1935 年 1 月 12 日
《北晨画刊》第 3 卷第 9 期
署名闲人

烙烧饼

北京烙烧饼，虽不必如南京煮干丝，尚存有大明宣德年制之汤，而为我辈穷人日常生活之必需品，则大人先生近始知之，此谣不攻自破矣，窃幸窃幸！顾北京之烧饼，其烙法不同，名称各异，不可以不详述之，以供参考，爰成烧饼篇如后。

一、马蹄烧饼

所谓马蹄烧饼者，就形言。马蹄视驴蹄而大，相对言，又有所谓“驴蹄烧饼”也。以砖砌为炉，形方，宽高四五尺，穹内，置火，火灼炉奇热。以精面团为饼，刷油，合两饼，团圆，蘸芝麻，贴炉腔。数分钟，面遇热，其合合处，以有油，分离；以火灼，隆然高，铲而下，加炸油条横嚼之，有奇香。本市所谓粥铺者，咸售此为早点。

二、驴蹄火烧

视马蹄而小，特厚，有胡椒盐。炉与烙马蹄者相类，面用已酵，不两合，蘸椒盐团为心，外贴芝麻，置炉内，火烈面酵，往往作龟坼。饼铺、二荤铺咸有，为晚间最好食品。

三、芝麻酱烧饼

麦粉以本地产者为主，其为效，殆重于黑面包。四木架以砖泥砌为炉，炉有墙，口巨腹短，墙上嵌铁圈，留一口，上盖铁铛，火须文，忌烈。半酵面擀为长条，技精者擀薄如纸，涂芝麻酱，撒盐，自其一端卷曲之，层垒呈螺旋纹。团圆，十数列案上。栉比，以刷蘸麻酱涂其面，一面贴芝麻，置铛上，反复烙，半熟，启铛，移入炉墙内，盖铛灼之，发奇香。

四、吊炉烧饼

吊炉者，火有上下，下火原煤，上火干木，盖古焙法也。面合矾碱盐，团法若马蹄烧饼，惟差小，下炉如芝麻酱烧饼。当铛处为吊炉。吊炉以泥沙为之，下承铁板，一面有洞，纳柴木，另以铁索吊柁间，横木把可移动。团面下炉，以吊炉盖之，下灼上蒸，烧饼极酥脆。

1935年1月15日
《北平晨报·艺圃》
署名闲人

烤牛肉

安儿胡同口外烤牛肉，去年我曾书之。前日与静谷主人小饮，主人甚赞烤牛肉，以为别有风味。据我所知，凡属知交而尚未吃烤牛肉者盖寡，且一吃即上瘾也。肉之迷人，如此如此！

一烤肉棚，分工合作，各有专司："老五"专司切肉算账。其兄"大胖子"专司记认孰先孰后，孰一碗粥，孰两根白萝卜。最堪入画者为"老五"之子，衣玄色袍，维宽博，挺胸袖手，目灼灼一瞬，立屋心，凝视来客之大衣围巾毡笠皮帽，客偶有误取，疾前指若者帽非汝若者，属某，环两楹挂衣帽几满无差误。至于"傻子"之"一分佐料""一分葱香菜""两盘大饼"，为职较轻，不足多也。主人因言：烤牛肉有三杰，即指"老五"父子与其兄，所观察颇深刻。

吾常至其地，费不及三角钱，吃极饱。食间欣赏"老五"切算之艺术，而观其父子兄弟合作之精神，深愿大人先生时常至此尝尝，当少得许回味也。

1935年1月18日
《北平晨报·艺圃》
署名闲人

安儿胡同烤肉铺掌柜“宛把儿”

热芸豆

城之北有老李者，衣敝裘，肩荆条筐，喊“热芸豆”，城北之小儿女无有不识老李，不知老李之热芸豆香且甘者。

老李自言年已六十有六，五十得子，不五年而殇，殇于买芸豆不洁，老夫妻痛失子，誓以卖芸豆忏济邻人小儿女。不计利，惟洁惟精，六十得一子，卖乃愈虔。

老李有数椽屋，赁值可不冻馁。市白芸豆，涤淘不厌洁，入釜蒸，釜每蒸辄先洗。蒸极熟，纳砂锅中，砂锅视釜治尤洁。盐胡椒，入釜炒，研细纳盒中，包以白色布，特严密。包垫之纸，不用敝书败报废账烂册，市新纸，剪如斗方，遇买者以勺置豆纸上，出盐盒略撒，包之，俾小儿女捧之屋中食。街上食，不包即食，以手抓食，皆不卖。大风扬尘，天雨雪，认为食足致疾，不喊热芸豆也。老李卖芸豆，垂十有六年，知者惟城北数巷之小儿女而已。

1935 年 1 月 26 日
《北平晨报 · 艺圃》
署名闲人

食活鱼

鱼之味，随其鱼而各有不同，烹炙之术次焉。予喜钓鱼，鱼出水，遂烹而食，其鲜美逾恒，挂诸齿颊，久久且不能去。客有谈食鲥鱼者，鲥鱼以内河为最美，海产者最下，在昔鹾商[1]，以食活鲥宴客，客未至，预饬庖人驾舟，携刀釜之属傍渔舟。计其时，渔舟得鲥，疾烹调，舟疾行而归。比抵门，客齐，将举箸，鲜美之鲥，已献于客前。味既美，其时且不先后也。津门银鱼，其味亦以活者为最。客有言：命仆担水桶，随渔人行，举网得，纳诸桶中，疾驰归，十余里不喘息，比抵门，鱼尚洋洋然游桶内。迫视，惟见两眼呈黑星两点，脊肋条条蠕动，肉与水为一色，活泼泼的直置釜中，其为味乃匪可语言形容之也。大抵物之美，逾时则变，荔枝然，凡物皆然。惟如此食鲥鱼银鱼，则非我辈所能耳。姑书之以解馋。

1935 年 5 月 18 日
《北晨画刊》第 5 卷第 1 期
署名闲人

[1] 鹾（cuó）商：盐商。

吃鱼

前日友人强邀去钓鱼，他说：“连日鲫鱼太贵了，一斤重的鲫鱼，每斤要贵到一元三角钱还买不着，这很像在第一舞台[1]买到前七排戏票一样。你久负能钓之名，我花五角钱买一张钓鱼票，凭你的能力，至少可钓他二三斤。”我不得已，蹩着足随他去钓，果然天干水浅而幸不辱命，钓了三尾活鲫鱼，足供干烧三大盘。但是友人们太馋了，马上就要吃。我说：“这鱼暂时吃不得，至少要在清水里养他一天，它才没有土腥气。”他们不听，先吃一尾，果然味道不佳，这才养起来。按北平向不知食鲫鱼，宣统末扬州饭馆有鲫鱼，直至民国八年，都用汤，无干烧者。近年不但南饭馆用鲫鱼，即山东馆亦用，亦其所以昂贵也。

1936 年 9 月 26 日
《实报·漫墨》
署名闲人

[1] 第一舞台：京剧名家杨小楼等筹建于1914年，位于珠市口迤西，时为京城最大戏园。1937年毁于火灾。

故都食货志

故都食饮财货布帛，予所知则自光绪中叶后，耳所闻，目所见，垒然有不可不志之者，此意存之且若干年，未遑也。长日扃户，潜晦以消月岁，脱不即时志所知，则故都食货大有就湮之感。日书一二纸，投之《艺圃》，固无当于大雅，然而茶余酒后，或亦足为消遣之助耳。

芸扁豆

环故都菜园皆产芸扁豆，食者食其荚，有所谓红芸豆者，尤肥美甘脆，初夏最好之“饭菜”也。严冬煴黄瓜扁豆，值昂味亦涩，惟初夏，荤烹素炒无不宜，民间食之，可以佐白干酒，可以咽窝窝头，犹之冬日白菜，火腿白鸭固佳，即两大枚“熟荤油”，煮之亦堪下饭焉。

妻为爱新觉罗氏，所传炒扁豆法，食之颇有味。不用肉，忌水，以脂油略煎烤，纳以极精之“炒酱”，不用葱蒜，惟姜一二片，火须文，约二十分钟即熟，色犹翠碧，味则香甘。若入水，则色变味涩不堪食。

当两大枚铜元可市豆一斤也，黄稀酱两大枚，抹之黄色类宋瓷碗半边，再以一大枚市香油，油与酱同居碗内，不和合，厘然分。他物且不需，新蒜头则非具不可。以油酱与豆入釜炒，频添水，豆色黑紫作茄皮色，置之碟，蒜不去皮，横嚼之，熟香满口，既饱且祛病，盖俗谓生蒜防疫祛暑之功焉。

霜肠

卖羊肉者不曰铺而曰床，床之意殆指卖羊肉者长案而言，而其形非床也，仿佛古寺之供桌然。羊之肠灌以羊血，入少许香料，缚扎两端，环若圆，入釜煮，俟血凝，骤入冷水，肠皮皎白若霜。有灌以羊脑髓者，有否者。其用羊血清杂脑髓者，色尤洁白，味尤隽美。

晨间甫出釜，用特制之木盆附以架，置门前待售，视其肠，色莹然白者为新肠；色晦暗，以手按之微坚，则为陈肠，昨日未曾售出，食之味不鲜美。

断为半寸许，入“高汤”中煮，佐以黄瓜豌豆，为故都最恒见之食法。其鲜嫩全恃汤沸之度与火力之猛。至于入汤之后，又以高醋、酱油、杂团粉和之，使汁浓稠，俗谓之烩霜肠，亦别有味。

以木圈为笼，置巨釜，霜肠沿釜围为圆，中置羊肚之属，釜下生小火炉，为一笼。另一笼下为水桶，上承方盘，杂置碗箸及一巨罐，中纳盐醋之水。以“扁担”插两足，列笼前，食者以碗计，坐“扁担”上，称之卖羊肚。此肠与肚，皆羊肉床未曾卖出之物也。

炮羊肚

我所谓“炮羊肚”，非如山东饭馆之“盐炮肚条”与“油炮肚仁”之谓。若大酒缸，若市场，若杂技场之一隅，列巨案，案足距地才尺又五，案前与左列长条凳，案右以美孚煤油箱凿孔为小火炉，破铁锅洞其底，置炉上，承小铁锅，俾风不侵火，火旺。案后则售者据凳操刀待客。案上列巨碗，或高脚盘、笔筒、小缸。中实麻酱、酱油、醋、香菜、葱花、辣椒油。另以箸插笔筒内，巨盆盛碗盏，巨盘置方冰，冰上陈羊肚之“食信”“蘑菇”“伞带”“肚领”“肚板”之属。炮之术，以嫩鲜脆为工，纯视火之力与入火之时。其技之精者，脆嫩虽患齿者，亦堪入口咀嚼焉。

业此者皆回教中人，其为术有精粗，其选肚有老嫩。若以其不洁，市其“伞带”或“肚领”等，使之去皮（俗谓之草牙），携归家中自炮之，则“肚领”之时间较“肚板”为促，“伞带”又速于“肚领”，不过五分钟，尚须开合锅盖一次也。而说者谓总不如坐长条凳，擎白干酒而咀嚼之，最耐人寻绎，盖其味岂可仅在食中求之耶！

猪头肉

猪肉而至于头，至于头之“拱嘴”，其为肉之味，犹之乎猪之蹄，盖别堪玩索者也。驴之势，谓之“驴灯台”，涤其皮，去秽恶，内实竹签，杂香料老酱煮之，嗜者谓味之美在熊掌上。猪头肉虽不必如驴势之味美，而肩椭圆小红柜，上覆朱油长方小木板，沿胡同吆喝“熏鱼炸面筋”，或“烂肉”，柜内实猪脸半片，肥肠一节，猪肝一叶，又杂置猪小肠所谓“苦肠”，猪嘴圈所谓“拱嘴”，猪盲肠所谓“十信”者，一小秤，一巨大而方，薄才如纸之双十字刀。刀非双十字打造者不能佳也。遇买者各蹲身，翻转其朱油小木板，肉肠置各有次，不少紊，上覆小方盘启其盘，待买者指肠肉拱嘴。少则一二枚，多则论斤两。围柜，有白面小烧饼，以十二枚铜元买“拱嘴”，劈两烧饼夹之入，横嚼之，齿颊发奇香。论斤两，则切肉不甚薄，出钱令切，则肉片片薄逾纸，其为技，不减正阳楼切羊肉片也。最是少妇女御短衣蹲身买肉时，卖者往往目光视妇女，手不停，切肉乃不至于切其手焉。

豆汁儿

即树荫浓翠下，圆桶上承大方木盘，中置圈笼，实釜，纳洗碗水及碗。两对角各置大瓷盘，内咸菜，一切骰子块，一切细丝，红者萝卜，绿者堇菜，红丝者又有辣子也。另一头圈笼架巨锅，锅实豆汁儿，腾腾釜上气若朝雾。小板凳七八具，围列方盘。柳条小筐纳烧饼油果，距方盘之一隅。汁儿为豆浆之余沥，已酵，味酸而芳甘，嗜者日不饮不快也。

劳力者日奔驰烈日下，饥与渴骈，而渴乃过于饥之难忍耐。饮冷水，渴已而饥至，不可驱。热茶，茶甫下而腹辘辘作雷鸣，饥且愈不耐。故群趋于豆汁儿。祛疫清暑、消渴止饥，劳力者初不知之，而知奇渴大饿，得豆汁儿一两碗，花钱四大枚，仍可执车把，跑三五里，再以所得买一饱也。呜呼，豆汁儿之活穷人，且小也哉！

酸梅汤

夏日消暑而不能止渴者，阙惟酸梅汤。在昔盛推前门大街九龙斋。民国元年而后，琉璃厂信远斋之梅汤，颇有名。二者予曾以梅花喻之，九龙若绿萼，信远则江表红梅，二者之差，在惟淡而惟隽永耳。而惜乎九龙斋久已不存，不足以证吾喻也。

市四两乌梅，煮烂熟。预与糖庄订购“太古”席包（包糖所用之竹皮），入釜煮之，澄其泥污，视所需多寡，以冷水冲兑，入乌梅汤，纳破瓷大罐中，俟冷，镇以冰。若不入冷水而入热水，则俟冷之时太久，误贩卖。冰盛以箱，位大罐于中，围以十二枚一瓶之汽水，合木盖，盖凿圆洞，洞纳提酒所用之“竹顿”。担其挑，手捧两小铜碟形曰“冰盏”者，声琅琅然。遇买主，以铁锥敲冰，作胡桃块，然后以“竹顿”提梅汤，大约一大枚一顿，冷沁心脾，嚼冰齿格格作响。此为沿街巷之冰镇梅汤。小儿女尤嗜之，而肠窒扶斯[1]等症，小儿女不知其所由来也。

1935年6月1、3、14、15日，7月1、15日

《北平晨报·艺圃》

署名闲人

[1] 肠窒扶斯：西医肠伤寒病（ileotyphus）的早期译名。

卖酸梅汤的担挑

薄饼

伸面条与烙饼，为华北最美食物，故都伸面条，虽不如山右，而烙薄饼，则为华北之冠。吾人生逢此世，他皆不得谈，欣值立春佳节，书所知烙薄饼者。

烙饼之为类，曰清油饼，曰家常饼，曰草帽饼，曰发面饼，曰薄饼。其为面，曰白面，曰混面，曰黑面，曰荞麦面，曰油麦面。其技巧，以酥松柔软为贵，而发面饼之味尤美。烙之器有二，以铁制之铛为普通；穷苦之家，有所谓“支炉”者，沙泥制，透若干孔，文火，烙熟以不焦为贵，尤佳。

所谓薄饼者，贵族食，民间年至立春始食一次。其为贵不在饼而在卷饼之菜，故民间不恒食。薄饼径五寸余，表里两饼合烙者曰单合，表里四饼合烙者曰双合。单合有表里灼焦之嫌，双合则中两饼未着火，酥而不韧，柔而不腻，蘸以黄酱，佐以羊角葱，不必吃“烤鸭”“锅烧半只”，而味绝不同。制此者，饭馆不如饼铺，饼铺不如故旧之家。盖故旧之家烙薄饼，咸以沸水烫面，烙后又入笼蒸之，故别有味。

1936年2月8日
《北平晨报·闲谈》
署名闲人

吃春饼

“立春，妇人进春书，刻青缯为帜，像龙御之，或为蟾蜍，书帜曰宜春。”这是北平最古的故事，见于《辽史·礼志》。“立春之时，无贵贱皆嚼萝卜，曰咬春，互相请宴，吃春饼和菜。”这和在东直门外春场的春亭，大京兆去迎春，都是明朝时已有，而见于《酌中志》，很有些人骂咬春、吃春饼是旗人的遗毒，这实在是荒唐，而不得不加以更正。

当我家吃春饼的时候，那时有几个佣人，先把堆填的攒盒洗净，由南式盒子铺叫来个苏盘，加上自己家中有的火腿腊肝，按格放在攒盒内，烙成了的薄饼，用布包好，放在蒸笼里，另炒笋丝、韭黄、酱瓜、菠菜、芽菜、粉条、鸡蛋、羊角葱、黄酱，再炸些挂面。有时会存有腊八粥，有时用玉田香稻熬粥。各人面前都放一个五寸碟，饼的大小要和碟相衬，这是自己的家宴，没有戚友在座。如果有戚友的话，那还要换上芯子可以自转的圆桌，佣人或是家中妇女，还要手托金漆盘，递饼递菜，卷一卷敬一卷，以上是我做少爷时候的事，现在我少爷做不成了，这些个考究，只是一梦。

劳力的人们，在这一天坐在二荤铺，来十二两草帽饼，炒个杂拌儿，要“盖被褥”，羊角葱蘸黄酱，吃这顿春饼，也很痛快。所谓炒杂拌儿、盖被褥者，即是肉丝炒芽菜加粉条、青韭、菠菜，炒好之后，又摊两个鸡蛋盖在上面，应有尽有的一顿春饼。

1947年2月4日

《新民报·土话谈天》

署名闲人

吃薄饼

良辰美景，佳肴醇酒，在从前并不怎么注重美器，这并不是不注意，美器算不得什么，提不到话下而已。

二月二龙抬头，北平讲究吃薄饼，这种吃必相当精美，才有意思。我有位远亲，他住的宅子，相当考究，莳花种竹，更是他的拿手。二月二那天，他请我吃薄饼，在一个五间花厅的后进里：有七位朋友，都是熟人，没有揖让之苦，可以放胆聊天，不拘形迹。这五间花厅，三间一通连，左右各隔断着一间。三大间里陈列着几盆梅花山茶，硬木椅凳，都换上大团龙的坐垫，靠墙的架几案，满陈列着青花白地的瓷器，如瓶樽盂洗之类，都是团龙或云龙行龙的花纹，就是那几盆盆梅山茶，也是青花白地的画龙花纹。我们落座是在隔断的东间，平常在这交换国家间的消息。这屋里是西式的装备，沙发地毯，都是蓝龙的花纹。茶杯用蓝团龙盖碗，香烟是白金龙，真难为他搜集和布置。

吃饭的时候，是用“大清乾隆年制”的鱼龙变化的大瓷盘，这盘总共一尺五六，里面装着各样的鸡鸭肠肉的细丝，这盘是件青花加紫的。另有四个粉空暗龙的九寸盘，里面盛着炒“野鸭脖”（韭菜）、烹掐菜、炒合菜、摊黄菜（鸡蛋），下酒的还有四个炒菜，以及酒盅饭碗碟匙之类，无一不是青花团龙。美食佐以应时当令的美器，这一吃也相当名贵。我因为是世家出身，对于这种用具，自然相当明白。而我这位远亲，也仿佛相当好胜。实际他家在好的时候，这些青花的瓷器，简直不屑于用。

这七位客人里边，有一位也是“老北京”，余外东西南北人都有。以为主人这样豪侈，不是待承极熟的朋友之道。这是在极赞美器语句间流露出来的。

我这位远亲相当聪明，他说：“因为是熟朋友，所以才把残存的这些破烂家具搬出来。可惜我那五彩、三彩，一道全让给人了，并且连那只‘套彩’的大攒盒，都被卖去，那攒盒的确是雍正官窑。我们这五十上下岁数的人，现在看什么入眼？这些残存破烂，也只有我们这些人可以用，知道这是应节。现在的阔人，你如果请他们来吃，他们未必晓得我这是尊客之诚，待客之礼，倒不如用些‘万寿无疆’的日本瓷，五颜六色，倒觉得冠冕！”

饭后，我们重新泡上茶，茶自然仍是龙井，这是我这位远亲自杭州设法弄来的，虽不太真确，却是极好的茶，北平确不易买到。我们又谈了些关于德国将要“垮台”的事，其时诺曼底早已登陆了，日本也正在喊一机一舰，做着大好的春梦。

今年我们又聚在一起（已缺了两位，一位仙游，一位当起老爷），又新加入三位，都是飞来而抱着消极的。又在吃薄饼，那鱼龙变化的大盘不见了，而换上漆盒，主人豪兴仍复不浅，只是那间有沙发的“明柱”上，多了一个红纸条，写着“莫谈国事”，这实是卫生之道。

1947年

《一四七画报·非闇漫墨》第10卷第6、7期

署名于非厂

炸酱面

老友松云亭君，长白世家子也。健谈，娓娓一两句钟不能休。属云楼主曾谓："聆善谈者言，如读诗古文辞，快爽耐人玩味。"良然。君长于诗，贫甚，怡然有至乐，夫人系出名门，操家政，待人尤有礼。

一日君见召，食"炸酱面"。伸面为条，予以胃疾不食，汤面亦然，炸酱尤不敢尝。独君召，不忍辞，食之固未尝不适也。

君无应门童、灶下婢，市蔬菜，君自为之，晨兴，携小篮入市，比归，夫人接篮入厨下，刀釜声间作，菜根香直扑人鼻，遽思食，往往使人不可耐。是日，市猪肉半斤，去筋与皮，切小方块，先以芝麻油入釜，俟油烟起，急以肉纳之，声咋然，油星四溅。"黄炒酱"随入之，葱花姜末之属，佐以口蘑，遽添水，以勺搅之，油与水相煎，火不须过急，历时稍久，必俟水汽干，油浮起，乃熟，此之谓"干炸酱"。若一次入水不足，随搅频添水，则油不浮出，酱不干香，肉则疲而不脆嫩也。

夫人本善伸面，徒以予故，乃市“切面”，煮极熟，入酱拌之，加醋与黄瓜丝、青豆瓣等等，芬芳满口，盖别有风味焉。当光宣之际，北平旗人飨客，往往主妇入厨，以“炸酱面”进，士夫之家且然，今君以佳食飨我，殆别存古意欤！

犹忆当我订婚之时，对于女方，除问女工之外，其必具条件之一，则为能不能伸面条，盖老母为爱新觉罗氏，而内子亦为爱新觉罗氏也。

1935年6月1日
《北晨画刊》第5卷第3期
署名闲人

张大千吃烧鸭

张大千此次再登华岳，所得画稿极多，论者谓大千自去年游华，画笔丕变。今又重登绝顶，其于画当更有惊人笔墨也。往返几一月，居西安忽思食烧鸭。有得明楼者，号于西安，以烧鸭闻。大千午前登楼，点烧鸭一品，楼主示不可，谓活泼泼之鸭，割需时，拔毛又需时，燃炉需时，烧又需时，总计一烧鸭，自割迄入口，非两三钟头不可。君如喜食，请预付定洋，约日始可。叩其价，洋五元。约日暮，径予定洋五元而去。以为珍而艰也如此，必佳；准其时往，俟烧鸭，肴酌皆不暇辨美恶。巨声报客，曰烧鸭到。远望之，色灰败，类风干之鸡。随报声倏一呈献，即闻剖割声。比送客前，入口烂而糜，烟烧余味满齿颊。异味不宜多尝，乃未尽一鸭。比索骨骼，则煮亦烂熟之鸭，曝干又从而炙之，此亦游华所得之惊人笔墨也。

1935年10月30日
《北平晨报·艺苑珍闻》
署名闲人

烤牛肉

客有自南来者，予既绍介吃正阳楼烤羊肉、馅饼周炮羊肚、月盛斋酱羊肉，皆食之而甘，而尤赞烤羊肉与春华楼之烤鸭。客居南粤久，来平为破题儿第一遭，习于五十元一碗烧鱼翅，六十元一滴蛇胆酒，骤食此，真觉别有天地，而此地之可爱，于此益使人唏嘘不止。日昨告我："北平一地，真觉神妙而莫测高深。日者赴宣内大街访友，进宣武门，即闻肉香扑鼻，使人顿忆饥饿。既为友言，友笑携赴街东一家小棚内，盆火熊熊，围吃烤牛肉者，已无插足地。有壮大汉，以入次先后为序，指顾客。切肉者手按肉横切维薄，口滔滔算肉价，不爽。伫久，才得立足地，大吃，视正阳楼尤有味。此为谁?"予笑谓，即安儿胡同牛肉"老五"也。友谓："故都有此宝贝，使人益添恋故城之心。"

1936年10月12日
《实报·漫墨》
署名闲人

陶先生火锅

老友陶继安新自东京归来，昨同小酌于春华楼，我们宾主五位，由陶先生提调菜蔬，真是精美异常。我往常好用“清而腴”三字来批评春华楼的菜之美，这次真可说是“符我私评”。春华楼主人很爱好字画，在过去的几年中，他总是每几个月换一次，但是今年，却没有大变换，这大概是有些精品，预备在来春换挂的。但是总比某一家饭馆，悬着丈二的大横披，而只写“天经地义”四个大字，胜强得不仅有上下之别了。这且不言，翻转来且谈谈陶先生火锅。我们吃到最后，一个火锅上来，外附碧绿的鲜菠菜、雪白的嫩白菜，他把要撤下去煮干丝、腊肉等的残肴，一股脑儿都放进去，煮起来，真是美不可言。所以我觉得如果陶先生再请吃春华楼的话，那我一定要迟到几十分钟，以便枵腹去享受这陶先生火锅。

1937 年 1 月 27 日

《实报·漫墨》

署名闲人

乡居风味

西直门外遇到一位老同学，略事寒暄，便邀还家。他住的是五间瓦房，另外还有土房，地上种着许多菜蔬，绿汪汪的，表见着十足的乡村风味。一进屋，靠墙一架木案，上边供奉着观世音菩萨，案前是一张榆木擦漆的八仙桌，两旁放着两把木椅。佛龛的两旁，摆着一对"富贵白头"的帽筒，两旁还有两只朱油的盒子，这种堂屋的陈列式，差不多是中等人家的普罗作风。我这位同学，他种着几十亩田地，除了辛勤外，大概穿衣吃饭，不至于太为难。他留我吃晚饭，四点半已将酒菜摆在炕桌上，腌的鸡卵，油醋拌的黄瓜，还有花生米一碟，红萝卜劈成四块，红白相间，衬着一撮黄酱，这都是新从地里摘来的，已使我馋涎欲滴了。而整株的生蒜，嚼着炒熟的扁豆，鲜美的味道，越使人羡慕。

1937年6月2日

《实报·漫墨》

署名闲人

北平烤鸭

这次友声旅行团来到北平，他们对于北平，除掉干燥无雨，灰尘满襟之外，究竟印象如何，那我是无从知晓。不过，有一天他们在全聚德吃烤鸭，我觉得他们尚未能抓住北京烤鸭之美，这是我写一篇北京烤鸭，以当绍介的。北平的白鸭，自孵出后，经过人工去“填”，如果喂到九十日始吃，已经认为是老了。计自出蛋壳至烤吃，鸭寿在七十一日至七十五六日，体重在三斤强，为适当之期。至于烤的方法，“挂炉”不如“焖炉”，“焖炉”不如“叉烧”。现在“挂炉”已被淘汰，“焖炉”正在挣扎，全聚德的烤鸭，即属“焖炉”。据我这老于北平的所知，“叉烧”鸭无论色泽味道，俱臻上乘的，要首推春华楼。味尚可，色泽差一点的是丰泽园。至于全聚德，虽以烤鸭著名，但已成过去，然而初来北平的，已食之满意，甚矣北平之迷人了！

1937年6月14日
上海《大公报·非厂漫话》
署名于非厂

北京烤鸭

香酥鸭子

我们住在这大圈圈套着小圈圈里，我觉得这个圈圈实在可爱。不论是什么人，只要一到这圈圈，就会不期然而然地就这圈圈的范围，甚至身心两方弄出些毛病来，也觉得这圈圈是个好圈圈。我是有病的身子，我这病正应了那句俗话“病从口入”，老胃病，十多年没有彻底的办法。最近有位朋友请我吃某园，某园的菜的确是我们山东菜又圈圈化的。朋友说它也有“香酥鸭子”，不妨一尝。我知道这味菜是张大千亲手传给春华楼，今年夏天，又草草告知某园，那么往某园去品品，也是我得胃病而不怕吃的一件兴会事。比至热气腾腾的这味鸭子端上来，在面貌上只有漂亮过于张大千，我不免很惊它临摹仿效之工。及至入到嘴里，似乎尚有待于研究。本来这味菜，以上海陶乐春为最佳，可惜还不是用这圈圈里的填鸭。春华楼的外酥而内嫩，用箸一抖即松散。这做法，酥近于脆，嫩有不足，这很像王羲之《兰亭》，定武石刻既亡，又从而翻刻了。春华楼是定武石五字未损本，似我这仅具大嘴一张，久在这圈圈里混饭吃，自然批评较为真确，假如能明了酥而要嫩，非脆之谓酥，则这味菜自然做得恰到好处了。

1938年12月2日
《新北京报·哭之笑之随笔》
署名于非厂

割出

中秋节那天，我曾贡献一个菜单给老爷太太们过节，里边有一样是“乌鱼蛋割出”，这个菜是山东馆子的拿手菜，但是乌鱼蛋虽不是乌龟蛋，倒容易认得出，这“割出”是不是“鸽雏”之误？这是一位特意去吃过的先生问我的。

鸽雏确是一菜，炸它卤它都可以，但是要“烩”，要加上乌鱼蛋的却不是鸽雏，而是“割出”。“割出”并不是土话，而是要避忌土话的，就如醋在饭馆子里喊它为“忌讳”的一样。这醋的“忌讳”，大概是有“叫条子”[1]那一年才遗传下来的。

本来“杀人不见血”，是杀人艺术的顶点，其次才是吮血而不杀人。至于流血，大流血，这是顶该忌讳的，何况是灯红酒绿、觥筹交错的当口，醋是忌讳，血更是忌讳。因此把一割即出的鸡血，叫作“割出”，这是多么写意，多么干脆呀！

1946年9月15日
《新民报·土话谈天》
署名闲人

---

[1] 叫条子，即叫妓女来陪席之意。

花糕

花糕是重九应节的食品。但这东西在北平，够不够五朝（北平是辽金元明清五朝建都的地方），我虽不敢肯定地说，但《帝京景物略》是明朝人作的，它说："面饼种枣栗其面，星星然，曰花糕。"至少这花糕是有几百年历史的。它又说："糕肆，标纸彩旗，曰花糕旗。父母家必迎女来食花糕，或不得迎，母则诟，女则怨诧，小妹则泣，望其姊姨，亦曰女儿节。"这一段记得更生动，女儿节尤为娇艳响亮。

乾隆时说花糕，《帝京岁时纪胜》上说："京师重阳节花糕极盛，有油糖果炉作者。"这和现在的差不多。又说："有发面累果蒸成者，有江米捣成者。"蒸成的，我幼时还常见，江米捣成的，我生也晚，愧未之见。

现在的花糕，有粗细二种，都是炉做的。粗的用整个的山里红、枣、核桃等，用面夹成。细的有山楂、青梅、核桃、葡萄干等果切碎，也是用面夹成，不过面上印有花纹，糖馅之中分为山楂、枣泥、白糖，在面上加一红戳。沦陷时曾一度未制，今则为应时礼品。

1946年10月3日
《北平日报·太平花》
署名非闇

花糕

腊肉

北平到冬至节的前后，也有做腊肉的，这腊肉虽没有四川人做的优美，但也有它相当的味道和色泽，这和咸肉、酱肉并不同。

肉要选择皮薄膘厚的猪肉，自然是越嫩越好，把它洗净，切成七八寸长，三寸多宽的块，先用上好的黄酒揉擦过，另把盐和胡椒茴香研细炒过，再加些许火硝，盐的分量大概是每斤肉四钱。把这和成的盐末向肉上去揉，揉要用力，要匀，揉好之后，放入缸中压紧封固，经六七日后，由缸中提出，穿以绳，挂在阴处风干，即成为北平的腊肉。猪肝牛舌猪耳均可照此制法。欲吃时，洗净蒸熟，牙白的膘，鲜红的肉，又香又美又耐咀嚼，若不加火硝，只是肉色不红，味是一样的。

有我内人活着，每届冬至，总是做上他几斤。现在内人死了，肉也贵了，只好写出来纪念我的老妻！

1946年12月17日
《北平日报·太平花》
署名非闇

写在腊八专号之前

今天这《北京人》版，只好为腊八忙了。关于腊八粥的稿子，我前后收了四篇，我又不愿丢弃，只好汰复存精，就各人所写出的粥料，我给它来个“一锅熬”。

不过，这几位先生，第一忘掉了粥厂之粥，本日应当加枣，第二是早晨卖的粳米粥，也要疏疏落落地加上些红枣。第三不能光送人一碗腊八粥，还要包几个梅干菜馅的“门钉”馒首（形如各城门之门钉），外加酱白菜、甜酱萝卜。

文岚先生引的《天中记》是明陈耀文作的。“诸米果煮粥，取逼邪祛寒却疾病”，则是见于《譬喻经》的。至于王铁铮先生说的“墙壁树木亦抹上粥”则是见于明刘若愚《酌中志》，这故事都相当悠久。

在雍和宫熬粥，事先一二日“宫门抄”，必有一条派某某赴雍和宫熬粥。那时各庙熬粥的，有柏灵寺、嵩祝寺、龙泉寺、白云观等，上插小黄纸旗，书明某某庙名，分送施主，有的还有两个大馒首。

小百姓熬不起粥，则在粮米店买他们掺兑好了的杂豆米，熬他一锅粥，就窝窝头吃。也在灶王爷前供上一碗，保佑他们一家平安，不要饿死！

又本日各河湖都开始打冰，据说这天打的冰，格外坚实。

1946年12月30日
《新民报·土话谈天》
署名闲人

冻肉

春节在迩，在这三九的天气里，有钱的主儿，自然要存肉，因为今年的季节比较晚（距立春），而这天然的“冷冻”正好利用。况且这时的肉，并未增价，既然是肉食者，不如买进些冻起来，以便大过肥的春节，就是存几天再让出去，也比较合得来。

北平的小民，在夏正除夕，至少要弄四两羊肉，一大棵白菜，吃饺子过除夕的。而这肉是喜欢用羊肉——肥腰窝，猪肉差一点，也可以说是感兴趣的比较少。

工商铺都是在祀灶前后买肉的，“半个片子”“一个片子”“下水”多少，鸡鱼干粉……最小的修理自行车摊，也要弄二斤肉过春节。

存肉的方法很简单，有大缸的放入缸内，有空房的吊在房内，如果怕它遗失，也不妨把零碎的冻结在一块，因为这几天正是冻肉的时候。

至于身上无衣、肚内无食的同胞，北平话叫“卖冻儿”的，明天看“无名男（女）尸一具，相应发照掩埋可也”，这肉却冻不起。

1947年1月11日
《新民报·土话谈天》
署名闲人

吃蟹

螃蟹在北平，是很普遍的食品，入秋后即上市，到重九更是吃它的好时候。俗说“七尖八团”，“七”是七月初秋，尖脐蟹（雄）最肥；“八”是八月仲秋，团脐蟹（雌）最美（七月、八月指的是阴历）。七月是讲究食其肉而尤其是双团，八月则食其子，即所谓蟹黄。其实如果明白怎样养蟹，仲秋、季秋仍可一样地吃“尖”，初秋也可以吃“团”。

选出活泼的蟹，不要洗，更不要见水，把它放入缸里，用芝麻和小米或黄米覆上一层，在蟹上盖以漏洞的箔席或蒲席，经过一昼夜，再喂，再检有没有病变或死亡的，如果再经一昼夜，它们体质充实，用手捏它的小腿，自然也饱满了，这样再蒸食，其味香甜，不亚于南蟹。北平所食，以胜芳产的第一，其实玉泉山各河也不差。不过市上所卖，有的已饿了几天，有的已经有内伤（着水）、外伤，吃的人又不曾挑拣，买来即食，自不免不肥不鲜，甚至中毒了。

吃法向分文吃、武吃：文吃要有闲，要有量，要浅斟低酌，吃时先要掀起上壳，淋淋姜醋，轻捻蟹黄。上壳既空，仰翘承秽，然后一格一格地挑剔其肉，置小碟中，细心咀嚼，再次折其足，自其开关处啮噬，然后以小足顶其肉出之。八足既尽方吃双螯，因为蟹肉最美，最诱惑人的地方，正在此处，故留待后吃。双螯的吃法，既不许用牙咬（螯上有毛，土气甚重），又不必效正阳楼用小木槌，只将两钳轻轻一扳，扳下之后，用它剔出，即可浮一大白了。新蟹和喂好之蟹，螯肉更有甜味。武吃是几个螃蟹，四两烧酒，连皮带骨大口咀嚼，省时解馋，最为痛快。

往年在沪，曾见李梅庵[1]先生食蟹，先生有“李百蟹”之名，我那一次只见他吃了八十几个，初文吃，后竟武吃起来。自六点钟吃起，至十一点钟才完，我还未见有第二人如此吃法。

1948 年 9 月 29 日
《北平日报·太平花》
署名非闇

[1] 李瑞清（1867—1920），字仲麟，号梅庵，晚号清道人，戏号李百蟹。江西南昌市人。教育家，书法家。

蔬果

白菜王

北平冬季白菜，味最美，非他处比。吾尝考其种，概以“口”称，第其品，曰“青白口”“青口”“白口”，以“青白口”为最上，“青口”次之，“白口”又次之，人特以其名，群尚白，而不知白之种乃最下也。吾初闻个中人语，特疑其妄，既循其所指而品之，味乃至不同。盖三者其种子不同，其种子之颗粒色泽亦不同，从而其种法收获亦随以异。其价遂亦有低昂焉。“白口”者，味酸而多筋，“青口”者味稍辣而易烂，独“青白口”乃能汰其酸辣，柔嫩鲜美。说者谓数十年前，只有青白二种，某园杂植之，花开结实，种子特异，试种之，独得此种，惟培壅较他为难耳。又俗有“白菜王”之说，事颇怪诞：某园合凶，则天故王其菜，所谓王者，在群菜中独生一本，硕大无伦，重有至二十余斤者，则园主必有意外灾；弗遇灾，村人亦必力要其唱戏谢天庥，至有鬻田园以为之而不悟者。吾五十余龄，西郊某园主，富有也，而吝于资，村邻凡有所乞，无一应者。邻衔之，于某县觅菜王，窃植之，王不悟，卒以此获其产。盖吾亦曾为观剧之一人也。

1928年11月22日
《新晨报·花萼楼随笔·五十九》
署名于非厂

菠　菜

故都初春，嫩如春韭甘若晚菘之蔬菜，曰菠菜。自立春至谷雨，俗谓之“菠菜季”，平民之食，继白菜而起，天渐暖，菠菜之值渐贱，至谷雨，菠菜已抽花，贱至极遂亦无人过问，因名此时期曰“菠菜季”。盖菠菜之为物，味既甘爽，价复低廉，可烹可煮，可曝可腌，平民以两枚铜元市腌萝卜条者，至此可以一铜元市菠菜，一铜元市盐醋，渍之而食矣。至如以三大枚市麻油，两大枚买小虾米，合以一大枚菠菜而熬之，其味之适口，至撰歇后语以美之，此为故都人士所共晓，不烦吾为之诠释矣。惟人徒知其味甘爽，其值低廉，而不知其于便秘、痔漏、肾病、贫血病举至有效益也。菠菜之别名，曰菠薐菜，曰波斯草，曰赤根菜，曰鹦鹉菜，曰雨花菜等，《唐会要》云：“太宗时，尼波罗国献菠薐菜，叶类红蓝，实如蒺藜，火熟之，能益食味。”据此则唐时方有菠菜。又菠菜之性，随地方气候而变，生于北方寒地者，茎长味爽，俗谓之“竹菠薐”。生于闽中暖地者，茎短味甘，俗谓之“石菠蕿”。故都冬季，即园中为窖，覆茅被，日暖风和，午曝而未覆之，菜之色深碧，味爽而脆，尤多甘味焉。

1931 年 3 月 20 日
《北平晨报·艺圃》
署名非厂

芸扁豆

芸扁豆者，继菠菜、韭菜、红萝卜而为平民蔬食者也。故都形同而色味全非者有二：一为白芸豆，一为红芸豆。白者早熟，味不如红者鲜美。冬日杂冬菇烹食，所谓“洞子货”者，不时之食味不佳。现白扁豆已上市，价约十五大枚铜元一斤，中等之家，尚能买半斤，佐以十五大枚猪肉，炒一盘，吃两碗干饭。此时平民，则正以一大枚铜元买一把红萝卜，一大枚黄稀酱，对窝窝头大嚼。尤考究者，则一大枚酱之外，再加一大枚芝麻油，去萝卜红皮，瓜剖为四裂，随蘸酱随嚼窝窝头，然后进一碗淡茶，前半日饥荒已有办法也。时至夏至前，红皮蒜已熟，红扁豆每斤才两大枚，盐与芝麻油两大枚，入釜炒，谓之“素炒”，又曰“连菜带饭”，意谓即少食窝窝头，多食炒扁豆，亦足以搪饥。时蒜头最廉，一大枚可两三头，分瓣，不去里皮，执其芽横嚼，里皮尤芳洌，咀嚼加细密，然后吐其皮，此谓之“嗑瓜子”。大蒜祛百病，扁豆富滋养，故日为人役，虽疲鲜疾病。

1936 年 6 月 8 日
《实报·漫墨》
署名闲人

北平西瓜

西瓜是伏天最有益的食品，最是这闷热的天气，把西瓜沁在冷水或井里（用冰最坏），当午睡乍醒，吃他几块，这一天的暑氛，都可以涤除净尽。本来西瓜是西方产的最好。五代史胡峤得西瓜，云是契丹破回纥得此种。这是西瓜得名的来源。现在的哈密瓜和绥远的冬熟寒瓜，那真是再好没有。北平这地方，摩登的老爷、太太们，要在四月（阴历，下同）里吃日本西瓜，五月初吃保定府的黑皮瓜。实则此时的西瓜，还不是旱秧的蜜瓜，不过黑皮红籽黄瓤的西瓜，确比花皮、青皮的味道好一点。大约在六月中旬，旱秧瓜上市，所谓脆皮红瓤瓜和脆皮黄瓤瓜，那味道和德州的长瓜相颉颃。但是山西的蜜子、德州的小长瓜和平北的大三白，还须在七月之末，或是八月之初方才到瓜熟蒂落之时。

1936 年 7 月 21 日
《实报·漫墨》
署名闲人

再书西瓜

昨日所书西瓜，尚有可以补书者。《事物纪原》[1]及《松漠纪闻》[2]两书，均谓洪皓使金，携以归。是宋时始有西瓜。又陶弘景注《本

[1] 《事物纪原》是宋代高承编撰的一部书，专记事物原始之属。凡10卷，共记1765事，分55部排列。其书于每事每物，皆考索古书，推其缘起。

[2] 《松漠纪闻》是宋代洪皓记录其出使金国的见闻。

草》[1]“瓜蒂”云：“永嘉有寒瓜甚大，可藏至春。”是则西瓜在五代之前已入浙东。此应补书者一。吾人买瓜，最不宜贪便宜，在街巷中担挑推车者购买，因此辈皆精于鉴瓜，拍两拍，高擎至耳，用拇指力挤听其声，即可知此瓜之未熟，且其种咸不佳，佳种无担挑推车售者。吾人多购西瓜，不如径往西瓜市，市列棚分堆而售，其来源可直告，若者为德州种，若者伏地德州种，若者为翠皮，若者红瓤。吾人若直告以所需，彼亦负责直告，不少欺。若所用不足一堆（十枚），则不妨径诣果局，彼亦负责保熟保甜蜜也。此应补书者又一。

1936年7月22日
《实报·漫墨》
署名闲人

雨中菜挑

肩挑两筐，自菜市趸来茄子、韭菜、葱、黄豆之属，即井旁洒水，菜鲜洁，入小巷喊：“老黄瓜，大海茄，六郎庄老黄豆。”自晨迄已逐十一之利。年壮力强可担七八十斤，随喊随走十余里，获利或至十之二。年老不能任重负，走长街，则担小白菜三四十斤，喊一晨，得利且不足一饱。遇雨，重衣透，鞋袜尽濡，则或赤其足，沿巷力喊，价视晴日为昂。陋巷遇雨，惟仰其鼻息，惧淋漓弊衣裤，濡损两只“包头”鞋。此辈际此，获利乃三四倍，身寒体且战，则即小酒铺，饮六大枚白干酒，时未至巳，已空筐归，嚼其粗粝，少焉鼾声作矣。时至

[1] 指南朝医学家陶弘景撰《本草经集注》。

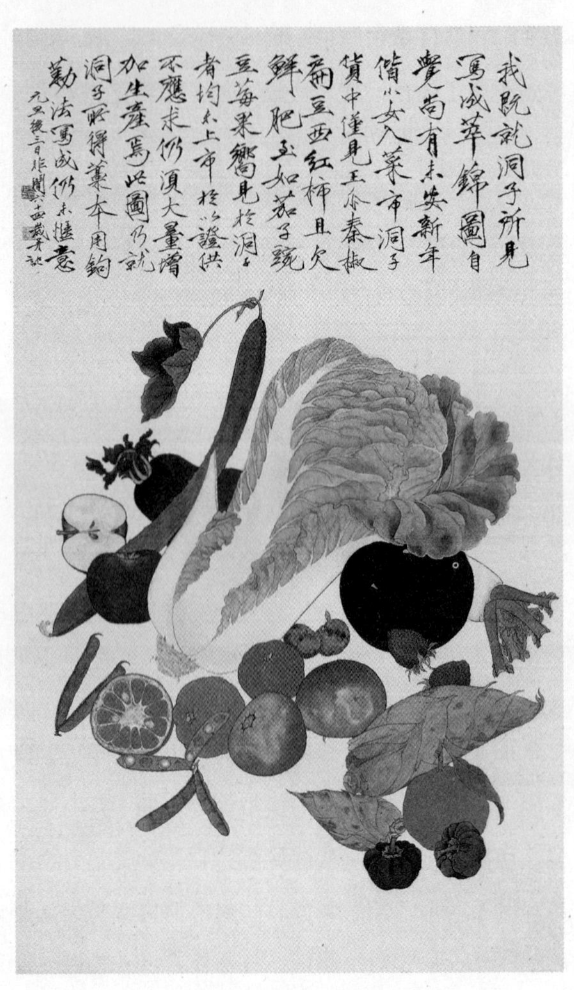

于非闇《萃锦图》（1952 年，私人收藏）

末，天未放晴，则由菜摊、“菜床”趸韭菜、葱、茄子之属，摊与床买者少，亦乐于市出，则又冒雨沿巷喊，不二时，又罄，又饮白干酒，又饱食而睡。过于冒雨，往往得疟疾，不顾也。

1936年8月2日
《实报·漫墨》
署名闲人

深州桃

现在最好的果品，要算是桃子了。所谓“千岁红桃香破鼻”“缥肌细肉荐盘珍”，这真形容得美妙。昌平北的大叶白，董四墓的玛瑙红，其真正地道的已不易得，至于深州的蜜桃，那种破鼻香的味儿，已使人沉醉了。我在去年曾写一篇肥城桃，香色味皆美。肥城的桃，在它尚未十分成熟，摘下来，用薄薄的纸包好，运到北平，十个之中，或者烂了三两个。至于深州的蜜桃，据说：只有城北一里多地的地方产的最好，其余虽也是深州地界，但是桃的味儿却不同。至于这一里多地所产，若是运到北平，那真是困难。因为这种桃非通风不可，不能包起来塞在筐子里，在运输上是挑起来疾走，吃午饭时，则把桃自筐捡出来，用扇去扇，再走，晚饭歇宿，又扇，如是一站一站扇到北平。那么，这运输上的成本，已自不轻，而桃尚不免于霉烂，每个桃要值二三角钱，实际说真是不多！

1936年9月14日
《实报·漫墨》
署名闲人

田螺荸荠

北平在这时候，水产的有两种东西很可吃，据说它还能清内热，祛肝火。一种是小田螺，一种是荸荠。自然“活虾”已经过时了。虾的货声是：“要活虾米来！”系河中所产一种小虾，分草虾、白虾两种，买来裹上面糊一炸，颇可下酒。若用葱花加青豆芽、猪油一烹，更为鲜美。

半寸不及的田螺，它是附着在浅河沟的底部。用“抄子”顺着河沟自下往上一抄，即可以捞出几斤。捞到相当的数量，担起来入城叫卖。买得之后，要用水洗净，放上点胡椒和盐，入锅一煮，用银簪挑着吃，其肉形灰白间黑，很像“鼻涕牛”[1]。据说，此是清凉之品，春日食之，有若干益处，恕我未曾吃过。

荸荠，平西一带产的最好，约有两种，一种叫“灯笼红”，一种叫“黑里脆”。“灯笼红”生吃最好，“黑里脆”熟食特佳。顾名思义，前一种皮色红紫，后一种皮色黝黑，前者个头小，后者大。前皮薄，后皮厚。

挑选荸荠老嫩，比挑选西瓜生熟，容易得太多了。您如果买荸荠预备生吃，挑选的第一目标，自然是“拣大个挑”，可是个大不一定嫩，嫩的也不一定个小；在拣择嫩荸荠的第二目标，那么就是您注意它那顶芽了。顶芽越钝越小越嫩，顶芽已长出很大很长，或是为了长且大而被掰去的，那都是老荸荠，只可熟食，生食太老。

---

[1] 鼻涕牛，一作“鼻淀牛儿”，简称“鼻牛儿”，鼻涕结成的小块。

这两天国际太那个了，您们不感觉内热太盛，肝火太旺吗？那您最好多吃这两种东西。

1947年3月14日
《新民报·土话谈天》
署名闲人

水萝卜

“萝卜赛梨呀——辣了换！”这是我们常听到的市声，尤其是晚间这种萝卜，北平叫它水萝卜，含水和糖质较多，生吃最好，并且可以解煤毒，通气疏肝，祛除心火。吃饱了饭，叉他八圈，来他桌扑克的时候，弄点水萝卜嚼嚼，会使你格外清醒；“捉五魁”既不会落到“上家”，一把大顺，也不会碰到“伏尔耗子”。

隆冬三月的时候，吃水萝卜，自然是“心里美”的比“大臀紫”好，又脆又甜，不糠不辣，虽和梨根本是两码事，可是它的好处，酥、脆、甜、凉，和梨有异曲同工之妙，只是打起嗝时，有些那个。

“心里美”，外面皮是碧绿的，近到底部。按普通腌菜的萝卜，因为这底部埋在土里，看不着日光，自然是白的，可是“心里美”在这部分，却是粉红色或是极浅的淡红色。如果您把它切开，里边却是深红的颜色，衬着碧绿的脆皮，真是鲜艳可爱。

“大臀紫”却是底部肥大，虽也埋在土里，但是呈现的颜色却是深红，越近上部，越红得发紫，到了生叶处，又紫得发黑了。外面的颜色，极其浓艳，已够可爱的了。您如果再把它切开，里面雪也似的白，也有浅碧色的，红紫皮的，衬上雪白或淡碧的肉，真又是一种自然的美。

“心里美”在春天，不如冬天好；“大臀紫”在春天，却比冬天甜。就看卖萝卜的贮藏如何了。

农艺人在“降霜”时，把萝卜起出来，做个窖。窖很简单，只是刨个坑，把萝卜放进去，灌上适量的水，上面盖上稻草或麻秸，用土一封，不要透气，最忌的是风。

卖萝卜的由窖内趸出，自然某家的有名，某窖的好，他们全清楚。可是趸出之后，还要包装再运，包装更是忌风，大概是用口袋的多，或是再加层铺盖。运回之后，就需要严密地收藏了，所以久于卖萝卜的，辣的却有，糠的绝无，这就是避风的装备完全。

至于切萝卜，他们叫“开”，“大臀紫”的开法是从底部，“心里美”是从上部。最好吃的部分，“大臀紫”是在上部，所以自底部开；“心里美”是在底部，所以自上部开。用手去弹是鉴别法，如果尚未成熟的，弹的声音是响亮，如果已经成熟的，弹的声音是闷喑。这却要熟练的。

1947年

《一四七画报·非闇漫墨》第10卷第10期

署名于非厂

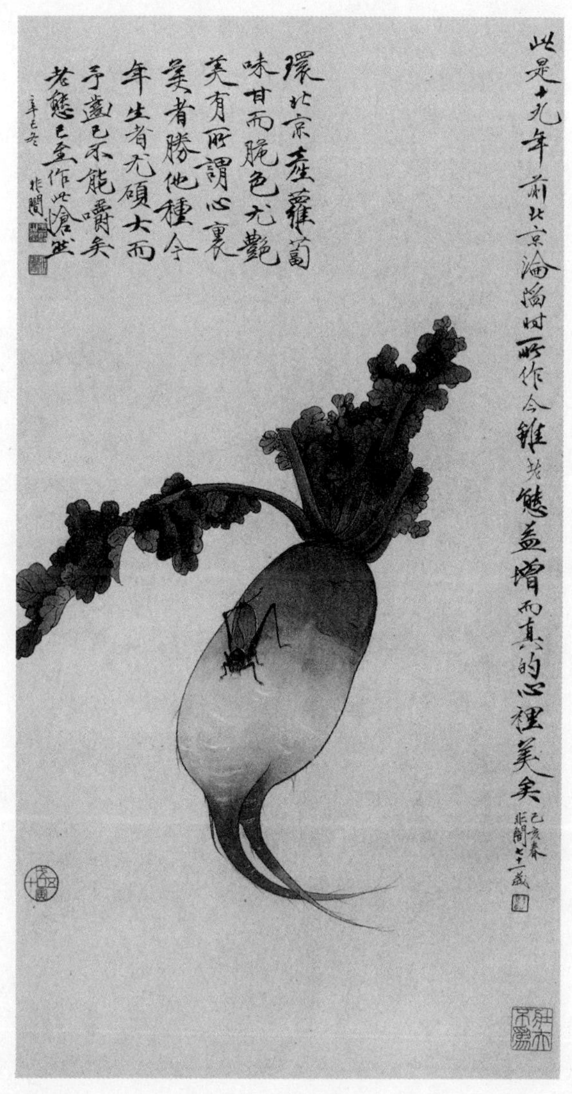

于非闇《心里美》（1940 年，北京画院藏）

说饭馆

制汤之法

肉味之美在于汤，汤之佳者不必纯用鸡鸭煮也。往者若致美斋、富源楼等小饭馆，其制汤之法，独取猪蹄，猪萃一身之力于蹄，其为味独厚。每一釜，置蹄十数，入鸭一鸡四五，每晨煮之，视所需午又煮之。去其浮脂，汰其渣滓，盛巨瓮备用，故其汤味特厚，一中碗高汤，取值四分钱焉。此类饭馆，有“红烧爪尖”“烩爪尖”之菜，取值廉，其非生鸡鸭为肴羹，亦往往视用生者。

1932年7月5日
《北平晨报·艺圃》
署名非厂

吃小馆

食色，性也，饮食男女，圣人弗禁。吾辈四十许人，独未能免于食，而“吃小馆”要亦终日辛勤于身心稍适者也。

北京之制肴蔬者，以精致论，要推各贵人邸第之内厨房。此内厨房专供主妇若福晋若太夫人饮馔及宴享之用。有时供应王爷或老爷、大人等，其制作尤妙。任此者为女厨，肴馔精而洁，若燕窝，若鱼翅，其剔筋择毛，往往役三四人，历三四时，涤七八次而成，他亦称是，愈精愈加繁焉。今故旧之家尚有其制，此非吾辈所得而食者也。

屋不甚宽大而整洁，座客不多而不叫嚣呼号，制几品适口之食，不必加入电灯、气炉、电话……之费，每值辛勤之余，与二三友人浅斟低酌，撚[1]两箸清炒鳝鱼丝，呷一口萝卜丝川头尾，腌炮肚仁则脆而微膻，芙蓉鸡片则松而较艳，凡此皆京派之山东小馆，虽其精不如内厨房，而晚食当肉，用钱不多也。

1932 年 11 月 8、11 日
《北平晨报·非厂短简·八三、八四》
署名非厂

平民食堂与露天咖啡馆

北平平民食品，除家常所用完全国货窝窝头之外，马路的旁边，

[1] 撚（niǎn）：以手指持物、取物。

天桥的一角，时常见到用蚨星牧牛等面袋做成的布幕，幕中用百余年前的古木或是床铺的铺板，支架成了餐台式的高桌，排列了几条大板凳，在那高桌上，用洗面盆盛着香油炒扁豆，陈醋精盐拌堇菜黄瓜条，另有一架豆绿盆，黑乎乎盛着半盆肉丁酱。那位掌灶而兼账房先生并兼伺应的堂倌的食堂老板，他在吆喝着：“大饼，二十八枚；面条，二十八枚；荞麦面十大枚。”于是在他的食堂门前，停了不少的洋车，这些洋车夫，大概是饥肠辘辘，不愿领那“照例开”的车饭钱吧！他自掏腰包，二十八枚一斤伸条面，浇上些酱醋，三十二枚吃饱了（此是现价，有涨落），再去拼命地拉。他跑渴了，也要享受着咖啡馆的冰激凌、汽水、酸梅汤的滋味。公共厕所旁，张着一柄大伞，洋瓷澡盆满盛了杏干水熬成的褐色汤，漱盂式的玻璃杯，陈在架于澡盆上的木头板上，满满地盛着这种酸梅汤，另外列着十二枚一瓶的山海关汽水，木桶里用洋铁做成的冰激凌桶，里边也盛着见日即融的雪花冰激凌。他在吆喝着一大枚两杯的声里，完全享受了咖啡馆的凉沁。但是坐车的先生们，谁又拿正眼看觑这一下！您们如要看，因为那些地方气味太坏了，恐怕您恶心，有两张照片，由今日画刊送到您的眼前，请您们赏鉴一下。

1933年6月17日
《北平晨报·艺圃》
署名闲人

吃的新封建势力

如果在西来顺吃火锅，那您未免太笨了。您如果不和“跑堂”熟，那您不但是吃不好，而您至少也要鹄候几十分钟；或者竟至于撞驾。您如果架子摆得十足，您又能认识马温如老板，那您花钱不多，吃出来管保使您特别满意。

您如果在经济小食堂吃他八角五的番菜，那最好是不要遇到某二爷在那里吃，他如果正在那里，不论是吃与不吃，或是已吃未吃，那些位招待先生等等，总是聚精会神在他左右伺候，您如果不敲杯碟震山价响，他是永不会自动来伺候。

丰泽园的吃法，要同西来顺的架子还要大些，而且切不要给他现钱。您如果一五一十地给现钱，他也不一定欢迎，更谈不到格外了。起码每节三成账，年关再打八扣。那您连借钱垫钱条子钱都开在一笔，他们总是“某爷某爷”地喊着您，价钱更不会多开。不过伺候您的“伙计”，您每次赏他一元钱，他自然都替爷办好了。

半亩园去吃，或者要带一些口音。如果您要是带有随从兵马弁在门内一坐，那您吃什么，换什么，都不成问题。您如果带的是您自己本来的腔调，而您又只一两个人去吃，不喝酒，那您只好按单子吃，不要换“龙须菜”“鸡绒鲍鱼汤”了。您如果不识进退而硬要换一换，那么，“烤油鸡”至多给您一只大腿。

东来顺去吃，不带点洋行味，至少要带上些“土气”。若是同着两位法国兵，挟上一只野鸡，哎呀！那些位伙计，也不晓得是哪里来的“劲儿”？又快，又喜欢，又不多算钱，又好。

正阳楼吃螃蟹，道在人为。非其人，您依然花四角钱一蟹，而结果总是小一点，瘦一点，蟹黄薄一点。您如果摆起架子，而再加以“捧”的手段，譬如：“我向例不吃螃蟹，要吃，只有你们这里。”随手指着那粗肥的伙计，他笑了，结果您也笑了。

1933年12月24、25日
《北平晨报·艺圃》
署名闲人

小饭馆

日前与叔鲁、尔叟、涵青、克之诸君子宴谈，尔叟因言：须破费一月工夫，遍尝故都著名小饭馆。吾因谓曩时曾与刘崧先生言之，盖久有此志，怵不敢行也。克之亟称安儿胡同烤牛肉，牛肉至此，美矣善矣，蔑以加矣。吾退而自思，故都有名小饭馆，今昔已自不同，如饺子王之水饺，今徒以女招待；西霸天之桂花鲫鱼，且与谭鑫培同为历史上之陈迹，则故都有名之小饭馆，求其名实相副者乃至鲜。灶温之伸条面，细如银丝；鼓楼前灌肠，脆同煎饵，斯则胃弱如我者，未敢尝焉。宣内大街教育部东口对面有卖锅贴饼子者，以小米面为之，松而脆，在烤灼艺术上，似不在春华楼[1]之花卷，同和居[2]之大馒首下。小米面之为我食，惟其久而鉴别益精，因之对此卖饼子者，窃以为环故都无出其右者焉，盖松脆香甜，耐人咀嚼也。

1935年5月15日
《北平晨报·闲谈·八八》
署名闲人

[1] 春华楼为京城八大楼之一，经营江浙菜的饭庄。

[2] 同和居，指同和居饭庄，1822年开业，经营鲁菜。

北平的小饭馆

烤肉季

太阳虽还是有些那么“烤得慌”。但是秋风时时吹着，若是沿着行行的绿柳，自什刹海前海北河沿慢慢地踱着，田田碧荷，已成了“光杆”；习习稻香，穗儿正熟。渐渐向东北行，不必踱到银锭桥，即有烤肉的香味，阵阵隔着海送过来，不由得会使您想到这是烟袋斜街南岔“烤肉季”，又在那儿点缀应时上市了。

本来宣内安儿胡同的“烤肉宛”，它的牛肉，在选择方面说，可以说是北平独一无二。尤其是那位宛老五，他一面在切肉，一面在算账，几碗肉，几碟烧饼，几瓶酱油，几碟香菜葱等等，在数着，在心算，在记着数目，大有手挥五弦目送飞鸿的态度。可惜这位宛老五，竟随沦陷而长古了。但是宛老五，他那个地方，在这秋阳犹热的时候，我还没有那股子勇气去烤。这“烤肉季”，前面临街，后面正对着什刹海的前海小小的凉棚，映着葱茏的垂柳，挥汗大嚼，确是别有风味。如果要有“土耳其浴”瘾的话，吃“烤肉宛”如同洗热池，吃“烤肉季”如同洗温池，吃肉出汗，总比“土耳其浴”干出不入，收支总可以相抵。

1946 年 9 月 3 日
《新民报 · 土话谈天》
署名闲人

萃华楼菜单

今天是中秋节，您节过得好吧！酒还是长升的好，长盛也不错，苹果、葡萄今年还好，只是沙营的不能弄来。月饼自然是提浆的好一点，真正南腿的恐怕还有，不过致美斋的月饼，的确还能吃。倒是羊牛肉，要向正阳楼、烤肉宛买它切成的，晚上烤起来，尚可以吃，但总是重阳吃它才够味儿。假如您府上团圆起来，只不过六七位的话，那么，我不妨指给您一个菜单，这菜单是够得上名贵而有历史性的。

蒋主席莅平萃华楼菜单：两双拼冷荤，扒龙须鲍鱼，芙蓉鸡片，乌鱼蛋割出，核桃鸡丁，烤鸭，核桃酪，蜜汁粳米饼，拔丝山药，穿鲍鱼三鲜，清炒虾仁。

您这样吃着喝着过此令节，不是很不负这良辰美眷么！古人说“人生得意须尽欢，莫使金樽空对月”的时、地、景、物，实在是辜负不得的呀！及时行乐，时不我待，我的先生！先生！

1946 年 9 月 10 日
《新民报·土话谈天》
署名闲人

说酒

近日绍酒

我不能饮酒，而酒之好坏立辨，犹我不吸鸦片，而鸦片之良窳立辨，盖先君子于二者皆好之，耳濡目染，不待辨而知也。闻人谈饮酒者，曰：“近日侈谈酒，吃有会，酒亦有会。某爷酒价若干，某先生酒价若干，长字号酒店以电话召之，虽假托某爷某先生亦照送。斤八角者直不能下咽，必一元二或元七八，以粉定杯斟之，浅若水，有清香，饮之不燥不晕，且不醉，此真数十年前女真竹叶青也。京师存佳酿固多，而赝者亦众，卖酒者又酒师傅，师傅之技在兑合，新陈浓薄，惟视其技之掺兑。七八角一斤之酒，其掺兑有新绍酒，有山东黄酒，有玉泉山酿酒，有较陈之绍酒，色微浓，口燥而晕。大人先生所吃之酒，则泡龙井茶与山东黄、玉泉酿、新陈绍，酒之成分既少，以有茶，自不渴不晕，而其值则必在一元之上，此即所谓某爷某先生之酒，纯出乎酒师傅之技也。求如昔日所尚香满室，味微苦，色琥珀者，纵有之人亦斥为非佳酿也。”

1938年10月21日
《新北京报·哭之笑之随笔》
署名于非厂

饮 酒

酒这东西，其为用真是奥妙无穷，不问你心情怎样，三杯酒一入肚，真能另换一个世界。有位朋友，他很温文，寡言笑，平日蔼然可亲，只要酒一入肚，俨然另一人。他曾这样说："在这年头，只有遇到几个知己的朋友，找个小馆子，弄他几杯村醪，关紧了门户，吐一吐心里所蕴蓄的言语，这言语是在酒中，是在酒后，自然因为酒这种东西的奥妙无穷，真的面目，容易彼此相见。平日的过从往还，是要心存戒惕，和气些，慎重些，尤其是这种年月处世之道。假如要是不遇其人，宁可不饮，也不要弄得'三杯酒把大事误了'。所以现在饮酒除掉鼓琴之道，因人而弹，否则闲在家里，饮上几杯，倒头一睡，较为妥当。"我这位朋友，他自令祖，即以善饮名，他家里的绍酒，有远在嘉道时的。他的尊翁，永远是酒当茶，假如您要是拜访他去谈文说字，他总是举杯敬客，如果不饮，他就会醉眼蒙眬，连打几个呵欠，颓然就卧，他还要对人讥诮："非雅人。"我这位朋友，虽不能说十分克绍箕裘[1]，但是他饮起三五斤来，并不算什么难事。而他对于酒这种东西，

---

[1] 克绍箕裘：表示子孙继承先人的事业。

能宏其妙用，非其人不饮，这不一定是他矫揉造作吧？我因为他很会用酒，所以特把他记下来。

1938年11月11日
《新北京报·哭之笑之随笔》
署名于非厂

酒（二则）

（一）

“一醉解千愁”“与尔同销万古愁”，在这种指导之下，只有佐以花生米，弄他一醉，较为平安。我虽不能饮，但是酒这种东西，确有研究的价值。先言白酒，人们公认为全国第一的白酒，是贵州的茅台。这种酒，味醇不辣，不口渴，不头晕，善用能祛百病。其次是四川的大曲，味微辣。再次是山西杏花村的汾酒，上三酒，以茅台为最难得，我有数瓶，其瓶式最古，仿佛唐瓷，用它插枝老梅，供之案头，很够味。这酒是在□□□未入贵州以前为最佳，因为入贵后，把这造酒的老池陈酒给毁灭了。我这几瓶酒，都是很陈很地道的东西，现在只剩了一个空瓶子，预备插花。北京的白酒，就是高粱烧。在前二三十年，以京南采育镇马驹桥一带的，称为南路烧酒最好。在近十几年，这南路烧酒不如东路通州、西路香山这一带的酒好。黄酒自然是绍兴来京而又存上几十年的好。北京此地的糟坊，有山东黄和山西黄。自前些年玉泉山开了个酒厂，用绍兴人造黄酒，这酒在此时突飞猛进，已驾山东黄而上，更不用谈山西黄了。在从前谈饮陈绍，起码女真南酒，存上六十年，一坛剩了一半，斟到杯里，要成琥珀色，喝到嘴里，要轻微，甜丝丝，苦吟吟，无有辣味，此所谓花雕酒。存年要深，色淡要像蜜蜡，香要扑鼻，到口轻润，无辣味，这所谓竹叶青。二者显有不同，都是妙品。

北京这块地方，是专供达官贵人享受的地方，而才技之士，也往往投合达官贵人的心理，兴出种种的方法。饮黄酒讲掺兑的技术，这是近三十年才有的。陈绍兑新绍，初本是不得已的事，而酒博士用山东黄兑新绍，为多赚几个钱，这也是掺酒的一种目的。民初阔王公，阔司官，都已过去，而达官贵人们，所谓革命诸君子者，也席[1]阔王公阔司官的排场，吃酒要陈要淡，在酒店要立字号。——字号也者，假如定某字为记，凡要酒而以某字来者，即知为某长某议员某司令之暗记。酒店即按其向者品定之酒，即十年者兑几成，五年者兑几成，新者兑几成，山东黄兑几成，立有定式也。民国十年以后，酒愈尚淡，最陈之花雕，乃无人识。于是有某酒店，异想天开，除用陈新绍酒和山东黄掺兑外，大部分乃是泡龙井茶兑酒，如此一来，酒愈淡，愈轻了。本来这些位达官贵人，其量本不敢恭维，自此法行，酒又好喝，又不易醉，口又不渴，一饮百杯，号为酒王者，于是乎大有其人。近来陈酒越少，玉泉酒酿法又猛进，块八毛钱一斤的酒，真不知里面都兑了些什么。“一醉解千愁”“与尔同销万古愁”，恐怕这淡绍酒，越消解不来！

我先人都善饮。先曾祖曾在大公主府[2]、定王府[3]教书，先祖更在

[1] 席：继承。

[2] 大公主府：始建于清乾隆二年（1737），为康熙皇帝第二十四子诚亲王爱新觉罗·胤祕的王府。同治八年（1869），赐予咸丰皇帝女儿荣安固伦公主为府邸，故称“大公主府”。位于宽街西南。

[3] 定王府，即定亲王府，亦称“朗贝勒府”，清乾隆长子永璜府邸。位于西四南大街缸瓦市以东、颁赏胡同以南。

注明标记的酒坛（1938 年）

庄王府[1]教书，所以我家存绍酒，都不是些泛泛之品。先君也嗜杯中物，自辛亥后，日惟以酒浇愁，南酒不恒饮，一以白酒当茶饮。白酒饮十年，日一二斤不等，竟以酒不起，迄今思之，五中痛裂。我之不饮白酒，自先君弃养时起。

北京黄酒铺，在往年有所谓喝半碗者，最有趣。铺中列桌凳，烫酒最考究，不热不冷，酒香正出。用磁州所产的蓝花饭碗，放客前，筛酒注入，大约够八分满。另有小碟，什么花生米、咸鸡子等类。不卖熟菜，墙上虽贴有“莫谈国事”，但是半碗酒一入腹，谈得更凶。这种饮者，比“大酒缸”来两碗，一伸脖，“嗞”的一声吸干的不同。这差不多都是些雅客，不识之无的，很少来这里吸半碗黄酒。我在年轻的时候，时常在家里偷吃绍酒，而先祖吃绍酒，又非令我启坛不可。家教既严，有时我也跑到柳泉居这一类的黄酒馆吃半碗酒，但是那里的顾客，很少像我十几岁的童子，而一饮就是几个半碗，这种没出息，迄今想来也好笑。柳泉居是明朝传下来的黄酒铺，那块匾据说是严分宜[2]的手笔。那里的酒，分苦清、甜清两兑三种，现在不卖这零碗酒了，但是那个酒铺，还在护国寺西口外巍然存在着，是我们山东一个老字号。

1938年12月16、17、19日
《新北京报·哭之笑之随笔》
署名于非厂

---

[1] 庄王府，即庄亲王府，清博果铎于顺治十二年（1655）袭亲王，改号曰庄。此后均以庄亲王承袭。府邸位于西四北太平仓。庄亲王载勋曾在王府设立拳坛。八国联军入侵，其府被焚。

[2] 严嵩（1480—1567），字惟中，江西分宜人。明朝权臣。

（二）

“掐头去尾”中秋节还有两天了，虽然大人说钱不算钱，而小民们挣起来，却极难，眼看天快凉了，衣、食、煤，既都没得办法，您们何妨先来他二两酒，可销万古愁。

从前过中秋节，北平是要对月吃酒的。在“好年头儿”，中上之家，总是五斤十斤陈绍，北平人是喜欢吃“花雕”的，“竹叶青”的颜色淡，不如“花雕”浓艳，白白的杯儿，斟入琥珀色的花雕，盆桂飘香，对月畅饮，谁不是得意尽欢、金樽对月呢？就是贫穷之家，也要喝几杯白干，嚼几个“虎拉车”[1]，烙张黑糖饼（充月饼），一家团圆，过着好年头的日子。

现在北平的绍酒，稀同星凤，不是我们吃得起的。北平黄、山东黄、山西黄，味儿既差，色更难看。白干的种类繁多，不“上头”不“叫渴”的却有，固然比不起“茅台”，很有人说连“大曲”都比不上，那也未尽然。

得意的须要尽欢，失意的您又何妨一醉，管他是什么“年头”！

1946 年 9 月 7 日
《新民报·土话谈天》
署名闲人

菊花酒

满城风雨近重阳，在这古城，无论是在横的竖的空间时间，酒是

[1] “虎拉车”又称“闻香果”，当时北京人中秋必备水果之一，多产于西山或北山。

需要它来刺激的。重阳节吃的酒，在《辽史》上说："重九日，天子择高地卓帐，赐番汉臣僚饮菊花酒。"辽建都是这古城，除它的群臣，外番之臣和汉臣僚，是都要享受这菊花酒的。

菊花酒是高粱烧酒，菊是"菊有黄华""采菊东篱下""秋菊有佳色"之菊，也就是黄色的茶菊和白色药菊。味是甘芳的，不是苦的。用一个小缸，在春末采菊苗，入缸，大约每酒一斤，菊苗二钱，夏末采菊叶，分量和苗同。秋末采菊花，一斤酒要四钱花。冬末雪后采菊根，一斤酒一钱根。这样把缸封固了，到第二年的重九，开缸舀饮，可以去风湿，利血气，轻身延年。假如在缸里再放入点冰糖，那更香芳甘洌了。

上边这菊花酒的调制法，是我外祖家传下来的。他们是天潢贵胄，据说这酒若是每日服一杯，确有上边所说功效。至于三月三采苗，五月五采叶，九月九采花，腊八采根，一齐阴干入酒，那总不如随采随入鲜的好。

1946年10月2日
《北平日报·太平花》
署名非闇

吃茶

卖热茶

北平大街衢有卖茶者，非列肆，非具炉火，支苇棚，列坐其次。一人担巨壶，荆条筐纳粗瓷碗，即人力车夫麇集处，喊一声“热茶”，一大枚可饮一巨碗，蝇头之利，喊一日未必获两饱也。何以言之？大瓦壶可容水斗许，外敷败絮，以旧蓝布为囊，壶口以布卷为塞，巨绳系柳木杠，另一端系筐，筐纳茶碗，值五分银一两茶叶末，所谓“高碎”也者，倾壶中，以沸水注满，担之沿街衢喊“热茶”。乍沏，茶香芬而不浓，饮者示不佳，凡佳必入格，所谓格，“热艳满”也。外被絮厚，半日且如沸，沏时久，塞其口未泄，色殷然赤，味未失，是谓之艳。一大枚一碗，不引满，饮者斥其吝，而卖茶者于此格，皆能如饮者意。具茶叶，煮沸

路边饮茶的车夫

水，备壶碗，肩担口喊步街衢，方始获此一大枚铜元，而以牛马为生之车夫，得以饮热水而保全其生命者，卖茶人与有功焉。

1936 年 3 月 3 日
《北平晨报·闲谈》
署名闲人

小茶馆

风大若严冬，午饭后友约赴茶馆小坐。茶馆在昔，北平特盛，供提笼架鸟养鸽斗虫，与夫有闲阶级晨与午栖息闲话之所。胡人既已南下而牧马，奉吉黑热相继沦陷，冀北群空，冀东跳梁，茶馆虽不复如曩昔之盛，而于“莫谈国事”之下，辄相与咨嗟太息，以“海河浮尸”“城阛死狗”为谈助。比入，鸟语与人声相酬和，烟与气和，于日光斜射处，氤氲若柳岸朝烟，溪边暮霭。向者，茶馆皆具龙泉窑盖碗茶，今惟东洋大嘴壶。以五大枚市一包小叶茶，先以半包泡壶内，连饮，随泡白开水，茶之色，由红而黄，而清若龙井，则又出半包泡之。旱烟管杂纸烟狂吸，味使人作噎。最是闲话妙峰山老娘娘灵验事，词滔滔然若决江河，同座则交相附和，以为光绪庚子拳匪，妙峰山曾冻死人，今又逢丙子，又值夏寒，而驻屯军又增兵，允宜叩求老娘娘保佑也。

1936年6月2日
上海《大公报·非厂漫话》
署名非厂

吃　茶

于玻璃橱中出哥窑大洗，铺以棕，置宜兴小茶壶。雨过天晴洗，置燕支水小酒杯四。出建瓷茶瓶，内储武夷铁观音。红泥小火炉，燃炭，注清泉于砂壶置其上，待沸。另以沸水浇泥壶与杯，使温，注铁观音几满，俟水沸注入，就盖上一浇为候，壶年远，沸水自盖下注，不立干，待已干，茶之候熟。斟之法有先后多寡，先者多，后者少，分差等，皆及半。再自后者而及先，杯满色亦匀。吃亦有道，擎杯高举至鼻而吸其香气，下至唇略抿，舌咂咂有声。再上至鼻，游其目，攀谈，又下其杯抿，主者则俟砂壶水再沸，又注，又待干。杯尽，置天青洗，又以沸水浇，主者又斟。初斟色浓，再斟香冽。今不获吃者年余矣。书以解馋。

1938年10月22日
《新北京报·哭之笑之随笔》
署名于非厂

品 茶

红木小橱内，出时大彬爆仗筒紫砂壶，壶嘴短缩乃若鸡头肉峰，把则如释迦牟尼之耳轮，壶下承以洗，洗必龙泉窑，视豆瓣绿而微白，取其厚重。出锡茶罐，罐刻山水，仿佛刘松年，罐底，篆书黄元吉图章款。宣德仿定窑小酒杯，并陈几上。红泥火炉燃白炭，以倭瓜瓣砂壶坐其上，壶中水为特储，非井水，非自来水也。主人启锡茶罐，出福建岩茶，纳“时壶”中可半，俟水沸。童子自橱取大碗，纳仿定小杯内，以锡壶沸水涤之，并注沸水于龙泉洗内，俾“时壶”温。砂壶水沸，注“时壶”中，使满，阖壶盖。茶自壶嘴溢出，不之顾。童子举沸水自盖上浇之，以下承龙泉窑洗满为度。小杯已涤净，纳倭漆小盘中视客之数，主人视壶盏所浇水已干，执壶遍斟各杯，先斟则色淡，后则浓，斟时有浅深，则浓与淡均。时茶香已四溢，就鼻间领略其芳馨，然后移至唇边，唇微启，视饮烈酒者吸尤少，舌微伸，舐上颚，咀嚼之，愈咀嚼味乃愈长，一小杯茶，不知须咀嚼若干时，方能领略茶中味也。若注以巨觥，张口伸颈，喉咯咯有声，一气尽一觥，岩茶遇此，亦自叹不遇知音也。予嗜茶，尤喜铁观音、大红袍之类，今则茶既难得，惟笔记之耳！

1941年6月30日
《新北京报·非闇漫墨·卷三》
署名于非厂

北京人吃茶

老“北京人”吃茶，是不喜欢吃清茶的，讲究的是“双窨小叶”，即是现在所谓“花茶”。要黄山雪蕊，又须在福建熏过的新鲜，用壶沏，用“把儿缸子”（茶盅）吃，是要“热”“酽”“满”的。但最讲究的吃法，还是用“摭盅”（茶杯口大足小）“盖碗”，先放开水，再放茶叶，然后盖起来一闷，闷到时，把茶倾倒到“摭盅”内再吃。讲究第一盅清，第二盅酽，二盅之后则不再吃。康熙、雍正、乾隆的瓷盖碗，口径都在四寸内外，雍正龙泉窑暗团龙的盖碗，大到和五寸碟一样。盛“摭盅”的尚有“茶船”，现在是圆盘叫茶碟，从前却是专为承“摭盅”之用，形似元宝，又像船，所以叫茶船，是为敬客端茶便于双手捧进的。康雍乾三朝的茶具，是青边白地红龙的多，至于鹅黄暗龙，那只限于宫内和近支王公之用。

北平有句土话是“南城茶叶北城水”。“南城茶叶”指汪吴的茶叶铺[1]

[1] 汪吴的茶叶铺，指清中期时在北京经营茶叶的汪、吴两姓。汪家开的是汪正大、汪裕兴、馨泰等茶庄，吴家开的是吴德泰、吴鼎裕等茶庄。

在南城，"北城的水"则不一定专指新街口北之大铜井，实则北城的水较柔较甜。官窑的茶盅，无论是青花、五彩，还是一道釉，里面都是白瓷釉，就是仿龙泉窑，里面也是白的。独有乾隆瓷，有时用淡绿釉做里，讲究吃茶的不喜用。因为吃茶要具色、香、味的，淡绿釉却影响了色。

1946 年 11 月 29 日
《新民报·土话谈天》
署名闲人

闷　茶

北平人吃茶，又有所谓"闷着吃"的。茶叶是要"高末"。茶具是用三号高筒瓷壶，外加藤条编的壶套。沏茶之后，要闷他相当时间，茶色山青而变成了绛色，若衬上官窑的茶杯，斟得满满的，真是又热又酽，呈现着琥珀的颜色。这筒子壶要每次洗，还要用竹筷缚上棉花和布擦拭内部的"茶锈"，尤其是壶嘴。这种茶壶，有大明青花，有清朝五彩，乾隆粉定暗花的尤好，锡制的和砂制的倒不如用新江西瓷。

"高末"又叫"高醉"，是好茶叶过筛时落下来的，这里边青、红、花茶均有，味特浓厚。沏在壶里一闷，和古代的烹煮有些相近。但是斟茶要有训练，要徐徐地斟出，不要流到杯里一颗茶屑。肉食者最欢迎这种吃法。

我最不喜欢用日本制的茶杯，这不一定是因日本而我抱恨终身，坟平了，老母惊惧死了而不能合葬。因为日本茶杯口上没有釉，你无论洗涤得多么勤，如果用它吃茶，这上边的茶锈等等总是要沾唇的，况且日本的茶杯没有把儿的还烫手。

现在这样“闷着吃”茶的仍然有，但是“高末”里已掺上了“土”，而啃窝窝头的人太多，两杯酽茶下去，还须再啃窝窝头，这年头窝窝头岂是好挣进来的！

1946年11月30日
《新民报·土话谈天》
署名闲人

赝造钞票

庚子以后，钞票大行，发钞权多在商肆，政府不过问，仅于钱肆开幕时，纳“幌子”费若干耳。——钱肆市招，以铜铸钱成串状，长五六尺，北京谓之“钱幌子”。——以故钱肆任意发钞。准备金谓之“票存”，有仅十之一者，倒闭挤兑诸事，时有所闻。所发票有银钱两种，银曰：“凭帖取某平某银若干两正。”钱曰：“凭帖取当十钱若干吊。”有印章三四枚，骑缝有书某字若干号者，有仅用飞白法连绘若干圈者，其若干两若干吊以墨书。书法有“抓髻弌”“吉了盎”“如意肆”等，赝造辄因以杂出。赝造之法，于墨书各字，较易摹仿，于各方印章，伪制较艰，每钞左下方之长方印，为钱肆之商号，即所在地，谓之“门匾”。“门匾”多以牛角雕镂，极精细，肆商每于人所不注意处，作为暗记，以辨真赝。其印色，亦极精，且有杂以臭味，一嗅便知者。肆商设防，不可谓不周，而伪造仍不免。甚有仅用“豆腐干”一二枚，曝干雕镌，与真者乃无毫发异，技艺灵怪已。惟东四牌楼有所谓“四大恒”者，即恒利，恒和……钱肆也。所出钞票，无能赝造者，闻其所有各印皆金制，印之纸上，隆凹特显，故人尤为乐用。

1927年2月19日
《晨报·非厂漫墨·二三》

北平物质变迁

北平在往岁承平之际，旗汉杂居，民生安乐，无所谓生活问题也。庚子后，物价飞涨，人始渐感生活之不易。羊肉每斤价六十枚，猪肉四十一二枚，面粉每斤十枚，群逐以日食肉面为可惊。盖距外兵入城前，为期仅一月，而肉价竟飞涨四十枚也。迨回銮后，价渐低，以迄光绪之季，肉类价从未涨至五十枚，而人民感生活之不易者益众。闻之前辈云：一家八口，月入银四两，举凡衣食居住，亦可敷衍，此专就中人言也。

1928年9月3日

《新晨报·花萼楼随笔·二十四》

署名于非厂

击小鼓者

自国都南迁，北平骤失凭借，土著乃愈不得生，固不仅商贾萧条也。惟一般击小鼓，沿巷杂收什物者，乃大获其利。盖穷人愈多，此辈愈利；人愈需钱以货物，此辈愈吝值以要挟，卒之，饥寒驱迫，不得不十一而货之，而珍奇之宝藏，又随其疗饥御寒以入于此辈，而坐视其置田宅焉。吾家曩日曾患贫，日仰此辈鼻息以为生者，殆非一年。即以购吾家书画碑版者，今且辉煌其市肆，辟两楹，佣徒三五人，面团团，腹便便矣；而固一担两敝筐，击小鼓，沿巷杂收破烂书报者也。此辈原分数等（已见拙著《漫墨》中）而于各巷，互划为界，各不相犯。其在同一界中若干辈，又预定一茶肆为聚议之所。凡此界内之居户，无能逃此辈之手，如有一物，甲见之，认为有利，则故吝其值。乞售者不满其所需，必乞乙售之，甲之于乙，固已通声气矣。及乙出值，视甲尤吝，售者乃乞丙丁，丙丁之视乙，其值乃不能超，则此物卒为甲得，而茶肆中之甲若乙若丙丁，则皆聚议焉。乙欲得，甲与丙丁亦然，盖皆有成约者。

1929 年 1 月 22 日

《新晨报·花萼楼随笔·八十八》

署名于非厂

摹仿因袭

吾国人摹仿因袭之工，殆驾世界而上之。其大者远者，吾愧吾识之特小，不必言。吾仅就些微琐屑者，以证吾说。自世人觉日货之应抵制也，即就北平一隅，化妆品一种而言，真正日货，盖早为北平人所抵制。而今日所认为日货者，乃“花儿市”“布巷子”等处国货也。据吾所知，如日常用品之“玉容油”“雪花膏”……之日货，久不易得。而是处工艺家，摹仿因袭，故为日装者，殆已数年。人喜其装之似，价之廉也，辄亦从而用之。而日货之来，翻不能与之竞焉。从而日货乃日减，赝日货，真国货乃大行。近则深受抵制之影响，而莫可如何，可笑，亦可怜也。

1929年1月30日

《新中华报·非厂识小录·十三》

署名于照

纸鸢

纸鸢为物，传者异辞，征诸往籍，当在赵宋以前。其为功，前人论之已详且尽，惟故都之制此者，则颇具艺之价值，不可不一述。当吾幼年，故都中以制纸鸢名者，约有四处：琉璃厂，阜成门大街，东四牌楼，西单牌楼，地安门大街则其支派也。惜吾皆不记忆其姓氏，而以旗籍业此者，吾特知其三焉（东四不详）。艺此者，在夏日即须工作，以竹为骨，其两翼之竹，薄厚同，宽仄同，轻重同，屈曲之度亦须同，为制此最难之技。故都纸鸢，向以尺计，最小者尺半，二尺，三尺，四尺，均供小儿之用，无特异者。五尺，六尺……九尺，一丈，丈二，则为特制，两翼竹骨，稍有差池，纸鸢即不能凌空直上，故五尺以上之竹骨，必精于此者始能制之，其所计之尺数，即以两翼之竹骨计焉。头及胸腹，为一骨，有定制，屈竹为之；两尾骨，则以荻茎为之，或用苦竹，亦有定制，俗谓制此诸骨，以纸为绳而合之，曰“绑架子”。骨既成，截高丽纸为两翼，两翼之尖端，两竹接合处，各系以线，直通至胸骨而系之，紧若弦，所以范纸使兜成状，以受风也。

既黏合，复就尾骨之下端，各系以线，由腹之中央复系一垂直线，使与尾端之线，交合为四十度或不足，或至五十度之角，所以受尾纸使成边缘也，尾与翼粘纸成，始粘头胸腹，此为一定之手续，不容或紊。俟干后，就其上画之，其所画之头翼胸腹仆尾，皆以色出之者，曰“沙燕”；其以色涂纸地，形成一白鸢者，曰“锅底”，皆为普通花样。其为色，有纯用黑色或蓝色者，有半蓝半绿者。在精绘者，如百福（蝠）、百寿（桃）、瓜瓞绵绵……五光十色，尽态极妍，一纸鸢之微，在曩昔往往值数金或数十金焉。

在六尺以上者，尚有琴。琴以苦竹为弓，以丝绦二或三、四、五条为弦，每弦之距，寸余，最上特长，最下特短，由其长、短、松、紧，以定声之高下徐急。以此琴缚鸢背，放之空中，琅琅然若仙乐也。八尺以上之纸鸢，尚有系其背以锣鼓者，锣与鼓均特制，以架承之，各具两锤，锤纠缠于极紧之丝，锤一端着锣鼓，他端则以特制风车之轴牙对之。车遇风而转，轴亦转，牙随之，锤端为牙所压，着锣鼓处乃抬起，牙转去，锤复落，而锣鼓之声作矣。前者俗谓之“戴琴”，后者谓之“戴锣鼓”。在昼间放者，又有特制之蝴蝶或蝙蝠等，其大尺余，两翼能自开翕，下承以盒，中实彩色碎纸，其端有弹簧，遇阻则翼合，盒开而纸落。以放纸鸢之线为轨道，借风之力，推而上之，蝶与蝠张两翼以承风，直指纸鸢，既达，遇阻，触弹簧，盒开纸落，而翼合，俗谓此物曰“送菜送饭”，谓所落碎彩纸曰“满天星”。翼已合，不复能受风，遂缘线而下，既下，再以碎纸实盒中，张其两翼而复放之，往来若梭，彩纸四溢，佐以琴与金鼓之声，兹可乐也。俗因其声，又谓之“风筝”。此外若蜻蜓、蝴蝶、蜈蚣、金鱼、鹰、雁、蝙蝠……因其翼仅一骨，其边缘随风飘荡，翩翩若生，俗谓之“软膀”（膀音近榜），其以芦苇为密骨，使成长方形，若钟，若钟馗，若蝉，若香炉，若美人，若神怪者，彩绘皆精，下垂以巨绳，非巨风不能放者俗谓之“排子”，琴与金鼓尤嘹亮彻云霄。若在夜间，放之空中，不特声韵悠扬，且有以特制之灯笼，系而上之者，简直可与星月争光焉。

近年来民生益困，艺人竟不获温饱，求如曩昔之巨制，鲜不易得。即出数倍形似，使之定制，亦仅略具形似，初不能如昔日之坚实响亮、彩绘精妙也。吾曾推其原而考之，一风筝之微，十元钱足以任吾意而得之。在今日之浮糜，当不至吝此戋戋者，顾何以八尺以上之风筝，独无人过问？盖十元之风筝（最贵亦不过五六元）纵易举，而所以放此之线，为值乃不赀，若“三炮”，若“四股”（皆苎麻线名）尚可以力求，若“老弦”，若“丝绳”（皆丝质线名）则每一风筝之线，必数十元始办也。因之，巨制遂无人过问。且近来楠木之昂贵，较二十年前，殆四倍之。红木则在五倍以上。盘线之器，俗谓之“线幌子”，在大风筝，则此器非坚木不可。设以八尺风筝计，则用“线幌子”为二号，以今之工料计（铜饰在内）用楠木者，至少五元，红木则须七八元。通计之，则非五十元不能放八尺风筝也（指用丝绳而言）。吾独忆吾儿时，先父酷嗜风筝，有一鸡，仅七尺，琴之弦，以铜丝压薄为之，响特异，为一时冠，而价仅纹银一两，人已咸诧为奇昂。丝绳每斤纹银一两，又二钱，三斤用即足。二号“线幌子”为八钱银，有定价也。若用麻绳，仅钱数千足矣。其在当时，凡佳制之风筝，或仅有一长之可取，时有放失之虞，故相率以丝质品为线，设网丝能为绕指柔，且将并丝制品而弃之，吾今请略述其故。

时有所谓“搭镖锤子”者（锤音近唾）以极坚至长之线，一端系以锡或铅之锤，在距锤二尺许之处，系以有刃之钩，以手执而抡之，蓄其力而骤放之，锤直上入云霄，随所指以搭于所欲取风筝之线，既搭，以手执未放尽之线而速下之，钩遏风筝线，迫风筝下，俟既近而取之，即据为己有。此技之精熟者，往往风筝在数十百丈之高空，搭之，若探囊取物，且能于夜间随琴声以窃取，不必借灯火之力。若用丝绳，则有时可以幸免，惟恃收之之术如何耳。又有故意相斗者，则以极佳之琴，缚以普通或旧敝之风筝，俟夜以绝坚而带有刃物三四之绳放之，刃皆向下，俟搭而疾收之，收之术绝速，则搭之绳反挂诸刃而断矣。此风以迄庚子，始渐绝，吾家风筝，为此辈取去者，每年有之，无如何也。

同光两帝，皆好风筝，每当初春，"筒子河"一带居民，时聆天乐，而为状之奇诡富丽传之者遂独有说。同治时，宫中喜放"双美人""白蛇传""贵妃醉酒"等妙曼女郎。光绪时，则"钟馗""判官""哪吒""蜈蚣"等神怪禽兽。于以见两帝所嗜不同，而其遇亦可于玩戏中求之，是则吾不知也。吾邻曾得"红蝙蝠"，为绢制，绝精，初不审其为宫中物，以为绢制乃恒，盖放而断线者。既得，颇喜其佳，俄而追者四五骑，风驰至，会地面官，举家缚之，谓将置于法，邻惶骇，莫知所措，无长幼男女老少环跪乞命，又顷，一宦者来，传懿旨，特赦宥，福须请回（"蝙蝠"），惟须严拿"搭镖锤"者，吾邻始幸免，然亦危矣。实则宫中所放，无敢搭取者，特讳言线断福飞为不吉利耳。此光绪二十八年所目击者，时吾家居西四牌楼大拐棒胡同，不图东南风起，吾邻于福之得失，而饱受此虚惊也。附志于此，以博一粲。

1929年3月7—11日
《新中华报·非厂识小录》
署名非厂

当业

吾与质库为友，约二十年，故其详可得而略说。其为业非若他业，所盈赚则日标明之，如资本若干，货本若干，进利若干，实存若干，皆揭橥使人一目了然，故为当业之股东，初无查账之烦，而为之经理者，亦无法上下其手也。故都业此者，在三十余年前约二百家，中经庚子联军，壬子兵变，所存不足百家。自国都南迁，故都百业渐废，人益穷，学生生活泰半浪漫，独此业蔚然而起，加以银钱业之不信，投资者辄以此业安全，故当业之兴，且未有艾。当业经理，向称“当家”，其伙友以技术精粗而定“头柜”“二柜”……所谓技术，总为二类：一曰服饰，二曰杂项。服饰如衣冠、金银、珠玉……此辈鉴别颇精审，为其主要技能。杂项如瓷器、钟表、文玩、字画、木器……鉴别既疏，向不多出价值。近者杂项一类，颇有大利，扩其范围以及于电料、脚踏车、自来水笔……而书画碑帖，亦多延聘专家代为鉴定。营业蒸蒸，有一日千里之势。故都人之作伪，其技巧且夺天工，此业既如是发达，欺之者乃各出智力以相角逐。往者北京在辇毂下，闲散宗室，为流氓之重心，其与当业为敌则多以力取，出刀断指，函首裹尸，地方官往往不敢过问，听彼辈之鬫诈，自有警察，此风渐杀，而出智巧以与当业为敌者，首为皮货。皮货之佳，全在捉捕，往者或以矢，或以铳，生致而活剥，故其毛色生动，历久弥佳。自后徒尚智取，用毒药一网且尽之，致之已死，毛色黯淡，绝少生动之气，以迄于今则细毛皮货昔日者所以可贵也。独是兽之毛历久弥鲜，而兽革则久且敝坏，此辈罗致已坏者，自其后裱装之，使毛不脱落，其已脱者则捕之惟工，裱补既成，敷色渲染，凡皮毛所应具之优点务备，然后丽以精美之面，若领，若袖，若前襟，皆以油垢稍稍点染之，使人一望而知其已经御，而其主人且必至讲求衣履者，若是者辄以箱计。既成，觅一故旧之家，尤妙者则为甫经初丧之宅第，预以利饵之，由其宅差仆召当业至，所召必两三当业，先使甲阅，渐使乙丙，而故隔绝之，使明知有数家当业，而不得交一言，然后索值务甚廉，则群相争，既定议，约半载或一年持质帖赴当请续评价，不者将赎去而之他，当业贪其子息，且明知其物之足以牟大利也。又如其欲而与之，不三年，裱装敝而裘作蛱蝶飞矣。

其觅故宅而使当业不疑者，名之曰“卧”。“卧”之法不特能欺当业，且欺估衣肆。此特以衣言，即古玩、玉器……亦莫不有“卧”，而揭橥于通衢，大书曰某王爷拍卖者，亦莫非“卧”之变相也。业当者习其故，其识别且精，然亦往往为所诒[1]，而莫如何。至于赝金银饰，为术尤精。近者科学日昌，人不能利用之以厚生，而作伪之术，则初不逊于伪造钞票之强邻，赝金银饰有所谓“三大兑”者，银与铜与铅合之谓也。银之色，目可辨，石可试，有所疑，则以镪水点之，无可

[1] 诒（dài）：欺诈。

逃遁。镪遇铜则泛绿色，赝银微铜且不能，自海禁开，镪水为辨银用，赝者殆无所施其技。然镪水（即酸性液）遇铜则氧化，遇铅则又还原，故赝银使镪水失其效者，惟铜与铅合，此近数年来吾国利用科学方法以赝造银币首饰也。业当者，初不知此，数年来坐是而蒙损失者，直不可以计。今者虽已习知，而此辈日必数起来试，或状若仆婢，或急若燃眉，当业中人，往往以辨识稍久，还顾其人，则已窃遁，而始悟其赝者。若持此物者，始终以为不足其需，而不令出帖，则当中人纵以"试石"以"水平戥"(以马尾系当物置水中，权之而计其差异，曰水中戥)，以镪水，皆不能定真赝，必其质帖已具，然后以锥刺之，滴以镪水，而观其氧化还原之变始能决，其为术以灵怪矣。至若珍珠，则近年已能辨，不复若前此之受欺。赝珠中有所谓"养珠"者，以预制之粒塞诸鱼鳞、蚌壳而豢养之，既成，则精而圆，光与真者无别。往者于劝业场市一珠，绝精，价亦奇昂，迫于急需，质之，得四十元，取赎后未半载，又质，则一钱且不值。此时当业已审辨，得其真赝之故，因告我："凡珠愈逼视，其光泽愈精，而珠之心几欲透视者为真；愈逼视，光泽愈黯，珠心若呈灰色或浅碧色之影，则赝鼎无疑，此所谓徒有其表者也。"吾以之验所市珠，良信。然当夜中脱当家者不日监视之，则其伙友亦往往误收，盖此种营业，于伙友利害无大关系，故其为识有时且不若沿巷打鼓叫买杂物者之精，欺之者利其弱而尝试之，脱非当家者以全神贯注之，则多为所算。说者曰，此种营业，乃近于重利盘剥，似不足道，然而营业之足道者，又有几乎？

1931年7月17、18日
《北平晨报·艺圃》
署名非厂

赝造

曩者辄举北平赝造之术以言，所言仍未深入，其不为赝者所窃笑者盖寡。今者续有得，赓前说以志之，不暇顾人非笑也。自染色之术进，挟舶来之术，不为创制改造，而日趋于作伪以骗取利。在操其术者，方且欣欣于所获，而短于识者，又且惊诧而摹效之，尔诈我欺，以侥幸于得售，不售则归而钻研改进之，务使其饰伪无所不得成，其为力且使真者形其赝，且使精于鉴者不得不认伪为真。往者吾言大涤子画，特其小焉者，其大至于国家人情，而其细则遍于日用诸物。今以染色之术言，则又细毛皮货等，吁，可慨也夫。

灰鼠之产，自光绪二十年之后，即鲜佳者。其时色泽已少紫黑，然尚有毡毛。自尔，鼠色愈浅，鼠身愈小，鼠毛愈短而薄，近日所产则俱为白鼠矣。往日之捕鼠，以人卧，以火器击，其毙也猝，故其毛色生动，今日捕鼠以鸩毒，宛转久始毙命，故其毛色暗惨，不生动。

染色旧法多及革，可一望而知。今者凡灰鼠莫不染，染莫不精，不及革，不退，不染指，有光有泽，无臭气，其术精者每一毫，毫末为一色，根又为一色，直与数十年前旧物之精者无少异。其新鼠无毡毛者，则以兔皮代，既成，然后缀以旧绸若缎之面，往往为大人先生所乐用，而不知其为皮，兔也。红狐帽久已不产，间有色，亦枯燥无光泽。向之赝者多用猫，猫易别，掺者不能多。自染术进，乃以狗腿代，铲其革使薄，绝似，不特不易别，且有光泽。海龙之皮久已绝迹，与玄狐同其珍贵。北海有海驼者，染以色，革圆厚而柔，与海龙等，以口吹毛起旋花亦与海龙无别，赝者变其色，拔其刚毛，每袭值数千焉。玄狐之色，非人力施也。其为泽，若云蒸霞蔚，以端溪大西洞之青花砚拟之，同其妍妙。赝者不特未见所谓玄狐，即宋元以来所称为墨貉者亦未见也。世俗相传，玄狐之毫，末紫，中黑，根青。因以狐染之，顿呈紫褐色。当代多富人，衣无玄狐，未免不足以彰其富，而日奔走其门者，亦以未进玄狐容或不足得优遇。多方以求，赝者且吝之，不曰某世家有其物不肯售，即曰某故爵质其狐，值太昂。迨求者索之急，则作坐以进，富者只闻有玄狐，进者借以识玄狐，于是此紫褐之狐，遂为富贵人所豪尚矣。即令真玄狐为富贵人所见，几何不目为俗丑平常耶？赝汉唐以来旧玉，其染为水银沁、血沁……动辄期年，速亦数月，近则无论为“传世古”或“土古”。凡玉自昔流传人间，未曾入土，以人之精神，沁入玉之腠理，玉色湿润，血丝如毛，无有土斑……者谓之传世古。反之曾经入土，为地下之水银等所侵蚀者，谓之土古。皆能赝造精工，识者莫辨。三代以来古玉，其最难得者，为珪、璧、琮、璜、瑁、瓒……其殓尸者，以含璧、玉押为珍。古人为殓，注以水银，俾不腐。塞口者为含璧，围腰者为玉押，此外如眼厌、鼻塞、耳充、乳厌、胸厌、夹肘、阴塞、肛塞……（见《古玉图谱》）赝此者在昔则用羊纳法以赝成之玉，割羊后腿纳之，缝固而养之，期年，裂而取出，玉上有血丝如毛，则以为“传世古”，人莫能辨。杀狗无使血溢，纳玉腹中，埋之经岁，岁久愈佳，掘出之，亦有土花血斑，则以为“土古”。今则借用氧化汞，或硝镪水，只需数时，即成数千年之古物矣。

1931 年 12 月 18 日
《北平晨报·艺圃》
署名非厂

明宫五库

明宫储藏浙江等省所供纳之物以备御用者，向有甲乙等五库之制，五库用十干字以别，而仅具其五，戊以下别立库名，用乃不全。盖己者已也，止也，于义不宜，故用别，如承运库、广盈库、广惠库等，明内监刘若愚所为《宫史》[1]，记之颇详。录其五库，以见天府贮藏也。

甲字库

职掌银朱、乌梅、靛花、黄丹、绿矾、紫草、明矾、元粉、黑铅，水胶、槐花、蓝靛、五倍子、阔白、三棱、棉布、苎布、红花、水银、硼砂、藤黄、茜草、姜黄、密陀僧、卤砂、白芨、栀子、百药煎之类，皆浙江等省岁供纳之，以备御用等监奏准讨取。

[1] 《宫史》即《明宫史》，明代吕毖从刘若愚《酌中志》中选编而成。

乙字库

执掌奏本纸、票榜纸、中夹等纸，及各省解到胖袄[1]，以备各项奏准取领。

丙字库

每岁浙江办纳本色丝绵、合罗丝、串五丝、荒丝，以备各项奏讨，而山东、河南、顺天府等府岁纳棉花绒，则内官之冬衣，军士之布花咸取于此。

丁字库

每岁浙江等处采纳生漆、桐油、红黄熟铜、白麻、苘麻、黄蜡、锡、牛筋、黄牛皮、鹿皮、铁线、鱼胶、白藤、生铁、熟铁等件，以备御用监内官监等处奏准支给。

戊字库

执掌河南等处解到盔、甲、弓、箭、刀及废铁，以备奏准支给。

1932年3月22日
《北平晨报·艺圃》
署名非厂

---

[1] “胖袄”即大棉袄。

物价奇跌

连日与商贩往来，知物价奇跌。商人曰：“南中抵劣货，不计牺牲，故凡南货北来，无不贬价以相制，杭线春每尺四角余，即其证。推而衣料、用具、茶、米莫不然，即北方之皮料亦因之暴落。然而商人之亏绌，亦以此为特甚焉。”吾闻之而有所疑，吾知物之跌，非仅关于抵劣货，而劣货之跌，固尤使人惊异也。然则其果何故乎？吾惟有叹民生之益隳而已。

1932 年 9 月 30 日
《北平晨报·非厂短简·七九》
署名非厂

丝业败坏，茶业继之

向者吾颇主衣绸，不得已而布，以原料论，绸盖纯为国产（公司缎、电机绉等则不纯）。诚以吾国土产若丝若茶之较为大宗出口者，今已为破坏无余，遑言抵制。吾之说有类于纨绔子，讥我者正不知今日纨绔子已不屑御轻裤也。

茶之为嗜，有倾家者，百害而只一利，而举世人嗜之，莫可离。今者通都大邑乃独以“JAYA”牌印度红茶相向，言之使人惴惴。此茶市售两元八角一磅，取与土产红茶市售三元二角一斤者较，特胜；与四元八角者较，土产犹不如，必与九元六角者品第，始无分轩轾，而其价则廉且三倍。呜呼，丝业之败坏已极，而茶业继之，吾不知继茶而败坏者果何物乎？

1932年10月29日
《北平晨报·非厂短简·七九》
署名非厂

种植与拉车

友王君，薄田数亩，以人口孤单，差自给。春种麦，丰收，比上市，麦贱，得钱合工力、籽种、粪捐税计，亏一元七八角。种甘薯，买秧布肥皆如法，入秋，日佣工挑秧曝，秋收，得大成，掘窖藏，待售。市价跌，除留食，悉粜[1]，不亏本，引为大幸。王君言：今幸遇丰年，尤幸兵匪、水蝗之害未波及，然已疲矣！君试思，一地如此，一国何如？御冬之具，我固无以为应，又安怪不群起走险种烟苗以为生耶？

一日归稍迟，自长安街雇车，向皆三十枚，今迟宜多而翻省，才二十有四枚。既乘，与之言，平南农也。家遇匪，罄所有，种植，获米谷不得饱，转而拉车，觉稍适。每日力作，堪搏两饱，拉半年，良得。骤寒，平市人若顿稀，走者多，乘者少，非贬价急呼往往不能得两饱，如是者近月，莫如何。视其人，年四十许，诚朴使人望而生敬。

1933 年 11 月 7 日
《北平晨报·闲谈·五》
署名闲人

---

[1] 粜（tiào）：卖出（粮食）。

制笔

在一座破庙里，靠南有一间小屋，小小的玻璃窗中，坐着须发斑白的老笔工，正在握管，由他那阔边大光的花眼镜中，细细地修他那一元钱十五支的笔。

他说:“自从学徒做笔，到现在已五十四年，对于‘劈鬃（猪鬃）’、选尾（狼尾）、染麻，自问学到现在，尚不如我的师傅。我师傅做笔有特长，所以在那时（同光）他的笔每支可以卖到二十四文，很受人们欢迎。我做笔生意并不好，但有一特点，人用过我的笔，总是不喜用别人制的，而我的方法，并不特别，只是照着历来传下来的方法，怎样能使人省力，怎样能使笔的力量持久，这是我做笔的一点经验。”

我听到他的话，我觉得他遵着“传下来的方法”，不加他的意匠，这种死板板地呆做，正是我所要用的好笔。

1934年8月18日
《北平晨报·闲谈》
署名闲人

分金

北平光绪季年以前，戚友于婚丧所赠曰分金者，概以钱计，六吊为大分，四吊为中分，两吊为小分。中分非仅行于中等之家，世家大族亦往往致四吊分金焉。分金之外又有礼物，如酒五斤，烛五斤，桃百枚，面五斤者，曰酒寿桃面四色。烧纸三十张，素烛一对，纸锞一挂，长香一束者，曰官吊四色。帐有绸呢布缎，示其丰歉；祭有果席饽饽，表其亲疏，丰厚盖无有限制。独分金数代相交，数通庆吊，咸视其所自始者以为之，礼尚往来，不得无故有增损也。如分金四吊，而增为六吊，则受者认为以力相攀，若改送礼物则欣受。如分金四吊而减为两吊，则受者又认为薄视，虽礼物有加，不欢也。因之戚友见有所谓“过”分金者，过之意平衡，无歧视也。数吊铜钱，颇足以示无攀迫之势，交虽数十代，物轻易举，冀不因分金而不通庆吊。至于礼物，则有也可，不有亦无不可。呜呼，其意诚厚矣！

1935 年 5 月 31 日
《北平晨报·闲谈·八九》
署名闲人

北平搭棚

我在友人家闲谈，他的太太是英国籍，在北平居住了十多年。她说：北平支搭凉棚、暖棚、喜棚、丧棚、牌楼、架子，在世界上是没有第二的。这种技术，她曾费了许多时间去调查，写成一篇文字，介绍到伦敦某杂志上。她说：有一次在她家搭凉棚，她很深刻地观察他们立骨架，绑“缥棍”。立柱竖得极正，横梁搭得极平，然后以巨细缚小木棍，用力一扭，这种力的应用，是再巧妙没有的，即所谓绑“缥棍”。大概全部联合的力量，全在这“缥棍”上。同时友人又谈到国事，他说：假如像立骨架那样的必平必正，然后在联合的地方，用巨细绑起“缥棍”，国家纵不能太好，也不会糟到如此地步。他们二位贤伉俪，一唱一和地只在说，使我听得不知是酸是甜，是苦辣咸，我只唯唯诺诺的几乎穷于应付。因为有那位太太在，我岂肯多嘴多舌，唠唠叨叨地说我们不平不正而没有“缥棍”呢？不过这种印象，迄今挥之不去，莫若姑且把它写出来，作我闲谈所得的材料。

1935 年 8 月 10 日
《北平晨报·闲谈》
署名闲人

落寞

日前于一家酒楼闲谈，谈者皆商贩，商贩虽职在逐十一之利，而其待人接物于耳熟酒酣之时，尤具真诚，以视夫“是是是”“好好好”者，觉市井之间，犹多豪侠磊落气也。谈锋自春华楼连类而及于安儿胡同烤牛肉。烤牛肉之老五，吾识之垂二十年。春华楼为故都名酒楼之一，其主人兢兢焉事必躬亲，间以其余栽花读画，吾尝喻其菜，仿佛倪云林山水画，淡远堪味也。谈者言：故都近数月来益萧索，百业不振，“减价”“放盘”之声聒耳，而终日拱坐柜台，无所事事。街面车夫，求一一角钱之坐客，望穿两眸子，鹄竢终日不可得。连日西北风紧，人祸天灾，将见入冬而后，益不堪设想。古都如长安，如洛阳，读史者见其繁华富丽之不旋踵而落寞也，故都之为故都，亦从可推知。然而春华楼之砂锅翅，老五之一分肉一分作料，不宜及时大嚼耶？

1935年9月18日
《北平晨报·闲谈》
署名闲人

卖烤白薯者

连日大雪以后，继之以祁寒，此气候，惟使穷人难过。门前有卖烤白薯者，日得利百一二十枚，自大雪降，日得利不及五十枚，家中待食者老少三口。为余言：白薯在春季，已不易收藏，趋郊外趸购，往往走三四十里不得佳者。价奇昂，本复有限，负之归，细检，受霉热，蛆嚼压损，去根与蔓，十得六七。入炉煨，煤以寒雪而昂，两计之，视年前每斤本已逾倍。天寒，行人稀，胡同小儿女畏风雪不出，喊声嘶，不得一顾主。而手僵，足冻，身战战，腹且作雷鸣，不得不市三大枚白干酒，立饮，只一吸杯，空气旺则复喊。朝至午，午至暮皆然，合本与力计，日不过卖百五六十枚耳。归家，老少嗷嗷，愤而出所余白薯恣啖，而犹有冀来日之利市也。

1936年3月4日
《北平晨报·闲谈》
署名闲人

市面不好

我住在偏僻的西城，这西城如果倒退三十年，城外还有个阜成茶园唱唱戏，虾米居吃吃酒，那么这条街上，也很有闹热的劲儿。现在已是不堪回首，但是还有一两片老铺子，他那老掌柜，已是须发皆白，你如果肯和他谈起来，他们对于这“市面”，似乎比听玉成班黄胖儿[1]的《落马湖》、宝胜和班郭宝臣[2]的《四郎探母》还清楚些。他们常这样说：“‘市面’的不好，我们在过去，并不觉得有什么显著的变动。宣统时好，洪宪时也好，曹总统时好，段执政时也不坏，五色旗变了蓝白红，也不觉得怎样不好，就是最近三年前，也不见得不赚钱，因为这地方，自失了娱乐的重心（口袋底的妹娘，阜成园的戏），一向只做着穷人的买卖，如果做穷人必需日用的买卖，而至于不赚钱，那‘市面’可真糟了。最近这三年，穷人必需的东西都不能卖钱，‘市面’之紧迫，是自投身为商所未曾闻见的。”

1936 年 3 月 13 日
《北平晨报·闲谈》
署名闲人

---

[1] “黄胖儿”即京剧武生演员黄月山，天津人。

[2] 郭宝臣（1856—1918），艺名元元红，山西临猗人，一说山西运城人。蒲州梆子须生演员。

卖当票

早饭至午方入口，以“打鼓”买什物者来之迟，当本六角棉被票，卖三角钱，始买得杂和面儿、煤球，一家数口得一日安也。北邻金君日拉车，失足，左股行不良。妻与女为人缝袜，日自晨迄暮得不逾三角。君病，妻扶掖旷其工，女力作，不敌其母。旧柏木桌已为“打鼓”者五角钱买去，衣物典当咸空，疾不瘳，复困于饿，不得已卖当票度一日之命。君性耿介，家有老母近八旬，拉车所得，日必怀白面馒首献诸母。曾言：“日力作，惟杂和面儿耐饥，白面食之美，食后不耐力作，辄饿。”自病股，住辘干畦，日惟向“打鼓”者买生活。打鼓利其物，来惟迟，资吝，挑剔故不屑收，夫妻子女力作所蓄之破桌旧椅棉袄裤，典卖殆尽。日暖，棉被横幅长，能覆二人，故决然以其一入质库，得六角钱，钱既尽，举目无所为计，“打鼓”者瞰其物，故谓当票亦收买。君方谓夏日方长，姑售去，而不意连日之大风祁寒也。

1936年6月4日
《实报·漫墨》
署名闲人

市场所见

我偶然到东安市场闲遛，意思是想买两块稍旧的图章，遛得两腿有些酸楚，还不曾找到可以用的。时正值晚报上市，“慈善奖券带号单!”一面在人缝中挤着跑，一面喊。买主将报擎到手中，站到路角，不看南岳风云，不看丰台跑马，很兴奋地找到他所要看的那一条，高擎着的两手，渐渐低下，面上现出不自然而失望的神情，把晚报这么一折，那么一叠，塞在衣袋里，又恢复了熏鸡似的两眼，去找他所要看的她们。比我买到了两块图章，这“慈善……号单!”越喊得凶了，接过报来看的神情、姿态，虽各个不同，但是一折一叠塞在袋里，垂着头慢慢踱了去，那种神气，大概是千篇一律的。从没看见有位现出点喜色，匆匆走起路，挺起了胸膛，面现得意的微笑。

1936年7月3日
《实报·漫墨》
署名闲人

孤城日暮

北平的摩登姑娘电烫头发，烫价自二十元已低落到一元五角，这大概不是受走私的影响吧！北平的戏场，前排定价一元四角，但是大书特书"半价优待"，花七角钱可以坐前五排，还要听每人两出，尚小云、王凤卿的《法门寺》和《峨嵋剑》，新彩新切，五色电光，这大概也不是受走私的影响吧！受走私的影响是糖业，糖是甜的，我们站在孤城，苦已苦到不能堪了，弄得舌上的触觉，舔着窝窝头是苦的，噙着口走私的糖，也不觉得甜，转觉黏丝丝的舌尖上不大痛快。人造丝的印花绸，一元法币要买十八尺，穿起来虽觉得漂亮，但是一入水洗，在缝的骑缝处，它竟不受拘束，都挣脱了。香蕉一角钱二斤半，随着红杏吃起来，肚皮里总有些苦痛。这以上——糖、绸、香蕉，虽贱得要命，但是用的人们，总拿以上的理由做掩护，而不得畅销。垂暮的孤城，穷困的情形也可想见了。

1936年7月15日

上海《大公报·非厂漫话》

署名非厂

放面票

日前由实报社交我棉衣裤十套，玉米面票二十张，嘱我就近发放，那衣服新蓝布面白布里，我穿了穿也很合适。玉米面票如何，尚不得而知，大概那阜成门大街福盛粮店也不会错。我亲自致送一下，有一家住着两间房，那迎门的八仙桌和灶王龛，似乎是临时藏了起来的，似乎还有两把椅子，因为地下和墙上都留有痕迹。我这样一问，她果然承认是临时隐起来，因为不如此，人们就不给面票。我确知道这位妇人有几个孩子，她的丈夫是当三等警的，妇人还要给人家“挑花”，因此我就大胆地送她两张面票。她说这样可以吃七天。这虽比披广告纸，无住址的穷朋友强得多，但是她那诚朴勤奋的精神，也的确可敬。

1936年12月10日
《实报·漫墨》
署名闲人

富户捐之后

日前我写了那篇《富户捐》之后，不到几天，那边又公布了一个普遍的捐款办法，就是：每一亩地，除掉国税、地方税，什么什么捐之外，还要另捐一块法币。而这块法币，叫什么美的名字，我一时竟不愿记它，而这的确是事实，现定于今年马上就实行了。我想凡是那省的人，当然是知道的。不过，那一省自军兴以来，已弄得老百姓穷于供应，一冬无雪，春麦大概是没有什么希望。这要按我所知道的“京北”，那里一亩地，根本就产不出价值一块法币的粮食，这要是国税、地方税，什么什么捐之外，还要再拿出一块法币的捐，做老百姓的，我真替他们想不出怎样供应来！

1937年1月18日
《实报·漫墨》
署名闲人

操纵钱盘

连日北平这钱盘，又弄得紊乱，这显然而无疑的又有人在那里屯集操纵，假如把穷人都弄死了，把那中产之家，也都变为穷人，而再第二批弄死的话，我不知这阔人到那时还会不会存在，而享受他们杀穷人的荣华富贵?！现在拿一元法币，兑现铜元，是一种价；兑新铜元票，是一种价；旧铜元票，又是一种价；一半新，一半旧，是一种价；一半现铜元，一半票，又是一种价。而同时一角角票，合四十四枚铜元；二角角票，则合九十枚，找现铜元，则又报你一声“没有”。一般小贩，因为弄不着现铜元，致不能找零，而把生意弄掉，更是常有的事。假如就这样推演下去，到所谓春节，恐怕每一元法币，至多换不到三百枚现铜元。我以为这种害及大众，而只图肥己者，其罪恶似不在贩运烈性毒品之下！

1937年1月15日
《实报·漫墨》
署名闲人

壬子史料之一

壬子兵变，第一日抢东城，二日西城，此为入民国后，京师首见之大示威。日前逛护国寺，在一家挂货铺买得旧诗笺，用一张旧报纸裹讫，报为正宗爱国报，第一千九百二十九号，中华民国元年阳历五月六号，阴历岁次壬子三月二十日，星期一。第五版北京新闻栏中，载有两段新闻，标题一为《绅商感戴》，一为《商民该当几个死儿》，并加密圈。前者谓："此次京师兵变，皇城内中一区所属各街巷住铺户，经禁卫军……未遭焚掠，现有大石作一带绅商……公备万民旗伞各一对，名誉戒指一百二十枚送往……以作纪念。"后者谓："京师自遭兵变焚掠后，凡被抢铺户，门前多贴此铺被抢，或被抢一空等字样，政府虽有抚恤赔偿的命令，至今两月有余，尚未实行。日前内城左右十区会议，以各铺所贴字样，面子上太不好看，一日不去，污点一日不除，拟劝导撕去此项字帖，以正观瞻，以此掩耳盗铃举动，已不值一笑……"此两段纪事，好谈北京史料者不可不知。

1938年10月13日
《新北京报·哭之笑之随笔》
署名于非厂

清钱

有清一代钱币之兴革，三百年来，罔不与治乱兴衰有关。顺治元年行“顺治通宝”钱，钱背无满文，右一“户”字，为户部宝泉局铸，左“一厘”二字。至十四年始议定钱背增铸满文“宝泉”二字。时户部有宝泉局，工部有宝源局，皆鼓铸钱币。户部铸者，钱背左一满文“宝”字，右一满文“泉”字。工部铸者，左一满文“宝”字，右一满文“源”字。至十七年复开各省鼓铸，并定钱背兼铸地名满汉文。惟宝泉、宝源二局俱满文，如钱背有“昌”字者，为湖北武昌铸，有“晋”字者，为山西太原铸。咸丰时，军用繁兴，国库日绌，币质间用铅铁，小大尤为粗杂。咸丰三年复行钞法，以济国用。银票谓之户部官票，用“二两平足色银”，并于票面注明每两比库平少六分。钱票谓之大清宝钞，票面并注明每钱钞二千文，抵换官票银一两。官票分一两、三两、五两、十两、五十两五种，钱钞分五百文、一千、一千五、二千、五千、十千、五十千、百千数种。至光绪十一年闽始以机器铸钱，十二年粤亦设机局铸制钱。宣统元年行宣统宝钞，时京局铸钱，只有宝泉，宝源局则已于光绪三十一年九月裁撤，而宝泉局亦仅留两厂矣。

1938年11月10日

《新北京报·哭之笑之随笔》

署名于非厂

杂和面儿太贵

沿着城墙那一带的住户，自然也和我一样也是人。他所住的房屋，自然也是砖砌，上面有瓦，前面有纸窗，铺地是坚土，间有些碎砖，已踏得四分五裂。这种房，在三十年前，是六吊大个钱一间住半年，在去年的前半年，如果有门窗有炕，至多七角钱一个月，要是南房、东房，还许便宜些。自煤、米、杂和面儿，都随着时代进化而价格突飞猛进，那么，一间山墙倒塌了半边，可以卧观星斗的东南房，也自然随着进化的公例而涨到一元二三角，假如要是有的话，也还可以落得个痛快，而竟至无从寻觅。我有位朋友，他住着一间半房，原来是一明两暗，他住一暗间作卧室，另一暗间则另一人家住，中间这明间，为两家公用。房价由一元已增了三次，到两元钱，不幸那一家病死了人，在这情况之下，势不得不觅房，但是奔走十天的结果，算是觅妥一间北房，单间，不和人共门户，月租大洋两元，而他所住的这一间半，还未及移走，已为人赁去，得价三元。这位朋友，他是做小本营生的，每日可以弄四五角钱到手，和他妻子的衣食住，全在这四五角钱里。所幸他的夫人，还努力，日夜地替成衣铺做针线，每日也有十大枚上下的进款，少爷小，还用不着什么教育费。他说："只是杂和面儿太贵！"

1938年12月8日
《新北京报·哭之笑之随笔》
署名于非厂

四十年来的钱币

在北平这地方花钱，在最近三四十年，可以说是最为进步。在四十年前的初期，花的是当十大钱，六吊为一串，用“钱串”（绳名）每一吊穿一节，两节并列，结一麻花扣，再对穿两吊，再结一麻花扣，这样谓之一串。每一吊里，当十钱官版大个的，占十之三四，私炉或是黄沙版的占十之六七，据说这是元法最坏的时期。辅币是小制钱，那更糟得不像样，简直很少有纯铜的。自后有小铜元，当十文制钱，小铜元之下有小红镑、小黄镑。小黄镑等于一个小制钱，两个制钱等于一个小红镑，五个红镑等于一枚小铜元，一小铜元等于制钱十文，在那时并无所谓双枚铜元，即今所谓一大枚者。但是高白面，已由二百四十文即两个当十钱又四个制钱，涨到五百六十文，即五个小铜元又三个小红镑，人们已感觉到物价飞涨生活不易了。那时的一串大个钱（六吊）合铜元六十枚，在褡裢里一装，带着又硬又沉，花着很难花完。听出谭鑫培、黄润甫、贾洪林的《捉放宿店》，在百景楼干两碗黄酒，要个小碟炮羊肉，吃个酒足饭饱，“南城茶叶北城水”，带回两包双宝小叶，花四百八（儿）钱，雇辆热骡车，走走高与帘齐的土甬路，回家掬出褡裢一数钱，还剩了吊半零三（儿）钱。到现在才三四十年，代替双枚大铜元硬货的，又来了一分、二分、五分的票，这能怪米涨到二十七八元一包么？我辈穷人，真是该死！

1939年2月5日
《新北京报·哭之笑之随笔》
署名于非厂

十年中的生活程度

今天是第三十个的国庆节，也是《新北京报》十周年纪念日。民国诞生了三十年，可谓由多灾多难中挣扎到现在这个地步，这真不是容易的事。《新北京报》诞生已是第十个整年，它这种挣扎的经历，至现在也是个不太容易的事。我是它的朋友，遇到令节，当然要庆祝它，而不需要“居然能挣扎到十周年”这种怀疑的句子。这也和我庆祝第三十个的国庆一样的热烈。

在北平这个福地，它的诞生，是在才换到社会上“一小枚”零两个“镚儿”的时候。那时的生活程度，是多么低下而简单。那时的它，并不感到什么压迫，因之它被社会上认识，在比较上似乎比不上现在的煊赫。大凡能由多灾多难中挣扎出来，是容易出落得标致些的缘故。所以古人说“多难兴邦”，又说“穷而后工”，大概就是这个道理。

那时候的信差佣资，每人每月自六元法币递涨到八元十元，连那辆破自行车票捐也在其内，但人们已嫌其太贵了。洋面涨到六块法币，人们已喊生活太高了。它在那时，并不见得怎样了不得，拥护它的人们，也不见得太多。

自从近两年来生活水平比较着高起来，尤其是今年，它因这种灾难反出落得拥有很多的观众。它的歌喉，确是响亮，它所唱的进行曲，确是比较清越。生活水平就现在的情形，推至第二个、第三个……十周年，那指数高得一定无法想象。那么，它被这灾难所激，而生出未来的大业，也一定是无边无涯的。所以我就这十年中的生活水平来看，这种推进用不着去诅咒，更不必去做预言的诅咒。

1941年10月10日
《新北京报》“社会版”
署名于非厂

花市集的花

崇文门外花市集，每逢四、十四、二十四日是集期。这不是卖鲜花儿的市，而是卖纸绢绫做成花儿的市集。做纸花儿是北京专门的艺术，有用彩色扎成的花，有用白绫扎而后加以色彩，染成浓淡向背的花，这种染法是专门的，法不外传，能与鲜花同放在一起，而看不出伪假。做花头是一行，做花叶又是一行，这二行都在花市发卖，但并不能做成一枝花（花梗叶相连），必须经过花店，将它配梗连接起来，叶的浓淡大小，花的已开半开俯仰向背，配搭的艺术，是花店的技术者。

记者节那天晚晌，本报为庆祝令节，在正昌小吃，风风雨雨，正好像告诉记者们要努力呀努力。桌上摆着瓷花盆，盆内插着白菊花，一朵正开，一朵半开，一在含苞，扶着一根苇竿，斜插着一片红纸签上写着“香白梨”三字（菊花名，香如梨味）。这时尚未喝酒，一位同仁，很高兴地向花闻上一闻，“哼，没有味?”酒足饭饱之后，又一位同仁，大概发觉时候不对，菊不该此时开花，他向叶儿轻轻地一摸，“噢！原来是一株纸糊的菊花!”黑土白盆红签褐苇，这伪装终于未曾逃过记者之手（惭愧惭愧，眼睛居然并未看出），可见假花的艺术了。

1946年9月4日

《新民报·土话谈天》

署名闲人

人价

“货色南北一样，时价各地不同”，这话到现在，更有他相当价值。同是一件美国货，在上海一个价，青岛又是一个价，天津是一个价，北平是一个价，到沈阳又是一个价。即在一城，东安市场是一个价，西单商场是一个价，拿到棋盘街又是一个价。

物如此，人亦然。上海新闻报的记者“价钱”那么高，平市新闻记者“价钱”这样低，同是新闻记者，同是人，而“价钱”不同。这且不言，那天暴风雨之后，听说，北平市上雇人，出一百多万找不到一个合格的，天津不到五十万，即可挑选，假如去天津雇人，连火车吃喝都在内，每人可以赚他五六十万，呜呼，人价！

1946年9月28日
《新民报·土话谈天》
署名闲人

可怜的小贩

双榛牌BEECH-NUT两包已受潮的嚼烟，PRINCE.ALBERT牌一包烟丝（潮不潮不知道），几把美国牙刷，几个GEM牌刀片，自来火一枚，还有一包水兵牌纸烟（二十支），一条穿剩的毛线裤，几包巧克力糖，这些战利品（在当时搜得），在白帽子看起来，本不值得一抓，可是到了我们代办却是需要出动人马，把住要路口，拿着办案拿贼保护人民的手枪，在威吓，在搜检，在察拿，而事前并未发表什么文告。

可怜的小贩，你们为了生存，为了生活，为了每包烟丝赚二百元钱，为了一个自来火赚二三百元钱，为了一包巧克力糖赚一百元钱，何苦犯这种法，丢这种脸！你们要知道，我们贤明的当局，惟恐再因那一条军裤，再伤了人，所以才把这查禁的事揽过来，这原来是保护你们的。你们没看见丧了命的三轮车夫，我们事后还在出事地点，又锯树，又拆除南面的马路，急于把它展宽，使洋汽车可以随便靠左靠右地飞走么？

1946年10月1日
《新民报·土话谈天》
署名闲人

无衣之苦

白塔寺以东，是马市桥市集，每到下午三四点钟，人特别多，有买有卖，大概旧衣是快货，行里人也“抓”，用主也买，价值是相当可观。据说，北平这几个市集（隆福、护国、白塔、花市、土地庙除外），每日所买卖的旧衣被等物，总和起来，它的数目确是相当的庞大，一方面是人们去御寒，一方面是运销到东北各地去。

这种衣服，以旧式的最快，旧式而又破旧的更是快货。这快货听说随着“收复区”而价值也加高，而这阵雨后风，也加高了它的价值。这正象征着穷人们无衣之苦！

1946 年 10 月 7 日
《新民报·土话谈天》
署名闲人

锅上锅下

从前住在北平这地方，对于“锅上锅下”（粮煤），最起码的生活，两顿窝窝头，一炉“回锅煤”（煤核）是容易想办法的。自民国三十一年以后，粗粮渐渐成了囤积的对象，煤却是受寇酋白鸟的倒把统制，但“回锅煤”却还容易买，容易捡，而那时的通货，比较起来也不太膨胀。我还记得三十四年一月杂和面儿伪币十四元一市斤，煤末一千一百元一吨，然而人民已觉得“锅上锅下”成了问题。

现在杂和面儿法币二百三十元一市斤，煤球四十元一市斤（连黄土在内），如果看着百元票不如“分票”的话，那还可以过得去，如果拿气血汗来挣百元票的话，这实在是件不太容易的事。据捡煤核的谈，煤简直不易捡得，因为煤太贵，用煤之家先捡一次，土车再捡，经过两次的捡，轮到捡煤核的已剩了零零碎碎，所余无几了。现在的杂和面儿，名曰杂，实则纯为玉蜀黍，不过陈腐各半，尚能食用。所谓小米面，却变了杂和，什么都有，倒不如干脆吃杂和面儿。

现在没有统计，没有“白鸟”，我不知孰实为之，孰令致之。

1946 年 11 月 13 日

《北平日报·太平花》

署名非闇

买面

袋面，自然要买有名的牌子，如兵船、跑车、吉普车等等。自袋面除吃外，交学费，交“山价”，纳房租，囤积跑货……用途日广，同一牌子之袋面，有新号，老号，伏地号，串袋，加馅，兑掺……种种不同。譬如兵船粉，在今春运来的，即属老号，色白，粉干，能伸细条，能展薄片，现在运来的，即属新号，色不甚白，不能伸细条展薄片。兵船居然也有伏地造，面粉如何，恕我不清楚。串袋，袋皮是原厂货，袋内装的都是什么，只有打开才明白，因为封口等等，都与原袋无异，据说大有分别，我自认外行，弄他不清。加馅，是一袋面分三部，上口与下口是白色粉，中间加入的，有次粉，有“白棒子”。前日在街上看到买卖双方吵起来的一幕，原因中间的一部，竟装上杂和面儿。据说这和兑掺，全是将袋中间缝（平）缝（去）拆开，兑掺入后再缝（平）。所以现在买面，若是囤积，是在大行栈去买，若是自吃，是在靠得住的铺子买，要是为交缴纳或是照顾摊贩，或是照顾铺子，最妙者，有的铺子，他们自会问你“是吃是缴”。自然价码上大大的不同了。我爱故都民风朴厚，现在搞成了什么？“孰实为之，孰令致之”，“好好先生”又安得不撒手西归也耶！

1946年12月1日

《北平日报·太平花》

署名非闇

米骗

近来街上有卖大米的，差不多是三四个年轻力壮略带乡音的人，每人总是拿着一两个口袋，口袋并不是麻袋，而是特制的面袋（容九十斤或四十四斤）或其他的大袋，都是装着不及半袋的同样白米，米是又洁白又好，价钱当然比市价贱。他们的卖法，多半是上门求售，或是请商铺看样子，急于脱手。这几个人很像跑单帮而各剩余下盈利的米，亟须换回钱，再跑单帮。米好价廉，他们又都不带着秤，只带一二支短棒，自然容易卖出。

这三四个人的米，通通不及二百斤，他们找到买主，一齐入院进屋，这个人拿棒，那个人找买主的口袋，找的对象是大麻袋或盛米的缸，尤其是里边尚有米的麻袋或缸。三四个人一齐动手，这个肩抬短棒待“称”，那个就运袋搬缸，纷乱一团，做出亟于卖出赶路的焦躁。买主掌“秤”，被这么一纷扰，他们就使上“活”，假如买主神志不纷，他们也会障住买主的视线，而供他们使“活”。这样一人的米“称”完，马上给你倒在袋或缸里，再“称”另一个人的米，再乱扰，再乱盛，于是一百五十斤大米，会使你自己“称”出二百五十斤。即使你发现，也已混在你的米“齐了”。他们所最认为伤脑筋的是，买主人多，在庭院中“称”，只拿出盛一百八十斤一条空麻袋，把这些零碎盛着的米，归总一“称”，而不使用他们的短棒，用长棍，自己抬自己“称”，只使他们看着。这样，他们却不会卖给你。

1946年12月15日
《新民报·土话谈天》
署名闲人

买柴

日前谈了篇《米骗》，过冬还有买柴与煤，现在我先谈谈买柴。如果您的力量可以凑出万八千块钱的话，那您最好往大点的劈柴厂买他五十斤，或者您拿个小筐，二百元票，买他够您生炉的一斤多些，这既免得不是干柴生不起火，又可以免得您怄气。

这种大劈柴厂，第一是干柴，第二分量准，第三不掺树皮树根。只是比串胡同卖的价钱贵一点，但是细细地核算起来，并不是“合不来”的事。

串胡同卖的劈柴，既然是新斫下来的树枝，自然水分还没有蒸发尽，还有树皮树瘿，或是树根，也都掺在一起，有的还会掺上腐朽的棺木。这还不算，他们在这冬天，还煮沸了一大锅水，浇在劈柴上，一来把这富有生意的青皮树枝烫枯了，做成干燥的样子，二来经过这一烫，水分全吸入，涨出了很大的分量。可是您拿着两块劈柴互相一敲，它也会噔噔地发出干燥的声音（买柴要互敲听声音）。还不止此，卖劈柴的还会“蹬绳靠篓”等所谓使活的技术，五十斤一筐，会使您自己“称”出七十斤来。等到您一生火，这劈柴，只会吹气冒烟，由不得您不怄气冒火。尤其是安上烟筒的“洋火”，用这种劈柴，起码须多打扫几次烟筒。

1946年12月18日
《新民报·土话谈天》
署名闲人

字号铺

北平的商店，都是拿字号代替了商标，如同绸缎是祥字号的，茶叶是汪吴两字号的，下而推至鞋、烟袋锅，都是讲究字号铺。自日本侵略这多年，物资奇乏，可是“天成”的白铜烟袋锅，还有好的。“内联陞”西洋礼服、呢鞋，也还预备着，这自然是“价码上取齐”了。

惨胜一年来，所得利得税[1]等直接威胁到了字号铺。不写账不行，写一本账不行，写两本账更不行，铺中必须专备一个“先生”，专门迎候税老爷，而同时小伙计、小徒弟，甚至厨师傅、“打杂儿”、“打更的”，都要特别注意，他们一有要求，马上就得应付，否则他们和你开个小玩笑，你是“吃不消”的。那位专门应付税老爷的，这和专门应付地面上的一样，都是需要有全权的。

比如应缴的税额是二百万，可是铺中那位专门应付税老爷的先生，起码他有权可以拿出二百四十万或二百五六十万。因为税老爷来了，他的任务很多，至少是不承认你这应缴的二百万。如果为税老爷收回税款有成绩的话，至少在税额上再加二十万或三十万。但是税老爷不

[1] 利得税，亦称“战时利益税”。国民政府对个人、企业或团体超过资本额15%以上的纯利所征收的税。

店铺（选自［英］唐纳德·曼尼1920年出版《北京美观》）

是你们铺子雇用的，在这天寒风劲移尊就教来到铺子，固然小馆烟茶要招待，但这如何就算是酬劳？况且税额给你加得并不算多，这种客气，你难道真的不买这笔账吗？“先生！承您关照，谢谢您！”几十万也塞进了大衣。这固然是税老爷们一半儿推一半儿肯，只在“却之不恭”之下，笑吟吟地走了出去。

所以北平的“字号铺”现在都成了历史上的名词。

1947年1月9日
《新民报·土话谈天》
署名闲人

抓会写会

在民间遇到了婚丧嫁娶，或是天灾病孽，指身为业的人，一时筹不出很大的款子，那只有找几个朋友，一起“支会”，弥补这个亏空，于是这“会”就分“抓”和“写”两类。

找上几位亲近的朋友，发起一简“会”，每月定准日时，在某地点来抓会，每人拿多少钱，人家拿出来的钱，就归这位发，请会者来收用。因为彼此都是好朋友，各人拿钱不多，帮朋友的大忙，这钱又不会损失，还可以回来，所以在民间很容易召集。如果朋友彼此相信，就在第一次起会时，抓定了发起人偿还的次序，那么每逢每月的日期，这发起人仅拿出一份钱，偿还一人即成。这是朋友相信，集腋成裘的好办法。再具体地说：每人上会五万元，十二个人（连本人在内）可以得五十五万元，每月仅偿还某人五万元，一年即可全清，这是最友谊的方法。抓是拈阄，或是抓签，并无利息。

写会就要出利息了，而且利息很大，大得我不会算。大概是每月不等待用钱的最便宜，得利也最优厚；等到末一会，他坐收本利，俗称“坐签得”。譬如五万元“支会”，十二个人，每月写一次，一年写完。由第一次写起（各写一纸条，将自己预备出的利息写上去，由会首收集，当众公布，谁写的数目最大归谁）。据闻这几天的行市，大约是百分之二十五或三十，即是每人五万元的会费，因为利息，只拿出三万七千五百元或是三万五千元即成。这种预扣利息的办法，真是骇人！

1947 年 1 月 17 日
《新民报·土话谈天》
署名闲人

钝刀宰割

按理说，因为通货膨胀，物价才上涨，物价上涨，才需要大额的钞票。二百五一张的关金券，在携带上，在点数上，都比一元或五元的方便得多，所以这二百五、五百两种关券，是物价上涨应有的结果，也可算是物价上涨的需要。

大家都以为发行了二百五而物价才上涨，其实是物价上涨了才有二百五。这里面却有说的。

二百五、五百，在印制上自然是工料都省，继之的可能会有五千万元的法币出现。本来，在这种年头，带上十万元的千元票，可能塞满了口袋，而用起来，仅仅买来些许的东西，若是五百元的票十万元，不但是携带不便，而且点数的也太麻烦，更不用说百元票了。

我觉得发行二百五、五百的关券，还要声明一下"印制精良，且防伪造"，倒不如干脆说一下"应社会之需要，防强盗之攫掠，特发行二百五、五百、一千、五千、一万关券”直截了当，裕国便民，来一下重要的刺激，较为痛快。

这种“钝刀子锯”的宰割，实不如干脆一刀砍断了小百姓的头倒舒服，倒爽快。

1947年1月27日
《新民报·土话谈天》
署名闲人

宋版关金

昨天有位朋友自沪上来，彼此“见面发财”之后，很谈了些上海趁火打劫及工商业关闭的情形，我不揣冒昧地问他带来多少“条”，他说反正路费是不成问题的，由“条子”给会账了。他说：“北平还没有发行新关金券（二百五、五百），可是这东西用起来太方便，很佩服当初印制时有先见之明，在十六年之前，就‘算’定了今日必须用它，而人人称赞为携带方便。”一面说，一面从口袋里摸出五百元一张，十张一沓约三沓，和二百五一张，二十张一沓约两沓，这两种大票，纸质之坏，不但比不上五十、一百的关金券，而且比五元、十元的还要坏，可是底边之上确印着“民国十九年印”的字样，这真是个谜。

他说：“在上海听说半个月的工夫，已发行了这新券约二百亿，合法币四千亿。”我说：“那时（民国十九年）东北未丢，国家总预算不出十亿左右，为什么在那时要印这多关金券，难道那时就推算出有今日之事么?”“这却是宋版金券。”他笑着说。

那时有几位朋友很想算计他这宋版关金，约他“推牌九”，他亦欣然。我不愿赌，而且我的五百元一张的法币，是用力气换来的。我说：“此券此地尚未公开倾销，可是物价已闻风先涨了。”大家又谈到涨风，牌九也没气力推了。

1947年2月8日
《新民报·土话谈天》
署名闲人

老北京用瓷器

老北京的读书人，就是一饮一馔之微，也有雅俗之分。譬如：几个知己的朋友，偶然来家留饭，虽然是有婢有仆，女主人也要亲下厨房指挥调度，或亲自调制出几样小菜。在沦陷前，留几位朋友吃顿饭，还算得了什么吗？

读书的旧家，对于屋里的装饰，也经一番考究，朴素中要有书卷气。自然不是一进门，迎面摆张八仙桌，左右两把椅子，桌后是茶几案，中间一个大座钟，左右一对帽筒，一边一个胆瓶的陈列法。虽然是讲究瓷器，而且是“古铜釉”“一道釉”“青花”或是“加紫”，并且一对一对的很少，五彩而“画片”俗的，都认为是“嫁妆货”，不值一陈列。至于插架的书籍，从不摆起大部头如《二十四史》，如《古今图书集成》等等。平日坐落的地方，只疏落地摆些所善读的书籍和古砚文房诸品，那些大部头，只是外书房摆放的东西，排上他多少木箱。

几个朋友吃饭，先不用说肴馔，就是所用的碟碗，第一忌用金银器，第二都是“一道釉”的瓷器，而间杂上几个硬彩。如两盘用“霁红”，而所盛的食品，多半是黄白绿三色。如硬彩画菜花纹的盘，里边盛着的食品，必是酱色或是红色。龙泉窑的盘子，内盛一半红萝卜，一半绿黄瓜，自然比盛在彩色盘里要美。一品极平常的摊鸡蛋，若是放在孔雀绿或是“宣红”的盘里，自然比放在龙泉窑里要美。女主人一面分配瓷器，一面指点盛放，这是老北京读书人的一种训练。整桌的瓷器，如何的豪华，未能免俗，和金银器一样，怕朋友见笑，绝对不用。

1947年3月2日
《新民报·土话谈天》
署名闲人

美国烟丝

在“美货迷”的今日，我且谈谈美国烟丝。直接吸烟叶，不是吮，我们的关东烟“顶好”。关东烟讲究第几个叶片，这我很蒙朋友送给我，尤其是“伪满”未建国以前的烟叶。沦陷之后，纸烟一天坏似一天，我开始吸大锅烟，但那时还能“淘换”到英国的加力克烟丝。我一面炮制关东烟，一面掺入加力克，一直到胜利的到来，美国烟丝倾销到了黑市。处在这五强之一的今日，算术上的个、十、百、千，已经不适用于各种物价，现在如果再想“淘换”第几片的关东烟，简直等于做梦。爱吸烟的我，英国烟丝已经不太够味，这并不是我太狂，我吸所谓“台片”，是先用云南普洱茶（故宫的老茶更好）喷润。这烟丝是金黄而细嫩，有香气，无梗，叶脉细如游丝，不辣而甜。再用绍酒泥喷入，纳瓮中，经月，味更香甜，远胜舶来诸品。至于美国烟丝，只好加个“更”字。

美国烟丝在今日市面上最常见的是“两截红光”(俗名红光，下所引多用俗名)，这种烟有军用、商品二种，商品用铁盒，较好；军用纸盒，最糟。因为直接吸烟叶（对纸烟而言）的烟丝，向分老嫩二色，金黄色者味淡，黑褐色者味浓，虽然各随所嗜，但是这军用红光，差不多是黑褐色的且不成块，而多少总有些末子。不如商品的色淡而味香，并且那末子，总会堵塞在烟斗里，吸起来嗞嗞地乱叫。

“烟斗”牌比较纯净，“水兵”牌、“太子”牌都仿佛是“鲁卫之政”，只有“特”牌的较好。这烟丝分浓淡两种，包是横方形，比任何烟丝包都小，在包装上用锡包的色金黄，最淡，香甜适口；用纸包无锡包的黑褐色，味浓，亦香洌，在“美货迷”的今日，我觉得只这锡包的还吸得。

1947 年

《一四七画报·非闇漫墨》第 12 卷第 2 期

署名于非厂

“军用”和“一面人”

前天我往一家交易十多年的纸烟庄，我自然不买纸烟而是买烟丝了。我很希望找到几盒“鹫箭”牌的烟丝，但结果只有“两截红光”，还是纸盒的。

柜上的老板很慨叹地说：“雪茄烟讲究吸荷兰的正牌子，马尼拉的都觉得吸着不够味，更谈不到‘上海造’了。一支烟吸起来，满屋香气，主顾们用着也方便，我们卖着也得益。自此地沦陷了，日本根本不懂得吸雪茄，今日胜利了，我们的老主顾，虽然深知道荷兰雪茄比马尼拉的好，可是十九他们吸不起了，所以我们也不预备这路货。至于纸烟，讲究‘加力克’‘三五’‘老炮台’，真的‘加力克’‘三五’没有了，‘老炮台’还见得着筒内附有烟灰碟的么？至于烟丝，‘加力克’比任何烟丝都强，都香洌，可是根本找不到，玻璃瓶、圆铁盒的英国货，那更是虽有也无人过问，何况现在还没有！现在就纸烟一项，您就可以看到国家社会之太那个了。”他说至此，我就他所指的一个六尺多长，三尺多宽，二尺多高在门前一座纸烟摊，五光十色地罗列着许多种类的纸烟。

他一面指，一面说：“我干这一行，差不多快四十年了。我从来没见过纸烟有像今日这么多的牌子。但是我这里还不算全，您如果肯上烟市看一看的话，那您叫不出名堂，识不得烟味的，更不知要有多少！美国国家走运，人走运，纸烟也是走运。我很记得在事变前，前门桥东立起三丈多高四丈多长的‘吉士’烟广告牌和‘骆驼’烟广告牌，虽然是那么宣传，但是还不如一块钱三筒的‘大前门’卖得多，销得广。现在不但美国烟是好的，您再看看，仿造着美烟的图案、装潢，而我国竟出了多少种烟！

“您看，现在的阔人，只认‘红光’，就可以知道国家社会的情形了。我们做门市，货自然要齐全，但是老主顾，我们绝不敢介绍什么新牌子，除非是您自己‘御指定’的话。因为新牌子这一次的货，也许够您的口味，可是下一次再来了货，这味道是不是变了，我们实在不敢保险，不像从前的纸烟，自创牌子至畅销之后，始终保持一种味道，而且这味道是它独有的。现在以地方分，如上海货、青岛货等等，大概是千篇一律的居多，这种门市生意，真真的不好做。

“再说美国纸烟，就拿‘水兵’的牌子说，有军用，有一面画人一面印字，有两面画人的。主顾如果问我们哪种好，我们自然说是军用第一，一面人第二，两面人第三了。主顾如问：‘为什么军用第一？’您想，卖烟的脑筋简单，如何答得出为什么军用第一来？！”

我听了老板的话，很有些触动，尤其是“军用”为什么第一，“一面人”为什么第二，至于“两面人”，那当然第三了。

1947 年
《一四七画报·非闇漫墨》第 12 卷第 11 期
署名于非厂

绸布洋货的铺子

北平在从前，凡是买绸布衫袜以及化妆品等，都是摊子货比铺子货价钱便宜。因为那时的物价，不大波动，铺子有开销税捐等，所以贪便宜的人，喜欢买摊子货，而摊子也没有现在这么多。

胜利之后，四强之一的北平，摊子一天比一天多，就以西单大街一带而论，直到甘石桥，在那行人的便道上，摊子几无隙地，再遇几位骑车的小姐、太太、先生在逛摊子，那您要打算很快地走过去，非常困难，而尤其是快晴之后，车轮上还沾满了黑泥。

我家既住在这一带，自然买双袜子，买几尺布是不能免的。但是我总是向铺子去买，铺子越大越老越进去。我家里的孩子，在近几个月物价波动剧烈的时候，他们也感觉出摊子货不如铺子货好，价钱也并不贱。这理由很简单，摊子货因为本钱小，他们随趸随卖，物价波动，他们也随之波动，而且他们并不能直接向工厂或大商贩订货，所以摊子的货一涨，马上就可以知道上海或天津的来货涨了。至于铺子，尤其大铺子，他们货来得多，他们顾及种种的关系，他们虽首先得到出厂货已涨的消息，但是他们不能今天涨，明天涨，或是学粮商们一

“看落”，马上米面都摆出来，一“看涨”马上又都藏起来。这只有便宜买主。

在四个月之前，用千万元进来的货，可以压压实实地堆满了四个架子、两个玻璃柜，同时后面还堆着几包没打开的。到了现在，虽赚了五千万，除去一切开支，用八千万再趸货，只够一个货架子和一个玻璃柜装的了，再过四个月，这货赚一亿，再用一亿来趸货，却只能填满玻璃柜，架子只好空空如也了。北平的铺子，只有日渐亏累，日趋没落，这是不另做特别的生意的话。至于登广告，做什么竞卖，搞什么宣传，那简直是自杀政策。可是造成这种危机的是什么呢？

有一位朋友，他在六年前用伪币三万元买了一处房子，那时的金价才三百元，正合金子百两，现在他把房子卖了，卖了一亿二千万元，数目特别可观，可是合起金子，他却赔了。“金子，宝贝。”这话在今天我才明白，可惜迟了。在今天（写此稿是六月十日）觉得物价不怎么波动，可是金价却不然，这一来是因为战事，只有金子携带方便；一来是撤退到此地的，仍觉得金价便宜，且买进来进退都划得来。于是各物呆滞，绸布洋货等的铺子，更形倒霉。有人说：“这几行不妨效法日本，日本在同一牌号的货，各处各地去买，都是一样价值，没有贵贱，商人的推销，全恃手腕和态度，北平这几行，何妨联合起来，把同一牌号的货，公议一个标准价，无论东西南北城，无论多大多小的铺子，货价划为一律，或者可以减去当前的危机。”好在分区停电，门口挂牌，现在不都是效法日本的老调么？

1947 年
《一四七画报·非闇漫墨》第 13 卷第 2 期
署名于非厂

玩烟斗

据美国著名烟斗收藏家Hayward氏说："……抽烟是一种毛病，同时也是一种艺术。你试看那些抽烟斗的老手，怎样装满他的斗吧！他谨慎小心地装满了他的斗，用手按下去但又不按得太紧，在上面留下一些松的烟丝，以便容易燃着。点的时候，很有一些手法，他用火柴转着点着他的斗，使烟草平均地燃着。慢慢地轻松地吐出烟来，他享受这种手法和香味，他不使其烟斗过热，烟草对于他是一种安慰，因为他明白抽烟的艺术。"这是说抽烟不但是需要它来刺激，而且还要领略到它给你的安慰。

从前我在金潜盦[1]先生家里，很见过许多好的烟斗，那不仅是BBB，英国、法国、德国的都有，使我感到了玩烟斗的乐趣。烟斗自然是桦木根制的好，桦木要分产地和年龄，热河虽然产桦木，但不如非洲南美洲的坚实。同在一地方，它的年龄八十年的根，自然不如一百二十年的，而一百二十年的更不如二百年的好，不但是花纹和坚

[1] 金开藩（1895—1946），字潜厂（潜盦），号荫湖，浙江吴兴人。书画家。其父金城去世后，组织湖社。

实，而且也不大传热，不至于抽起来就烫手。

烟斗讲式样，文士和艺术家喜用的，总和工人、水兵用的不同，而不一定是工人和水兵用的价钱贱，这就是说有雅不雅之分了。有些人衔着水兵用的大烟斗，在我们国人并不觉得怎么样，但是略微晓得一点烟斗的人，总会以惊奇而怀疑的眼光看着他，感觉有点不相称。

装烟丝的口袋，英国人很喜用丝质而涂亮漆□薄如蝉翼的口袋，这种东西折叠起来很可以防潮湿，且可以防干燥。法德美用皮做口袋，有时来个拉链。但是橡胶制抽口小圆盒，也是件很有趣的东西。但这盛“加力克”烟丝最好，若是板烟（现在所谓美国烟丝，实际是板烟），倒是用英国丝制折叠的较为大方。

现在美国制的烟斗，很有几家确是“不含糊”，即如“KAYWOODIE”的制品，刻着一个圆圈，里面有三个圆点凑成三角形花纹的，那个烟斗的木材，起码够得上百岁年龄。它那上边若是刻一个枫叶形的，则是年龄不够那么多。还有“STERNCREST”这个牌子，它在斗上刻着个菱形圈，圈里有“LHS”三个字，这种只有在桦木上镶着金箍或银箍的是好的。但它起码价七点五美元并不好。“MONTEREY”这个烟斗，在旁边总刻上一行草字“Pipes”，它的起码价是三点五美元，可用的却要九美元十美元。

烟斗里面俗叫“信子”的玩意儿，最好是吸着烟味不变而又不至吸入烟油，这只有纸卷的“信子”最妙，可以随时换，随时安装，并且是可以藏秘密文件的。这种装置，有名的烟斗却没有。

1947 年

《一四七画报·非闇漫墨》第 14 卷第 10 期

署名于非厂

服制转变

光绪二十六年庚子以前，衣服尚宽博。马褂之袖，长乃过膝，袖口之宽，男则八九寸，女至一尺又寸六七，举手挽袖，可以乳儿也。联夷据京，胡服习见，学校渐立，少可短装，衣服始渐紧仄。迨光绪末宣统初，青年男女，群尚海式，领高三寸，隆其两端，名曰元宝；袖窄仅三寸又五，巨灵掌且莫可伸缩；衣长及地，腰蜂臀耸，大踏步莫良于行也。衣之质，群尚"哈拉"，色则深紫，年长者其色蓝。夏则生丝纺，尤新者多罗麻，或山东茧，女学生则浅青竹布衫焉。袁氏当国，蓝袍马褂为常礼服，缙绅先生，又力为复古，峨冠博带，瘦窄而济之以宽。民国十七年迄今，宽敞而又济之以紧仄，服制之转变，亦速矣哉！

1932年1月18日
《北平晨报·非厂短简·四五》
署名非厂

妇女衣饰

日前（端阳）集友人三四辈纵谈，友以吾好用其心力于琐屑事，辄各举所知以为言，亦颇有足述者。友曰："近日妇女衣饰，大有复古趋势，上古裸露，衣以文之，而时之所趋，骎骎乎将入于古矣。"一友驳之谓："衣所以章身，章之意义至长，所以表章玉体者，恐今日之时装，尚未足以尽其能事，脱再变，将视今时为尽其能，盖昔人所谓衣以章身，迟迟至今，始稍跻及章身之意也……"时有髯先生者，先生固多髭，年高，受书之毒乃至深。人每邀游公园，必强而后可，及至，辄默坐，稍被酒，即谩骂咧咧不能休，是盖吾侪中之腐化最深者。先生独持异说，谓："妇女衣饰，既不可无之，则其式样，当随其播而异，妇女如果为悦己者而装饰，则时装实宜，妇女如果为舒适而装饰，则时装乃至碍于行动。吾人观闾巷乡村之妇女，与夫公园……飘然若仙者，则可以知友之用矣，上古裸露，失之野，衣以章身，失之拘，分别其用以为言，要当以吾说为最允。"乃相与哄堂，吾以友之说虽不免于多事，于衣之意，颇有发明，正宜于端午消永日也，辄记之，岂所谓言不及义者耶？

1929 年 7 月 19 日

《新晨报·花萼楼随笔·一一五》

署名于非厂

民国初年妇女服饰

女装常服

自许地山先生发表那一篇《近三百年来的中国女装》一文，很引起我对于中国女装研究的兴味。他说："衣服可以分为公服，礼服，常服三种，公服是命妇的服装，自皇后以至七品命妇都有规定，礼服从民众说，可以分为吉服与丧服两种。平常的服装的形式最多，变迁也比前二种自由。本文所要提出的特别注意在这一种上头。"这话很可以看出他研究的焦点。

许先生的文字很长，自五月十一日起在《艺术周刊》发表了，迄今已经过两个月，还不曾刊完，真使我望眼欲穿！我本有两次鼓着勇气，要跑到陟山门去看望他，只是走在御河桥，被那碧漪的太液池水给吸引着，不由得踱到北海，钓起鱼来，迁延至今，尚未窥全豹。

许先生的文章是美的，对于常服的研究，是尤有根据的。不过对于京派的常服，似乎尚有些不太清楚，因为我俩是熟人，所以等许先生刊完了之后，我预备要写一点关于近百年来京派的女装常服。

1935年7月12日
《北平晨报·闲谈·九二》
署名闲人

旧澡堂与剃头棚

烫澡

北平虽在威胁之下，而本地居人，则咸以见怪不怪处之。良以本地所昭示于人者，天下太平，一切不成问题也。夫玩已不成问题矣，则我抽此闲工夫，且先谈谈北平之“烫澡”。北平澡堂，上焉者供大人先生涤其秽恶，祛其旧染之污，兹不谈。次为准大人先生，或曾供大人先生牙爪者，亦不谈。所谈惟北平土著或其劳力者，所以洗其汗渍血痕之所，大铜元六枚，其代价也。四壁惟春，间涂白垩。巾以土布，以之擦皮肤，去汗痕污渍，若砂纸之于铜锈。内具温热三池，草碱截为骰子块，恣用。裸入池，先就热池涤其足，足缝遇热作甜痒，则龇牙睁目，啸然舒其气。入温池洗，巾蘸水上下擦，研肤垢若丸，随落。

池巨而长方，中横三条巨板，板供人坐。坐板哼哼两句二黄腔，从无有唱《渔光曲》，或《毛毛雨》《妹妹我爱你》者。洗毕，入热池横卧，自臀而上及肩，下及踝，此之谓“烫”，“烫”有瘾，不烫至皮红肤栗，不过瘾也。

1936年6月4日
上海《大公报·非厂漫话》
署名非厂

旧澡堂

门前立长竿，竿顶罩破柳罐，夜则系以油纸灯。门旁悬一联：“金鸡未唱汤先热，红日东升客满堂。”迎门影壁，白壁如雪，中书一“堂”字，径丈。左右书“车马自看”，径四五尺。入室，下玻璃窗，上纸窗涂以油。环墙列木柜，高与肩齐，每柜做方形，径尺有三四，上有盖，密合，非此中人不能启。墙上书斗大字：“公文财务，交明柜上，如若不交，失物莫怪。”列柜前置长板凳，其上横挂竹竿。列柜编有号，深三尺余，备纳衣袜诸物，凳备坐，竹竿备置巾帨。凳下搭木板，板上置破鞋，鞋类今之拖鞋，用已敝，剪其帮，留底，奇形诡状，十色五光，故有“澡堂子鞋——没对儿”歇后语。柜盖既合，则置鞋盖上，鞋尖外向者洗池，内向者洗盆，一外一内者先付资，池与盆则以左右分。池无分温热，横木板三四，人坐其上洗，巾以粗布，无面盆，无喷水器，洗足洗身洗面均在一池。池隅有地穴，供泄水与溺用。水晨间稍清，洗久渐浑浊，上浮泥浊毛屑之物，谓之沫。以竹板探横木下篦诸一隅，木桶接去之，曰打沫。脱衣有诀：“先脱上身，后脱下身，好脱好穿。”擦背曰搓，修脚曰小活，修手指与足曰上下。夏日洗谓之涮，冬日谓之烫，天寒衣单出二百钱一烫，以买半日温暖者，亦过冬之一法。此三十年前旧澡堂也。

1938年11月25日
《新北京报·哭之笑之随笔》
署名于非厂

旧澡堂补

予所书旧澡堂，意犹未尽，宜补志以见其全。澡堂皆定兴人，所食有油条面者，绝美。切面为指宽之条，板涂麻油横搓，长七八寸，骈置，釜水沸，手捻两端力抖，面伸长可五尺，圆细而腻，入釜煮，以醋、酱油、麻油拌食，滑润适口。定兴产辣椒油，色殷红若琥珀，明净，蘸少许入面，咸白菜淋几滴辣椒油佐食，其味尤清腴。今澡堂已科学化、时代化，此美味之油条面，已随科学的时代，化而为窝窝头矣。搓澡以粗布巾自尾闾逆而上，未搓忌用碱，碱肤滑，不易搓。搓力猛，巾折叠缠手掌若砥，逆而上，至肩三四搓，泥垢簌簌落胸前，虽伏日日日“涮”，搓泥垢必簌簌落也。中肩及两臂，及颈，及胸腹，及两股，搓后肤红赤，觉轻快，据云：伏日搓可祛暑。生花柳病，三十年前无特效药，澡堂治疥与杨梅有秘方，患者与澡堂谂，乞治，则以砂壶市药饵，或煎汤饮，或仅用药搓，视其所传以为剂。药既备，入盆堂避人或径不避，药香与恶秽相合，闻之使人不堪。汗蒸若洗，如是经三日，疾若失，其为法，抑治标，或根治，不可知也。今澡堂侍役务清美，皑白长衫，油头光可鉴，韶龄可十五六，温婉类少女，用视昔日之彪形大汉，裸体围蔽巾，其相去真有仙凡之分，噫!

1938年11月26日
《新北京报·哭之笑之随笔》
署名于非厂

旧洗澡

予既草旧澡堂，皆三十年前制，今渐改。当彼时，每遇冬夏日，诣澡堂以消磨时日者，固大有人。凡老北京，早茶午茶，不之茶馆，以茶馆无澡堂之洒脱也。茶不必龙井香片，晨兴，步街衢曰遛弯儿，遛已足，入澡堂洗。时池汤热而较洁，踞池上，濯其足，渐至腹胸，俟热汗出，以四肢架横木，纳身热水中。水热，身若不胜，呼其气一吼，急置身横木，稍舒其气。身被水烫，红而腴，蹲池旁，哼几句“我本是卧龙岗散淡的人”——谭腔，面为汗浴，以巾横拖，不即汤洗，洗惧晕，非为汤不洁也。此之谓烫澡，冬日可保半日温暖。伏日，午饭后，披短衣入堂。时堂于庭中以芦席为棚，列大木凳，凳旁置柳条编筐，纳衣其中。入热池，洗如前，顾时较暂。腰间围尺余布，蔽其私，不蔽且十有八九。即棚下，挥蒲葵扇，饮热茶，热汗若浴，即木凳卧，黑甜一觉，腹辘辘作雷鸣，则又至晚餐时矣。此之谓涮，夏日涮可以避暑。其时物价不昂，一澡之费二百钱，即今之一大枚，合一百钱包茶叶，较挥霍者有四百钱足矣。墙壁与棚柱，遍贴四指宽红条，大书“莫谈国事”，人于苦笑中，不敢小露不满，顾接耳交头，仍在互相问讯谣言也。

1938年11月28日
《新北京报·哭之笑之随笔》
署名于非厂

旧澡堂补补

前所书旧澡堂，一补之后，仍有待于补，因为之补补。凌晨，穷苦不能举火，冷面入澡堂，谓之“洗脸”，价合今一大枚之十一。猪胰[1]一小三角块，价合一大枚二十之一，碎碱则不取费。入堂脱上衣，着裤袜鞋入池堂，任意洗上身。当天寒大风雪，经此一洗，再饮白干酒一盏，衣纵单，冻不至死。亦无钱洗澡，聊为过冬之一道。又有所谓“钓鱼”者，其名虽不雅驯，颇有趣。法脱上衣，棉裤中若衬短裤者，则棉裤亦得脱，入池堂，例不得脱鞋袜，胸与背得任意洗。不特此，池塘形若炕，架横木，退其裤至踝，背池，以两手按横木，架而上，以臂就水，两足着鞋袜缠裤，仰而上翘，涤其私，此之谓“钓鱼”。其为值视洗脸倍之。此洗以频于妓僚为多，内城间有之，旨在涤其私，取暖乃为第二义。精于洗者，手不扶木，腰挺而上，袜履不濡。此“钓鱼”法，不特今不传，并其名亦鲜知者。又室周环以柜，中置火炉，炉以砖砌，台甚广，上遍置茶壶取温。壶多以砂制，与堂谂，另备小瓷壶。砂壶出北山，与砂锅同制，尤精者，砂多泥少，谓之里山，以之烹煮观音，或云南普洱，最佳，往往一壶用十余年，茶味既醇，复可取暖，今亦罕有知者矣。

1938年12月1日

《新北京报·哭之笑之随笔》

署名于非厂

---

[1] 猪胰：此指肥皂。

修脚的艺术

北平的澡堂，自“官堂三座”，改为“温热三池”，不能不说是改良而注意到洁净上去。至于“身有贵恙休来洗”那一联，也很少仍嵌在池塘的门框两旁了。但修脚的艺术，在比较旧式而够不上一二等的澡堂，确仍有些四旬内外的老艺术家。因此怹[1]那两只尊足，非到指甲厚得像几个铜钱，鸡眼大得像拇指肚，怹们总不肯修一修。怹们的足，如果自己可以用刀修他几下，那么，怹也不肯花十二大枚来修。在修的时候，这位艺术家，端详着地位，飒飒地铲了个大致，仿佛斩荆棘，劈榛莽一样。然后用他那小刀，在鸡眼的四围，轻轻地像蚕般地蚀着，绝不能使人感觉到是在用刀修。如是，只见秋风垂落叶般，弄下来一大堆。当他那最见艺术的工作时，是在指缝起一个鸡眼，掌心剜一个肉钉，那他总把取出来的东西，向主顾面前一放，面上现着得意的微笑。

1936 年 10 月 29 日
《实报 · 漫墨》
署名闲人

剃头棚

我在尚未考证明确有清一代编发辫剃头因为什么只剃一圈以前，我更不欲说“留头不留发，留发不留头”这一类的话。那我所欲书

[1] 怹（tān）：北京土语，对第三人称“他”的敬称，用在对长辈、上司或尊敬的人的称呼上。

者，只是剃发辫以前的剃头棚。剃头编发辫，我自小就怕，不但剃的时候要哭，就是听到沿巷叫唤剃头的那个响钱做成的“唤头”，我也有些不寒而栗。后来因为时间的宝贵，我虽知道头是要剃，或发是要理，但也总是希望而或出于催迫，请理发匠草草从事。当剃头带编发辫之时，用块不干净而带有特种气味的布，在颈上一围，正围在咽喉，出入气都有些不方便，剃头博士用他那尊手，攥住发辫，向热汤盆中一按，这是只尊左手，那只尊右手，蘸着热汤一洗，这汤沿着眼角鼻洼耳际直淌下来，最后用那块不黑不白的布，蘸着汤向脑后一绞，水汪汪然使人气为之一闭。五寸径的柳条编成小笸箩，塞在手里，毕恭毕敬地捧着，以便承接博士剃下来的头发。最是隆冬三九，头发易燥，则用毛刷蘸水，沿剃痕抹，水冷若冰，热或如沸，博士初不之顾。剃毕，用利刃逆而上，谓之抢刮，刮毕，觉所剃处若火炙，若习习有风。然后按头又洗，自颈而上及囟，剃胡刮脸，两臂早已酸楚，因所坐凳，宽不及四寸，又无靠背，竖起脊梁，任其宰割。

剃头所用刀，制者有专家，护国寺西口外路东一家，即是产生了名伶刘鸿升[1]三斩一探的一个剃头刀铺。自从由剃头而改了理发，这一类的剃头刀，虽尚有用者，但是它们的出品大部分都是输出四乡和外省外县。从前剃头编辫，是有一定的次序，先拆发辫，用极疏的梳子（俗称八根柴的）通开，在顶心结成纂儿，然后剃头刮脸。刮脸既毕，这梳辫编辫的功夫，那就更要视所赐的酒钱——小费的多寡，而大有分别了。这时用极密的竹篦，自发顶至梢，由上到下很稳重地刮下来，

[1] 刘鸿声（1876—1921），名一作鸿升，字子余，号泽滨。北京人。清末民国京剧演员。原为小刀铺学徒，因业余爱好京剧而加入班社演唱。擅演《辕门斩子》《斩马谡》《斩黄袍》《四郎探母》等剧。

左一刮，右一刮，刮得头皮痒而至于松快，起码要四五十个来回，至于用二十个篦子，刮一百几十下，那时的风尚，并不觉得是费时误事。编辫的方法，例分发为三股，中股居中，再叠右股，以左股居上；再叠中股，再叠右股，如是往后编下，这叫“正花”。先叠左股，以右股居上，如是编下去，这叫“左辫花”，人们对此，视为最不规矩。发稀少的有假发，假发俗叫“辫廉子”，分三股，总结。视所需的多寡，“廉子”有长短多寡。剃头既留顶心编发，围着剃去的头发，就用这编发辫的头发，沿着剃去的边，另分出一圈头发，用这发沿着边一拧，绞结仿佛盘绳，这叫“拧锅圈”，拧宽的多为轿夫光棍之类，三十年前编发辫的艺术，尚不止此。

当宣民[1]之际，新人物骂这发辫是豚尾，本来这是世界上文明国绝无的制度，我在此所以谈起来者，却因为它是一朝的制度，不妨拿来做我的资料。我本来毛发重，于思于思的满颏，我既不配称为艺术家，那我也不愿把头发胡须留起来使它多长，像当代的艺术家。但我是五十许的人，嘴上既有毛，不妨留一些，免得人认为做事不牢。而我是穷书生，终日忙于求生，简直就没有什么心情来装饰颏面。有一次有位朋友办喜事，我去贺喜，走在路上，一摸我这下颏，短髭竟不自觉得春草般又生长了很长，我只好跑到临近一家大理发馆理发刮脸。这家理发店，真是贵族化，一切的设备，考究得使我不知应当坐在哪里才好。比及博士刮起脸来，已细腻得一个半钟头。我不得已才请求他，请他来得快一点。这一句话不要紧，他说：“我们这大理发馆，力求着精细，不能快，要一潦草，于我们名誉有碍。”我碰了这个金刚钉，

[1] 宣民：宣统、民国年号之略称。

走街串巷剃头挑（1940 年）

只好嚎了两声，咽了口吐沫。这且不言，单说编发辫。正人君子编辫，不松不紧，上第一辫花，要和衣领边为齐。抬轿夫和风流阔少等，第一辫花，要和肩齐，下面要衬大辫穗。穗为大红或元青丝线制。土棍和武夫，自发根编起，花要紧，不续辫穗，以硬丝细绳编入，使辫梢上扬。这种编法，非用力横拖不可，俗称蝎子尾，是编发辫最不容易的艺术。

1938年12月20、23、26日
《新北京报·哭之笑之随笔》
署名于非厂

剃头洗澡

今天我举出一个例子，也可以证明卫生之士，顶好在吃饭时莫谈国事。即如二十一日本市各报发表的新闻："本市讯：警察局行政科管制股昨召集旅店业公会，及浴室业理发业公会训话，准予于本月二十五日起始，旅店业按原价增百分八十。"可是我二十二日在西单商场对面澡堂洗澡，他竟在当日开始加价百分之八十了。我儿子于二十四日在华宾园洗澡，却仍按老价钱。一个是西单北大街，一个是西四南大街，我在前二日倒涨了价，这还谈得到行政科二十五日加价的"令准"么？

二十五日《华北日报》刊着理发浴堂业市府未批准加价，决派员调查制止。文云："市府公布经济紧急措施方案实施办法后，理发业及浴堂业竟将于二十五日起加价百分之八十，据报载已经警察局许可。惟据可靠消息，此次理发浴堂加价，市府尚未批准。按照往例及规定，各业加价须经市府会议通过，始可实行，故当局决派员调查真相以谋制止。”《北平日报》也有同样的记载。

我们报社前两天还访问了一次春华饭店中的浴职工会，去时正赶上有人给劳资双方调停和解，所以这里面的东西，并未写出来。

您再看看二十六日本市各报所记载关于此事的新闻，我是说就这点新闻和事实，您说伤不伤脑筋！对不起，今天我这段谈天，只好在厕所里写。

1947年2月27日
《新民报·土话谈天》
署名闲人

杂谈粥厂

吃粥

今日为旧历腊八，腊八俗有吃粥之例，其考究者，一粥往往数十金。吾无此口福也，述粥厂巡礼以应节令。

断壁颓垣中，以芦席为棚，向阳嵌两块蓝寿字玻璃，取阳光。杉木杆编栏为出入道，巨锅并列，气热黍香，蒸蒸然若腾雾。日未出，门合，环棚抱锅携盆托杯提篮者，缩肩跺脚，握耳身战，目灼灼咸伺门启，声喧然若暮鸦噪林。望其面，天生穷骨，不配为大人先生一顾。老少男妇，日冀门启，赐我热粥，度半日命。铃振，门呀然启，争先入，喝詈推打不一顾，鱼贯缘杉木栏行，出其锅盆篮盂盛粥，面色由惨沮渐霁，手冻僵，两手捧篮盂温手，黍香粥稠，引颈作俯啖，欣然去，每棚每晨数千百人得不死。

北平善果寺施粥厂景象（20 世纪 30 年代，宋致泉　摄）

假如慈善家而为治人者也，其为政必不干脆而尚备一粥。惟一粥之不备，而又压榨之，伤害之，惟恐其死之或有一线之延也，此其为所以为治人者欤？

1935 年 1 月 12 日

《北平晨报·闲谈·五五》

署名闲人

粥 厂

“瑞雪兆丰年”，这是很古很古的一句老实话。前天雪下了一天，这雪是不是瑞，还有待于考究，而粥厂已有两处开锅。穷苦的老百姓，在这冰天雪地之中，挣扎着，拼命地挤上前去，讨得一碗浓稠的小米粥，用他那枯瘠的双手捧起来，先取暖，再润腹。雪虽和无衣食的老百姓，暂时处于相对的，而有粥厂来代老百姓做一桩抵抗的工作，老百姓实在沾光不浅了。昨日我和小孩子跑到粥厂去看，人是拥挤得不堪，大有粥少僧多之概。这虽不是根本救济办法，但在这漫天价大雪的严冬，粥厂实在是可以救急的。

1935年12月2日
《北平晨报·闲谈》
署名闲人

粥厂与拉车

我不一定是因为住家距粥厂近，才写了几篇《粥厂》之闲谈；我也不一定是因为和拉洋车的比邻，才晓得拉洋车的是如何之苦。本来这粥厂不是治本之策，而全活的也不能算少；拉洋车是牛马不如的生活，而他确不肯当汉奸，做强盗，是他那生存挣扎中的万万不得已。但是为大人先生者，如果要救济北平的老百姓，不在消极方面的任其有车去拉，而在积极方面，使他们能得到一碗热粥吃，即此亦够了。公共汽车已停了一个月，拉车的买卖又如何？若弄到连坐得起车子的人都没有，这种危险，恐怕比什么都没办法。民间的痛苦，绝不是镇日价关在办公室里人所能尽晓，以我所知，拉洋车的人愈多，粥厂打粥的人也愈多；打粥的人愈多，足证其生机皆濒断绝。至于怎么养其生机，这绝不是多添几处浮摊，减轻几样捐税所能行的。因为“民力”二字，是要培养成功的。

1935年12月25日
《北平晨报·闲谈》
署名闲人

粥厂门前

在许多人围绕着一座庙的东角门，清晨约莫不到六点钟，已经拥挤得无有隙地。但是那座角门，却仍严冷而整肃地关闭着。人们耸着肩，冷作一团，手捧着破盆碎碗，两个黑色无大光彩的眸子，一直望到那座角门八点钟开了，这才按照次序，一个一个鱼贯而入。这是我在一家粥厂门口所见。穷得连一个破碗都没有，在那广告牌上揭下一重一重裱糊很厚的广告纸，也托了进去，权当作碗，盛上粥，一面捧着一面啖，嘴里边还说：“这粥厂的粥真好，你看有多么浓稠呀！不像某一处，又稀又有沙子。”他一边啖着，一边告知那许多打粥者。

1936年12月1日
《实报·漫墨》
署名闲人

粥　厂

粥厂在北京的历史甚久，虽未遑考证，顾学士大夫认为非治本之策者，在道咸间已形诸公牍，见之吟咏。第所谓治本之策者，迄今百余年，初未之闻，而粥厂之需要，乃随日时以俱进。“北粥厂，两扇门。放粥的，不是人。老太太给一点，小孩给粥皮。搽胭脂抹粉给一盆。”此民歌，用小壬辰辙，每句尾加一“儿”字为韵，光绪初既有此谣，以示对放粥者之不满。凌晨，残月尚未西坠，鹑衣瑟缩蹲场外俟，怀中挟开明戏院《拿苍蝇》海报，报以日重叠贴，奇厚硬。放粥有定时，鲜备盏箸。或小迟，排序且在后，腹尤不堪。身战战冒寒来甚早，得占场门近，冀首唱，得先。严冬衣单敝，惟蹲墙下较佳。铃声振，门启，得先入，出海报双手捧进代盏碗。熬粥亦有术，佳则黏稠，遇冷且成块，故不虞海报之流溢。场有棚，粥釜多，棚暖，择暗陬，蹲而食，香甜热暖，口及脏腑，畅及四肢，神振，半日之命得续。具盆盏，携儿女，各讨得一碗粥，而用以饲鸡犬者，又未尝乏其人。而今年或者不暇饲鸡犬乎？

1938 年 12 月 9 日
《新北京报·哭之笑之随笔》
署名于非厂

吃粥者言

日前我书张佩卿办冬振书画展事，匆遽，致遗日期——自二十四日至一月三日。又何君海霞出品极精，意境奇古，竟误为萧君建初。

盖我连日伏处，又长风寒，据所传书之，致有此误。连日祁寒，困苦者遇此，大有求生不能之势。据归自粥厂，吃过一碗小米粥者言：“晨起，趋粥厂，盖短于步者必急趋。急趋，到不过迟，身较温，备鹄竢。竢久，趋所得温不能敌，则蜷缩而竢。场既开，所赐予之粥视往年较少，米珠薪桂固无可奈何，惟其有此半盏，得续晨间一命，已足戴大德。时双手已僵冻，捧其碗，随啖随温其手。半盏粥，其为力绝伟，上自顶，下及足踝，沛然于六腑五脏，粥既尽，四肢百体皆如有生气。时日已高，既北垣向日，夏日之可长，诚不如冬日之可爱，卒以粥入腹不能多，不久即辘辘然，最是小遗一过，腹又空空如也。”予闻言，颇自恧，吾之力仅足以养母供粗粝，得不冻馁，用视高我于数千万倍者，彼尚在暖屋大被左拥右抱之中，又安知太阳未出有待于半碗小米粥，冀续晨间一命者若是其多也。顾彼吃粥者，天既生此穷骨头，亦惟有向我恳其苦而已。因冬振书画展事，书此以志愧恧。

1938年12月28日
《新北京报·哭之笑之随笔》
署名于非厂

闲话粪夫

临时粪便所

吾乡人执粪夫役，以生命为儿戏，吾曾载之《非厂漫墨》中，惟尚有未尽，附志于此。

手辘车，载元宝巨筐，日致其浓稠之粪于厂主者，其所载非纯，殆已少粗劣物焉。所粗物，为炉灰渣滓，渣滓之于粪，亦有佳有不佳。所谓佳，掺入后，粪之质不少变，致之厂主，厂主亦不复疑，非然者，稍粗即变，即不变，亦易辨其纯驳。吾尝考之，距寄庐街门仅七八尺，即有一临时厕所，就平地掘数坑，以所掘之土积四周，人蹲其中，胸以上皆外露，匪特为祸于吾邻，且亦观之不甚雅。每至日午，粪夫四五辈，息其所负之桶，就地话桑麻，兼取埋藏于土中之炉灰渣滓。吾因得就而考之，吾所创获乃至多。此临时粪便所，邻吾已年余，吾得以于秽恶熏天，玉体裸露之余，颇以增益吾神智。吾深谢警察先生之加惠不鲜也。当吾寄庐隶二区时，吾不自揣，曾肃禀帖于署长先生，请其少为迁避，不获报。及隶归四区，吾深恐四区之署长先生察有未周，或鞭长莫及，亦曾肃函钤印，请其少为迁避，迄今亦不报。吾自知吾为小民，初不足以动署长先生，且吾甚惧此秽恶熏天、玉体裸露之所，或为署长先生收入之机关，吾将力请而得祸也。故吾不复敢请，吾转因之而有所创获，笔而出之，且可获稿费，是诚可感也，特志之。

1929年4月16日
《新晨报·花萼楼随笔·一〇三》
署名于非厂

粪 夫

掺粪之渣滓，为炉灰所弃，埋于土中，经年而后，其质已渐变化，无燥烈之性，吸水之力，亦不甚强，取与粪和之，粪不致骤变，大约每一车中，可掺入四分之一也。其在曩年，每粪一车，值仅一千，近则四千、五千不等，每一人充其力日仅推四五车。往者有刘傻子其人者，力绝伟，两手握车柄，能横掣而起之，行数十步。每食尽米斤有半，食白干酒，斤许且不醉。日推车，自花园宫出阜成门，致之厂，往返六七里，晨而推，日暮尽十有五车，所入为侪辈冠。人咸邀之为狎邪游，不可；诱之赌，亦不可，日以钱买一醉，酣然卧树荫，若甚有得者。每酒，滔滔话乡里及游侠事，侪辈不尽通其意，辄乱其词锋，刘每太息，鄙侪辈。侪辈有所求，无不应，初不计其偿，故人咸以傻呼之，彼亦自承其傻。去秋推巨车，行阜成门外南河沿，遽仆地，比为侪辈见，已气息奄奄，盖为疫（霍乱）中也。死后，侪辈发其箧，空无一物，仅寄家长笺一简，约秋后归耳，是岂隐于粪夫者耶？

1929年4月17日
《新晨报·花萼楼随笔·一〇四》
署名于非厂

阀之足畏

日前宴集于松坡图书馆。来较迟，比晤，主人逆料我必早来先过钓鱼之瘾也。入座，首盘为焦炒鳜鱼，味绝美，恣啖，尽一面，横翻之则已无肉；又尽其头与骨，耐咀嚼，齿有余芬。酒后谈愈纵，王君蜀人，家乡已陷匪，因言军阀地盘欲已成过去，近惟保全实力，有实力，遂不愁无地盘，此正不少先例也。吾曰：诚然。北平有粪阀，其地盘谓之“道”，其用人谓之“伙计”，伙计多，力集，“道”以金钱蚕食，被食者集力，力厚，“道”自至。所苦者且不独伙计。吾人隶其道，得其人，则被其仁厚，小感粪阀苦，不则苦乃大。起而抗，粪威愈不可遏，必俯首帖耳，被榨始已。其矣阀之足畏也！

1933年11月14日
《北平晨报·闲谈·六》
署名闲人

粪　场

粪夫，役之最下者也。需之时惟恐其来之不早，恶之时惟恐其去之或迟，街头偶遇，人皆掩鼻，墙角蹲车，居人侧目，其为苦，个中人固纯任牺牲，曩曾于《粪夫》一文中及之。日前偶过阜成门南顺城街，街道之污恶，已使我回忆七八年前曾居此时似较今为整洁也。街西背城，粪厂四五处，城垣外，河之东，垣根曝粪之场一里又半，内外交蒸，故其气味浓醇，噎喉咙气为之窒。吾曩居此，以其久故不闻，今骤遇，几为之窘，却步不敢前。窃尝考之：老墙根之大粪张，固以粪而发为富翁者也。自谷贱捐重，耕者视土地若鸡肋，大粪之为用也日减，而粪之滋制也日进且不已，则吾之疾首掩鼻，气噎喉苦将永永不得宁焉。悲夫！

1934年9月3日

《北平晨报·闲谈·三五》

署名闲人

推粪车者

山东茧绸裤，搬尖曳把鞋，赤膊，两肩横搭五尺长白粗布，积灰污汗渍，呈地皮之色。推两元宝形车，筋张肉努，腰陷臀耸，选大路于烈日中走如飞。此不仅市其气与力为粪阀送粪者也。每粪一车，推至粪阀之厂，厂主予一小竹牌，积日，以竹牌计价，预有需，亦可以竹牌抵钱。粪便于夏日易传染，推车者初不懂，行中途，觉头晕恶心，上吐下泻，面苍白无人色，汗乃不出，则置其车坐，呻吟，有所俟。俟推车者来，停车，于扎包（腰带）内出二寸许大针，不拭揩，不消毒，谓银针祛毒。就病人腿肚处，略按，寻青筋猛刺，血股黑汩汩流，翘鞋底揩针血，包针推车行，略不回顾。病者见针已见血，心安，以针不见血病危；见血，心头清爽，略息，神渐旺，则又续续推车行，盖一车粪值铜元二十大枚也！

1936年7月24日
《实报·漫墨》
署名闲人

粪便委员会

北平粪阀，在此炎暑伏日，正其欺压榨取老百姓之时。每家于初伏、中伏、末伏讨赏三次，月费尚不在内，稍拂其意，便以不登门为要挟。此风不知始于何时，自交通便，南人惯用马桶，粪阀之要挟榨取乃愈烈。清末北人尚用厕坑，用桶者少，无月费，仅三节三伏讨赏耳。自粪阀之势力愈大，有时利用之且可以吓酷吏，于是古城中之粪车、粪厂、粪桶，遂为居民所诟病，顾无如之何，而一任其猖獗，不过消极地蹙额掩鼻而已。自委员制大兴，一切兴利除弊，去暴安民，与夫运筹决胜，治水理财，办丧事，定嫁娶……皆组委员会，集思广益，荟萃专家处理诸事，故轻而易举，专而易精。今人人侧目之粪阀，亦组一粪便委员会，吾信赖委员会，或者此粪便委员会对于古城卫生有新的改进乎？

1936年8月7日
上海《大公报·非厂漫话》
署名非厂

推车卖水人（20 世纪 40 年代）

粪二哥和水三哥

我绝不同情粪阀、水阀，虽然他们全是我们老乡——山东人。但我却同情挑水的三哥和淘粪拉粪的二哥。因为他们都是过着卖气力的生活，而被阀们剥夺而操纵着，生活之苦，确是出人想象。

春秋尤其是冬季，因为粪中不生蛆，力量足，他们可以多换些钱，自然来得较勤。夏日虽然晒粪摊粪较便，但是经过蛆的游泳，力量就差多了，自然钱换得少，可是这时推粪的却可多掺假，多弄钱。水，冬天用的虽少，而天冻地滑，挑与拉，手与足都要吃大苦。五月，天干水浅，用的又多，挑与拉都是臭汗和水湿透了衣服，而所得的钱酬，也只是由阀们固定下来的三餐窝头，全靠自己去找几个水牌子，或是两个剩馒首，这还要看你为人和气与否。我们老乡，都是脸红脖子粗的硬性汉，老热的天，挑着很重的担子，往来奔驰，他们如果对于用主，面上带出丝丝的笑容，那简直非世故较深，即是他内心逢到顶快活的事，否则，谁不是板着面孔，又干又倔地说上半句话，或者简直不理人。这种硬线条的汉子，实在是卖气力之苦所赐呀！这两日虽然刊出了粪阀与水阀，但是对于卖气力的三哥（水）、二哥（粪），我非常同情他们，他们一样受到阀们的压榨！

1947年3月6日

《新民报·土话谈天》

署名闲人

穷人受煤罪

煤

北平冬季用煤，自“白鸟”那家伙干的时候才严重的。市民配给要拿着户口证，要登记，要向指定银行交款，要从指定地点去领煤，虽然配给的价格比时价“对半”还打个六折，但是小百姓如何受得了这些个手续和时间的损失。结果，只有把配给票卖给煤铺，汇合到“四大金刚”（助“白鸟”而发财者）手里，而使“金刚”与煤铺皆大发财。

本来煤铺零售煤球，是两筐算一百斤（连筐算，两个筐算十斤煤），在这严冬的时候，滴水成冰，煤是冻成球的，而不是干的，每个煤筐，在底下还“腻”上二斤青灰，您说这一筐煤（应当五十斤）拿到家，不用烧，因为屋内的温暖，它先融化成一团稀泥了，还管他什么分量，更不用说层层剥削。

不过，在北平的大煤铺，他们对于提着小筐来铺中买十斤八斤煤球，自己提回去的小百姓，也可以说是街坊邻居，他们照例是用干煤球准斤十六两秤称的，所以有“煤是黑的，心是红的”之说。

1946年12月19日
《新民报·土话谈天》
署名闲人

再谈买煤

买煤也是现在一件最伤脑筋的事。在从前各城根煤栈，都是讲究做“字号”，譬如德丰恒、大成等煤栈，有好煤，足分量，包送，送来无论买主过秤与否，他总是派徒弟骑着车护送了来，不护送而送来的大车，也是栈里自己雇用最靠得住，不会中途偷煤的。

现在这种讲“字号”的都随着时代而改变了作风，就是你看着过秤，看着装车，跟着车拉回煤来，因为你自己看着过秤的，自然免去再过，看着搭进放煤的地方，开发脚力完事。但是空车走了，你的煤也走了。因为大车的底下他们都做了一个大箱或是大筐箩，上面圈的席墙是两层，中间挖个空洞，随给你往下铲，他也会向上提提席。把煤向着空洞铲几下，一车煤卸完，他所预备盛煤的也满了，这是我们向煤栈或铺去买的麻烦。

至于向煤市去买，如阜成大街、广安大街，这些煤库，都是直接由门头沟小窑运来的煤，这样首先要认识煤的好坏，要能防使活，要多花时间不怕冷，差一样都不能买到好煤。

在这时代，虽然是淳朴的市民，也会走入奸诈之途！

1946年12月20日
《新民报·土话谈天》
署名闲人

又谈买煤

前天（十九日）谈“煤是黑的，心是红的”，这是说大煤铺的老板，对于邻居的贫穷户发了善心，而不一定各个都是这么赤红红的颜色。本来北平“字号”铺讲究的是“童叟无欺”“准斤十六两”，自日本鬼子闹过了之后，这商业上的美德，也随着日本垮台而垮台，只见些“鬼子”的作风，还在互相摹仿着，竞争着，而变本加厉。

劈柴泼开水，卖米柴煤“使活”，煤球多掺土（原是煤七土三，现在倒过来），冻干，白面掺“白棒子”……还都是公开的秘密，算不得什么。至于整车的块煤，泼上水，掺上石头，虽你和掌柜的——现在尊称经理——有多厚的交情，有多大的“穿往”（比如给他介绍生意，垫给款项……），他一样不客气地不给你好煤而夹杂些石块。现在“掌柜的”好像是“天皇”，实权却操在“少壮派”的伙计和拉煤车的手里——其实不止煤这一项。就是“掌柜的”不想算计你，而这“少壮派”他们也要“外找”（土话，即另外找点钱用），装煤的拉煤车是“少壮派”的爪牙，他们更需要先得“头一水”，或者是“先吃头一口”，这样只骂“掌柜的”六亲不认还不够，造成这样，却是下层工作者先已摹仿了日本鬼子。“天皇”只是作个装饰品，“倒谷倒谷[1]”金钱，买买房地产，吃吃馆子，打打牌，而商业道德却就此葬送了。心的颜色如何呢！

1946年12月21日
《新民报·土话谈天》
署名闲人

[1] 倒谷，即“捣鼓”，摆弄、玩弄。北京话，也作“鼓捣”。

穷人受煤罪

“腊七腊八（儿），冻死寒鸦（儿）；腊九腊十（儿），冻死叫驴（儿）。”这是够得上古老的北平土话，大概说是这几天最冷。又有说“冷在三九，热在三伏”，这是举冬夏祁寒酷暑而言的。再实际一点说“冷是穷人的”，那话确有至理。

北平这地方，沦陷了八年，胜利之后，又遇到这样无可讳言的局面，有力之家，固然早已没有力了，间或有些余力，也不过是苟延残喘，对付着活着，所以穷人越来越多。

所幸“天无绝人之路”，金价虽涨，穷人惟一的食粮——杂和面儿、小米面，还未闻风兴起，只在十元上下飘荡着，最高到二百二十元一斤。这二百多元，在阔人眼里看着算不得什么，可是在我们穷人眼里，简直和几千几万差不多。

这时是最冷的时候，阔人是暖气，次点的是洋炉子，未出屋门，先穿上貂皮大衣，戴上海龙帽子，除了屋子，走不上几步，就踏上汽车，他们冷只在这几步，自然浑如无觉。——昨日食粮才来劲涨。

穷人挣一天命，晚间到了屋子，大人孩子全靠一只小火炉取暖，而做饭烧水，烤剩窝头，温剩汤……都出在这只炉子上。可是煤既无火力，又不耐时候，添煤得端出去，生好再端进来，煤既然那么坏，而它的价钱，却又那么贵，这是穷人多么难受的罪呀！

1946年12月29日
《新民报·土话谈天》
署名闲人

煤 阀

本版今日所绍介的，是北平旅店业、北平理发业和煤铺，至于北平的澡堂和北平的煤业，已于前日相继绍介过了。

我对于这几业，都不愿意批评，不过，现在的煤业的最上层，似比敌伪时期的“白鸟”手下的几个爪牙，还来得狠，还发了大财，还害得小百姓更苦，更厉害。

即如门头沟那一方面，自去年到现在，实在繁荣得出人意料。一个卖炸糕的车子，也挣得盖起了房子。这只是一个做小生意的，每天要卖出一百多斤的黄米面（炸糕用），可见煤矿那个地方（门头沟）的繁荣了。

北平的煤，却是反倒买不着，就是买着，也没有好的。这不一定是小小煤铺在作祟吧！我只好恭维他们一声“煤阀”。

1947年3月7日
《新民报·土话谈天》
署名闲人

车的话题

载重大车

自周以来车同轨，故车之制虽变，而轨不变也[1]，故都中之载重大车，驾一马者，曰单套，二马曰双套，三、四者则以三、四套称之。其在昔年，运输重物胥恃乎此。其轮之辐有仅以坚木二为十字形者，为满洲特制，任重致远，尤坚。清季之禁卫军第一镇等，其轻重车辐犹如此。车之木用榆，轴则用枣，力可胜二三千斤，行数千里而不动，制者之选材结构亦吾国特制之一也。往者马路初兴，以其破毁途径，思取缔之，于是有改制车轮之议。自内讧频，私家大车，辄供征役，往往牲畜车夫，随车俱殉，加以交通日便，捐税苛繁，道途残毁，路线迂回，大车之数，因而锐减。而食粮腾涨，工价陡增，亦其一因焉。吾居故都久，向之以制车名者，今且无一二，而车夫之被取缔，被征

[1] 原注：车之辙，广曰轨，因以名途之广。周制，轨广八尺，以今尺与今载重大车合度之，正同。

役，哀求趋避，敢怒而不敢言者，蜗居近城新阛，日必数见，无一内讧，见尤频特记之。故都中有鄙谚曰“车船店脚牙，无罪即该杀”，此指车夫、船户、店家、脚行、牙经纪也。

故都之大车，在今日可别之为二：一代人运物者，一自用者。前者又析为二：一自有其车马代运重物以为生者。二工于御车，赁人车马或佣于车主者。后者有自置车马以贩物者，有自置车马以备收获农作物者。自故都有市政公所以来，大车之捐独多，而所行之路有定。每当春令，大地解冻，土松辙深，车不能行，而偏僻小巷，翻为大车通行之路，扬尘毁屋，居民病之。此类车夫，若属于前者，大都市井无赖，惟知趋避，残毁道路，概不置意。若属后者，非氓之蚩蚩，即市肆学徒，一则懵无所知，一则驯顺可喻。故都之老警察，别鉴颇精，遇有煤车、砖瓦车等，虽仅穿行马路，亦不之许。而四乡之老农，运其农产，误歧路线者，稍一指点，即遵而行。故数年以来，马路之毁，在修之不牢，养之不固，非大车毁之也。独至于内讧一起，征役大车，若捕逸囚，扬鞭疾驰，思如兔脱。既为所捕，鞭笞随之，辗转哀号，匍匐顿首，几若杀人逃犯；猝遇捕逻，哀告乞赦，恩同再造。而一声拿车，万马奔避，荒僻小巷，暗陬蹲伏，昼去夜来，不敢或动。及乎被拿之后，军装给养，装填满车，大军前行，大车殿后。军令所制，或有后时，刀剸马股，鞭扑车夫，马敝人疲，相与俱仆。幸而战胜，强起追击，不幸而北，人马俱毙。说者谓，此为淘汰大车之又一办法，其或然欤？

1930年4月3、4日

《京报·花萼楼笔记·六十七、六十八》

署名非厂

平热道上

北平人力车，多如过江之鲫，只见其增，未见其减；只见其廉，未见其贵。自昨日而忽全市不见。自人力车之兴，迄今垂三十年，从未有如此者，而今竟如此，而今之如此，乃为有车史以来所未有。此闲情，先生所以甚怪之也。

热河之汽车、驼马，迤逦入口，所载自不外乎脂膏地皮诸劳什子。因其非子弹，非钢盔，非军用品，寒不足为襦，饥不足为食，故尔迤逦运进口内，以免为穿窬者之觊觎，倒戈者之攫据。人力车所运为军需，为给养，为锅饼，救急袋……皆抗日所急需者。在抗日声中，人力车遂为致死力之一，与我浴血之战士，同其不朽。比加问访，车夫反问我："先生亦知热河所运来者为何物乎？我所爱惜者，亦惟此破棉袄耳，然而往矣。"

1933年3月5日
《北平晨报·艺圃》
署名闲人

车厂谈天

以洋车棚套当八角钱，左手提玉米面小袋，托黄砂碗，碗盛黄稀酱，上浮有四五钱许之香油，指缝夹羊角葱两三苗，大腌萝卜一角，入已剥蚀短墙，门槛培坚土如岭脊。门内居七八家，有房八九间，颓废。即西厢，房门立稚子，连呼爹，土炕坐妇人，怀中抱未十日之儿呱呱哺。妇人母为女临产来伺，笑迎婿，双手接面袋。婿自怀出仙岛牌香烟奉之妪，稚子又连呼爹，老妪为自香烟中抽出小画片与之。土炕无铺垫，妇人产褥畏受寒，乃以洋车雨布陈席上，展被，张一隅垫之，余则围妇取暖。老妪只此女，来视曾以婿家无被，携两具来。婿业拉车，车为人抓去，典当洋车牛眼灯度日。昨晨忽来勇士，云前方无被不足以抗强寇，婿商之妪，情愿以一被假勇士，老妪尤多贤婿之义。饭既饱，同院咸集日中取暖，北台阶遂为院中人闲话之所。

“小三，今已四日，尚未归？……”

“小三正壮旺，能连夜行，无碍。凡拉车，行数十里后，即须食饮，然后再行，行数十里再食饮，如是行始健，始不虞踣。如机车然，煤与水新陈代谢，始克有济。”

一老妇指阶前跳嬉之儿曰：“栓子爹，真难得。他妈在前日何尝不惊惧。比归，始知抓去之后，不特无险，且得尽拉车之义。……”

婿因谓：“三十号门牌王科长，今晨来觅车，拉行李赴东站，谁喜与夫出力！”

于是全院默然，语不复能续。日影既斜，院中人又有夹雨布出门者，婿自傲，以尚有半袋玉米面也。

1933年3月12日
《北平晨报·艺圃》
署名闲人

车　夫

有时电灯正在挣扎着保持尚未完全熄灭的七八点钟时候，走在西单牌楼直至商场门前，总是“车么车么”地问。我虽觉着喊部车子乘上去，放下车帘，端拱在暖篷里，代价才一二十枚铜元，而使他喘吁吁地跑起来，太不人道，过于“资本主义”。但是我如果不花一二十枚铜元，这许多车夫中的一个，至少要感受缺乏一二十枚之苦，甚至要挨半顿饿。

这条街上，除掉了一对一对情侣——他揽着她，是顶不需要车子的——此外富有乘车能力的，总比车夫的数目少，因之频频地问：“车么?”抢着嚷嚷：“我讲的价!”“我拉!”假如出价较多，或是道路于车夫较利，那么，彼此争起来，往往扭作一团，固结不解，而那位雇车的胆小一点，就要溜之大吉，或是渔人得利，乘他车而去。这种现象，我每日都要见几起。我在上年，曾作了一篇《拉车考》，特抄在这里。

考拉洋车，除自用车、包月车外，约分三类：自晨至下午四点者，曰“拉白天儿”。四点起，竟夜拉者，曰“晚儿”。自晨连夜拉，曰“一人顶”。有定价，有要价还价。如在王府井口下电车，雇车至东安市场，可不用讲价，竟付十枚；自西四牌楼至阜成门十二枚；自西单牌楼至菜市口十六枚；自东安市场至真光电影院八枚，至光陆电影院亦为八枚……至于早晨拉车站，凡属预订者，无论远近，起码二角，此皆有定价者。此外要价还价，向无一定。

赁车分等级：新车，铜饰光泽，暖篷亦新制；“白天儿”车价八十枚，电石灯八枚，暖篷十二枚；“晚儿”减半；“一人顶”加晚儿之二分之一。新车，铜饰不精，油灯，暖篷无玻璃窗，窗用青纱，“白天儿”六十枚，篷十枚；“晚儿”四十枚，篷十枚；“一人顶”共八十枚。车七成新，篷同；有灯，“白天儿”四十枚，篷六枚，“晚儿”同；“一人顶”共六十枚。车敝篷破，年事高，不能奔驰，或乡农就农隙之暇来北平，借以练习马路上长跑，出三四十枚赁车，“一人顶”，给钱即拉，不识道路，摔人撞车，大“放风筝”则为冬日恒见之事。

以上这篇考，虽不似博士先生们那样的旁征博引精确赅实，但是这文献不足征的东西，又没有什么新出土新发见，也就不必“矜为创获”了。北平拉洋车，因为车先不要花本钱，只要和车主间接的有些认识，马上拿起车把，跑一天，除掉车份、吃、喝，还可剩几斤杂和面儿钱，因之他们的拉法也就渐趋于专门学，艺术化。于是“闸住”“怀里来”等等专用名词，独行于一般车夫之口。但是现在，他们已被压迫得每日只给车份奔驰，不但剩不下几斤杂和面儿，就是他的吃、喝，也往往告了断绝，哎！

1934 年 1 月 23、24 日
《北平晨报·艺圃》
署名闲人

乘电车

日前与黄蛰叟乘电车，电车我不惯乘也。拥挤而失物，座污而易染恶疾，立而攀藤圈，售票者之钱袋，稍触夏布衫，则如北宋之蝉翼拓，又如垢道人之画遥岑，隐隐呈墨痕。客御牛皮之鞋，跷其足，被拥，则泽鞋之油，鞋底之污，浓刷大抹，满被玷污，稍一转侧，足踝与皮靴相冲，痛不可支。而脂香粉腻，气息相关，尤使我局舛不宁帖也。蛰叟善谈，多故实，乘者对面有青年夫妇，妇抱婴儿，叟与攀谈，知为才由关外来者，问居处，盛称治理之美，如税轻、居安、军不扰民……叟仍细细问，我已不能耐，目止之，然而电车之宜常乘也，岂不可以广异闻。

1934年8月21日
《北平晨报·闲谈·三一》
署名闲人

拉车艺术

我经历了许多地方，我也曾深深地下过一番考察的功夫，我觉得拉车这种牛马生活，也是一种专门艺术，而且这种艺术，要以北平为第一。

东洋车这个名词和实物，在北平是于光绪二十七年才发见的。彼时的式样和现在固然有许多不同，而尤其是那两只车轮，辐条是木制的，周围由木制而附着一只大铁圈，走起路来，叮当叮当的山响，这真也有些意思。在光绪二十九年已经培养出不少的艺术专家，这些专家，差不多都是生而知之，富有创造性的。什么“草上飞小常”“火车头大福”“钻天雁”“一溜烟”等等，在三年之间，造就了三十几名超等人才，而且用不着组织失业大同盟，同时都有丰腴的收入。在光绪三十一年的下半年，东洋车的车轮，改装了胶质，人们坐着越发来得舒服，因对于前者——铁轮，而称之为“铁皮”，表示轻视之意。直到现在，北平叫车仍喊“洋车”，而天津一埠，无有道他一声“洋车”。“胶皮吗，你老?”终日是这样喊着问，这就是洋车史上的遗痕，所以表示我这车子是胶皮，不是不舒适叮当乱响的“铁皮车”。

把那所谓污秽臭恶、不顾民生的清政府弄掉了，换了个与民更始的我中华民国，拉洋车的人数，在北平一隅，竟增多了好几倍。夏日跑死街心，这原是咎由自取，冬日冻毙路角，谁不道弱者宜然！直至民国八年，拉车的老同胞，随着他那艺术，增进至三万六千以上。北平为艺术渊薮，两只飞毛腿，跑起路来，总是沙沙地响。民国十三年以后，北平越来越热闹，尤其是现在，街心上充满了洋车夫，而穷困颠沛之状，谁不道已达极点！“诗人少达而多穷”“穷而后工”“天将降大任于是人也……所以动心忍性，曾益其所不能”，这些至理名言，独造成了北平拉车的专门人才，这未曾不是锻炼人民的一种工具。

拉车既成了专门艺术，因之所用术语，也不能不有专籍为之注释，我现在且抄录些出来，以为将来采风之人，有所抉择。制造厂曰“行”，赁车处曰“厂”，赁费曰“车份”，洋车由厂中拉出曰“出车”，拉毕还之厂主曰“收车”，厂主曰“掌柜”。车之各部，在前两木杠曰“把”，把之前铜饰曰“箔子”，把之尽端两铜柱拄地者曰“车腿”，车腿之上足踏处曰“水簸箕”，再上木柜曰“车厢”，车厢与水簸箕两旁铜饰曰“土挡”，车厢左右两木曰“托泥板”，车厢之后横置一铜梁曰“后搡”，以布与棉围车厢曰“软靠”，车厢左右两垫座曰“扶手”，扶手之前两铜环曰“□挂”，以水龙布制为篷曰“雨布三扇”，两轮之辐曰“条”，条围之圈曰“铁瓦”，胶皮曰“皮带”，冬日以棉布为幕曰“篷套”。车行而止曰“闸住”，指对面车由右行曰“外开”，由左行曰“怀里来”，视地面之宽窄与对面来车分行者曰“两开”。前面有车欲驶之而过而表示歉意曰“先行”，不示歉意曰“靠边”，遇胡同拐角预示对方之车曰“南去”，或“北去”“西去”……遇警察指挥而故意拖车荡漾曰“泡蘑菇”，拉空车由甲地至乙地曰“放”，一日无乘客曰“没辙”，因没辙而与同辈作诗以舒积愤曰：“小小巡警一身青，不怕别人怕大兵；

见了汽车急立正，见了洋车就发横。”

1934年11月24日
《北晨画刊》第3卷第2期
署名闲人

拉车的太太

北平在未造成“游览区”之前，就固有穷人而论，几乎超越半数以上。“游览区”何日造成，不可期，而穷人将由二分之一而三分之二而百分之九十有五。夫如是，我将写之不胜其写矣。所幸我虽穷，而“游览区”不至于不可成；我虽穷，而北平之穷人，将由半数以上而下至于九十有五分之一也，则穷人现在之生活，怎可不笔之而出，以为将来采风者之一助？于是状其穷人将即于少，少之将至于才居北平之一角也，因以《北平的一角》名其篇。

三号小煤油灯，用一张紫色包茶叶的纸，撕小圆洞，罩在玻璃灯罩上拢聚着灯光。这慈祥普被而富有辅助性的灯光，一面映在小三儿的脸蛋上，由那涕痕尘垢的小脸上，现出些粉红色的娇嫩，一面映着她所执着那件棉背心，帮助她在缝补。

北风大起了，小铁炉围着窝窝头，被火烘得放香。这时卖萝卜的老王也喊过去，当铺的更梆敲得更密了，这院宇静沉沉的，只有几家女人等她们的男人挣钱回来，好解决他们过半日的生活，如果他能弄得好一点，遇到了幸运之神，或者今夜也许得到一点特别的痛快。但是这种希望，在一个月三十一天里，也不会弄到一回。

胶皮车轮轧着结冰的土道，沙沙地由远而近，她于补缀的针尖停止了动作在听。街门响了，拉车进了院，她才听的是同院的老刘，被他老婆接了去。她不禁深深地倒吸了一口气。

更梆越密了，小油灯的油缩减到只有一寸，才停工，她捻熄了灯，只剩有一萤之火，火炉上所盖的铁片，这铁片灼得通红。

沙沙的声音又近了，接二连三地回来，都使她失望。

左右邻都发出了鼾声，她在蒙眬中才见到她的丈夫回来，但是却未曾遇到幸运之神。

1934 年 12 月 22 日
天津《益世报·语林》第 833 号
署名于非厂

拉车制车

市政："拉车人只许五万，制车厂，停！"从此北平减少两万余牛马非人之劳苦者，同时解放学徒三年学会制造人力车者六千余人，而五十八家制车厂，只有关门大吉。至于仰仗拉车者而生之人，仰仗制车而生之人全未计及。当此海晏河清共颂升平之日，大老爷犹复关心民隐，深惜此非人生活之拉车者，假如世其业，祖传之孙，不特苦痛终天，并且殃及种类，祸及民族，殊于治国安邦大有影响，爱民如子，此与驱逐小贩，禁烤白薯，仅仅"有碍市容""似有煤气"岂可同日而语！不过此数万穷命鬼……

1934 年 12 月 24 日
《北平晨报·闲谈·五一》

西北风吹来了

连日西北风吹得紧了，夹衣已有些不太中用。我昨日坐公共汽车往东四牌楼，同车有位先生，他很牢骚地问着售票生：“北平公共汽车比天津太贵。”那位售票生很诚恳地回答：“假如要和天津一样的不贵，那么，拉车的老哥们，更没有饭吃了！”诚然！但是拉车的老哥们，他们已经是没有饭可吃，而他们这种没饭吃，是不是他们活该？这是属于什么问题，我很不愿意去想。而我只觉得西北风吹得紧起来，夹衣已不大中用，那么，他们该怎样？这是当前的大问题吧！于是我联想到壮游西北的我那位朋友的话，他说：“陕甘乡村女人，连裤子都没有，这是十几年前的事，因为至少还有女人。现在更好了，连女人都很少见，因为她们在几年前，由二斤馒首换一个女孩，差不多都换了个精光，哪里还用得着裤子！裤子既成废物，自然什么问题都没有。”我又想，北平最苦的人，要算拉人力车的，假如西北风大吹起来，把他们由没有裤子，而进化到用不着衣食住，也自然什么问题都没有，到那时，我们岂不要享受和天津一样的价钱——不贵！

1935年10月7日
《北平晨报·闲谈》
署名闲人

万家生佛

北平拉人力车的人，向分土著与“老乡”两大系。土著之年轻力壮，作牛马之艺术高妙者，短距离，则蹲伏于旅馆、公寓、巨肆、朱门之前，车既漂亮，行且若飞。长距离，则往来于通县、磨石口、香山八大处，车皆橘黄漆，往返七八十里，得钱六七角。时届深秋，四郊农隙，乡人之来故都者，冀以其血与汗易三冬之生活。于是进车厂，赁敝车，路不必识，钱不在多，一有呼招，蹲身抄车横拖乘者冲而前，走不五十步，汗喘作牛鸣，狼顾乘者询途径，乘者以其戆而堪悯也，不指责，曲指迷途，不计快慢，且多予之钱。至于不识忌讳，遭警察之责打者，尤日必数十起，人因称之为“老乡”，非轻之，相怜悯，悲同道也。自来为政者，重取缔，鲜肯谋安插。而此辈作牛马为生者，幸尚未蒙十分之取缔，故每届秋冬，苟活且无算。至于夏季卖酸梅汤，充瓦木匠，而冬季拉车者，其全活尤多。呜呼，为政者不造福穷人，固不必冀其肯谋相当之安插，能不予以严厉之取缔，斯已足为万家生佛矣！

1935年10月8日
《北平晨报·闲谈》
署名闲人

造福

我在过去，很写了几篇关于非人的生活——拉洋车的文字，人而至于拉洋车，至少要比当狗腿值得人们尊敬。不过现在和拉洋车息息相关的，杂粮涨得很，现铜子也比较不多见，而一全分“大帘”可以当两毛、一对“牛眼车灯”可当三毛的当铺，也关起了几家，同时这个“街面”，紧得没法出气，他们终日在马路上蹲伏着，“车呀？车呀？”地喊着，愈发地无人光顾。天是愈蹲而愈冷，肚是愈闲而愈饿，这种不肯做强盗，不肯当狗腿的老百姓，真是可怜到了万分。公共汽车停驶了两路，拉洋车的不见得沾光，而赶时间、有急事的人们，反倒感觉甚大的不便。这种社会上的现象，我们只有无聊地写些出来，供大人先生们，茶余酒后，躺在沙发，擎着雪茄，仰视着承尘，偶然地想出些救济法来，那真是造福不浅呀！

1935 年 11 月 30 日
《北平晨报·闲谈》
署名闲人

打连台

“打连台”者，非数男女连床裸戏之谓。拉人力车者，无力缴纳赁车之资，因即小茶馆，坐夜通宵，黎明又出而拉晨客，其术语乃称之曰“打连台”，此通宵达旦之小茶馆，俗谓之连台馆。连床裸戏，在光宣之际极盛，多行于市井无赖之伟男子，以之夸豪强。拉人力车而打连台，则其故初非得已，于车主，于家小，以不了了之，兹可记也。

时方午夜，电影散后，剧场喧嚣，小茶馆主人，以巨杵通灶火，灶上蹲黑铁壶数具，火猛水沸，气真冲壶盖，盖琅琅作声，与水沸声相和。主人据灶坐，默计时，剧场声将歇，神顿畅旺，少顷，有曳车而来者，垂其首，即长板凳而坐，出怀中荞麦面饼横嚼，主人则已泡茶置其前，拖车者既续续来，声渐众，而“他妈的，真倒霉，自哈尔飞[1]拉东四牌楼，让价四十枚，他妈的！竟被人抢去！……”怨嗟太

[1] 指哈尔飞戏院，即西单剧场的前身。

息，继之以谩骂，屋中乃顿足生气。众车咸蹲门首，有看守者，看一车，夜铜元十枚。时腹果茶足，口滔滔渐弛，曲肱支颐目微瞑，少焉鼾声作，门启，来一人持电炬，吆喝："明早五点半拉东车站，车价两角钱，要四辆，勿误。"由梦中醒，则看守者不奈风与寒，故诳趣其醒，相与笑乐，长夜，待旦不可耐，手握钱，猜枚为赢输，昼夜始已，亦往往输赢数与卷烟者，有兼售荞麦面条、混面饼、窝窝头者，吾所知，蝎子庙有二家，宫门口西岔一家，西单牌楼一家，他则不详。

1936年1月14日
《北平晨报·闲谈》
署名闲人

当不出钱

故都迩来市面之不振，绝非高坐办公室之大人，左图右史之先生所能想象。予巷有自宫门口至阜成门之长，居户有大学教授，有路局科长，有房阀。拉人力车者，日蹲大树下俟乘，六七人，而每日乘者日少，日"出座"（拉车专门术语，谓所出佣车之数）五六起，有蹲一日不得一坐者，顾不去，垂暮俯首拖车归。予曾问之，谓："沿街喊，腹馁须食饮，得座且不如此巷多，转不如蹲几小时，偶得座，狂驰，腹不至遽须食饮也。"春日当铺收皮棉衣最多，入夏则棉被为惟一质品。去夏，布被里面稍旧已拒收，今年即里面棉絮所谓"三新"者，才质洋三角钱。稍旧，不谓不值钱，谓存库狭无隙地以拒。日蹲巷口拉人力车，晴朗之日，夜不须棉被，不得座，质被且不得，则莫如质"大帘"（车上防雨之帆布）便，且比被可多质钱。盖当铺习知此非拉车者本人之物，遇阴雨必赎，故可多出价收受之也。

1936 年 7 月 7 日
《实报·漫墨》
署名闲人

拉洋车

人而至于拉洋车，其为困苦颠连已至其极。其不肯作奸犯科，而以牛马之生活，凭血与汗易乘者数枚或数十枚铜元，其人尤可钦，固不仅可怜可恤也。自北京易名，各署关门，拉车者日众，乘车者乃日寡。自电车可以一摇头而不出钱（电车之不惬人意，另说），脚踏车十数元可以骑一辆，自用汽车、公共汽车、营业汽车、自用洋车……大行，于是乘洋车与拉洋车者，虽无确实之统计，而或者拉洋车人乃比乘车人为多，车价乃愈廉！拉车人非皆自有其车也，日夜赁一车者，俗谓之“一人顶”，赁值最多为一角五分。仅卜昼未卜其夜者，谓“白天儿”，新车赁价才一角钱。卜其夜者，谓之“拉晚儿”，新车四十枚，旧车才三十枚。甲“拉晚儿”归厂，乙又以其车拉，直至天明，谓之“三等边”，赁价二十枚。以上皆指小铜元，此皆非坐于办公室之大人先生所及知者！

1936 年 7 月 25 日
《实报·漫墨》
署名闲人

赁人力车

北平自革命成功，政府南迁，拉人力车者日众，乘人力车者日少。自北大营放炮，长城线送人，飞机结队薄游故都，“战区”划出，情形又变，磨电车既可一摇头而不购票，脚踏车又可十二元而买一辆，而同时自用汽车、公共汽车、营业汽车、自用洋车……于是乎拉人力车者，乃比乘人力车者为多，于是乎出赁人力车之老板，乃不得不贬价出赁，以广招徕。据最近我之调查，拉全一日夜者，谓之“一人顶”，新车赁价一角五分，旧车一角。不卜昼而卜夜者，谓之“拉晚”，新车赁洋八分，旧车六分。惟昼拉而夜息者，谓之“白天儿”，新车赁一角，旧则八分。甲“拉晚”归，乙即其车再拉至晨六点者，谓之“等边儿”，赁价四分，或二分。拉车人不肯为作奸犯科之事，惟恃其气与力以易乘者数分洋，其可悯毋宁谓为可佩也！市政府现为车夫谋福利，定三项办法，租价每天不得过一百枚，实则现何尝有此最高之价！

1936年7月28日

上海《大公报·非厂漫话》

署名非厂

“拉晚”者言

当梅博士演义务戏于第一舞台也，门口之汽车若长蛇，排于路之南，东西可半里，自用人力车称是。以二十枚大铜元赁一人力车“拉晚”者，则遭驱鞭叱之余，又排于各车之东西，蹲伏以待乘者。相与怨詈："自东堂子胡同拉此，驱疾行，足踏车把四五次，两手为震，乃不得不拼命疾驰。议价三十枚大铜元，比奔至，意冀其或有加也，顾毛票一角，外加铜元五大枚，稍争，即怒不可遏。以十八元买飞票，又加毛票五角，欣然入，向所被趋疾奔驰，淌一身臭汗，只赢其睁目狞视，其不被多敬耳光子两个者，实乃不敢力争之幸。""谁使汝生而非梅兰芳！故戏价八元，可另加至十元零五角。汝□不自揣？一副穷骨头，而尚欲使乘者鉴汝之出血汗而多予几大枚耶？"言已，相与谩詈。予闻其言，以为可以实我《漫墨》也，因名其篇曰《"拉晚"者言》。

1936年10月20日
《实报·漫墨》
署名闲人

拉车人比坐车多

"连日天气缓和下来，好像那一天的大风，下了一次警告，告诉我们：你们如果拿那两条单裤，一件夹袄，求求当铺的头二柜，请他们发一发慈悲，把那件当了三角钱的棉袄，连本带利给'顶'出来。因为这两天的天气和暖，是给我们一点筹备的余地的。""今年过冬，我觉着最没办法。除去拉人力车本钱还轻些，此外什么营生都要有相当的本钱。我本来是干'水泥匠'的，冬天做些小本营生。在往年总在建筑时期，挣几个钱，补补亏空，预储在冬天做生意的本钱。今年不但未曾剩钱，倒还拉下亏空。现在我打算只有拉人力车。哎！我看这拉车的人比坐的还要多，你说难不难?!"有两个人一面剥着半空花生，一面蹲在我的门口晒太阳，这样说着。

1936年10月21日
《实报·漫墨》
署名闲人

津门拉车

日前游津沽，辄以人力车代向导。车价视京中为廉。拉车人虽不如历下之诚笃憨厚，亦可攀谈也。予每喜于贩夫走卒穷困无告者谈，谈每每视揖让者得其真。一日买车自佛照楼往西开，值为一角五分。嘱其缓行勿疾驰，拉车人颇讶予所嘱，意谓人皆驱疾行，何以缓嘱？予笑谓："若以时间故，缓行误若求生，不妨疾，非然者，缓则吾两安。"彼若有悟。为予言："天亢旱，地已渴待霖雨，乡间无所事，两餐惟恃拉车求之。乡间食较廉，顾无由得，津食视乡间为昂，拉车获能得两饱，以故自乡间来者日多，车价自不得不廉，倘甘霖降，来者咸归治其业，拉车人少，值自昂。今每日所入，最少须拉得两元钱，方能饱一日。拉车事不易为，饱食后，气涌不能驰，饿则馁而无力，故为食必频数，频数往往出钱视两餐为多。每日为吃饭而奔驰，有如是者。"予归休，辄味其言。

1941年6月2日
《新北京报·非闇漫墨·卷三》
署名于非厂

一位勇士

一日前，我看一位朋友，朋友很忙，我只得退了出来，安步以当车，慢慢地踱着领略街景。两旁高低的建筑物，夹着柏油马路，行人摩肩接踵，在寻觅他们所欲买的东西，或是止于白相。“送情郎”的歌声，从广播传出那么柔媚的调子。突然汽车的喇叭“呜呜地”叫了几声，一辆军车戛然而止，从车上跳下一位抗战勇士，拿出抗战的精神勇往直前地冲向一辆停在路旁的倒霉三轮车，用肉搏式的战术，勇往直前，赏了三轮车夫一拳，三轮车夫躲躲闪闪。这位勇士身法真快，倏地由三轮车一绕，即赏了三轮车夫一脚，可惜这车夫仍未被踢倒，于是又加上一脚，这一脚大概踢得这位勇士满意了，才怒冲冲地骂了几句：“……我最恨这些三轮车夫，你为什么不听我的喇叭?!”这位车夫，始终取着不抵抗主义，看一看他的三轮车，摸一摸他被踢的腿，原来才撞坏了三根车条，并不曾把整个三轮车给撞碎!

1946年8月30日
《北平日报·太平花》
署名非聞

可怜的车夫

本来靠左边走，因为盟友的关系，改为靠右边走。好在北平人是受过几年沦陷之苦的，随便弄死几条人命，是同弄死一个臭虫一样的。

盟友的车是向右边走惯了的，这次在三座门死了个三轮车夫，盟军走错了路线，它竟靠了左边走，因这左倾的关系，才葬送了那个可怜的车夫。

我看到了一辆大卡车（非盟车），卸下那口薄棺材，把这位可怜的三轮车夫装起来，地方官厅没人在场，肇事的盟友也不在场。人们，除对这牺牲者表示哀悼、可怜……之外，对于盟车这种横冲直撞不顾人命的举动，是不是也会看成和沦陷时的那样。

1946年9月30日
《新民报·土话谈天》
署名闲人

避免车祸

到处可以看到中文的“汽车慢行”，或者是英文的，而车祸仍是不能免，我想仍不妨抄袭敌伪时期东交民巷马路的办法，好在我们是善于择善而从的，如分区停电，如电灯底度起码若干，如临时检查，如城门搜检……这不都是敌伪的创制品，而被我们接收过来的么！

敌寇进入北平，它的汽车横冲直撞，碰死些老百姓，简直和捻死个臭虫差不多。东交民巷是神圣的，是我们国人不可随意侵犯的。但是敌寇他不管这一套，他竟敢在东交民巷内乱跑大汽车，这如何使得！于是租界当局（那时格鲁来栖还在华盛顿东京商谈）想了个避免车祸的办法，即在柏油路上，每隔二三十丈，筑起一道高岗，这高岗两面坡下，中间高出地面五六寸，车子开到此地，如果直开过去，则颠起很高，有时机件会坏，司机自然开慢了。我想这个办法，如果把北平的马路都筑起高岗来，岂不可以减少车祸，这法子您看怎样？

1946年10月2日
《新民报·土话谈天》
署名闲人

各自留神

我虽活了五十八个年头，但我觉得仍有活下去的必要，那我对于走路，只好再训练车夫，选择偏僻的道路，躲避车行最多的时间，同时不敢在车上看报，不敢在车上睡觉，不敢在车上想心事，聚精会神帮助车夫，使他多两个耳朵，两只眼睛，每天慢慢地往固定的地点，一来一往，顾不到多花时间的损失，顾不到在车上去休息。

这几天的街上，确实宁静了许多，大概坐车与蹬车者，都觉得耳目须要并用，徐徐地行走，才能免去彼此的不幸。本来据北平市政府所发表的交通岗，四郊都在内，共计高空岗四，三色灯交通伞岗二，二色灯交通伞岗三，交通伞岗十九，普通伞岗七十五，流动岗二，现在修建的还有，北平十六个区共有交通岗位五百二十六个。这两天又出动了不少警察和团员们在维持交通，尤其是三座门那些地方。但我们当老百姓的，还是各自留神，不要往老虎头上去撞，比较稳妥。

1946年10月26日
《北平日报·太平花》
署名非闇

拉洋车

拉洋车，北平有两派：一派是专吃东交民巷及崇文门东单牌楼一带，身强力壮，拉黄车厢的车；一派是车并不讲究，有时且是“死胶皮”（大汽车车胎，切成条，嵌在洋车轮，不用打气）。人或者在周甲，

正阳门箭楼东侧火车站广场上的人力车（1946 年）

或者十四五岁。我为便于叙述，称前者叫甲派，后者叫乙派。

甲派的特点，在敌伪时是会说日本话的，现在他们也会说英国话。他们并且知道苏州胡同里那一带的野鸡，或洋鸡。他们对于中国人叫车，不感兴趣，对于酗酒的盟友，他们能设法对付，能够使彼此“交易而退，各得其所”。因之为生活而出卖灵与肉的她们，对于这些牵手，是相当感激的。而他们的所得，也比一般拉车夫较丰盈。

乙派是专为生活而力又不够的，他们全讲究对付，价钱较贱，乍坐上去也能跑一气，跑不久使坐者自然会发生怜悯心，慢慢走也罢了，有时会多得些钱。这种拉车人，多半驯善，且各地人均有，每日拉出两餐饱饭，却是幸事!

1946年11月5日
《北平日报·太平花》
署名非闇

人拉车

“‘北京人’先生：我是《新民报》的一个读者，我觉得贵报知无不言，所以冒昧地给您去这封信。‘凡是一个独立的国家，何况我们又是五强之一呢。比如东车站指示洋车停放的地点，洋文之下才是中文，你说给中国洋车夫看吧，中国洋车夫未必懂英文，给外国人看吧，外国人又没有拉洋车的。用英文来表示，我认为大可以不必，何况更把洋文写在中文之上。我请问留学英美苏的人们，伦敦、华盛顿、莫斯科的车站、指示停车场的牌子，是否上面用中文，下面用他们本国的文字？敢请先生指教！端此，即颂　撰祺！老学生启。”

闲人接到了老学生先生的这封信，很有些感慨！不管是五强之一吧，或是四强之一，中国总是处处表现“礼仪之邦”，处处表示世界上大国民的风度。所以把盟国文字写在上面，是表示谦让有礼的，况且盟友初到中国，没看过洋车，有此牌，一则使盟友知道中国有停车场的建设，一则也使他们见识见识人拉车！

1946年11月12日
《新民报·土话谈天》
署名闲人

坐三轮车

三轮车是敌伪时代的产物，跨子三轮是天津的产物，这种车的蹬法，并不同脚踏车一样，对最初蹬的人也须考验，现在车也改善，蹬的人也多，很像是拉洋车的改行。

跨子三轮皆属自用，自然是银号的老板居多，其次是小的首长。在街上招呼买卖的都是北平三轮，甚有洋车改制。他们对于乘客，须要选择，选择的方法，只在他们向你一望，这一望之间，得到了你是否急迫，是否绝不乘电车，绝不乘公共汽车，尤其是提着物件，牵着孩子，一望只是一瞬的时间，他判断了你，然后才问你要往哪，或你直说要往哪里，他马上又在一刹那间决定那个地方和邻近地方与路线，然后才喊出价钱。他这价钱在同时几个蹬三轮车的那都差不多，如果他估计的那个地点不容易再找乘客或是你的东西太多的话，他马上会喊出高一倍的价钱。现在车祸闹得凶，坐三轮最好是讲明了价钱，不要不讲价乘上喊走。他们希图多弄钱，蹬起来太快，容易出险！

1946年11月3日
《北平日报·太平花》
署名非闇

车　祸

我每天必须出行，出行的路线，又非经过车祸最多的地点，我无那样勇气撞大卡车，我只好安步当车缓缓地靠右行走，但是时间上太不经济了。我试上了回电车，印象不太好还在其次，等的时间和停的时间，和我步行的损失也差不太多。上了回公共汽车，被挤得不但失去了自由，而且失掉了重心，失掉了平直，几乎跌到人家怀抱里。结果还送给了一些“微物不堪持赠”听其自取。

《太平花》虽然是个幻，但是有幻即有真，何况“花匠”的手艺确实不坏，枯杨生稊是出幻而真的。那么，行路之难，也许逐渐可以免祸的。按花匠灌畦的方法，是先及远而后近的。譬如有五畦菊秧，一股水道，用镰铲把水汲出来，自水道先流向最远的一畦，灌够堵塞再及稍远的二畦，依次随堵随灌至面前一畦。北平街道，和灌畦差不多，柏油路等于水道，大汽车、小汽车、三轮车、人力车、脚踏车、手车、大车……群趋于柏油路，直合四五股水群拥到一条水道内，安得而不发生祸事！假如柏油路多开通，开通得四通八达，也许可以免祸。

1946年11月12日
《北平日报·太平花》
署名非闇

哀人力车夫诗

有署名“无悲”者，作了篇《哀人力车夫》，诗虽不太好，确有这事实。事实是十二月十七日下午七时左右，中正北二路口一人力车夫拖空车被一工厂卡车撞倒途中，碾碎脑壳而死，所以这位诗人，本着“目击心恻”，乃作这首诗而哀之。

生作车夫卖人力，
牛奔马走日不息。
黄昏工厂卡车冲，
尸横中道头颅裂。
面目不见年不知，
行人胆落天为泣。
吁嗟乎！
贱于中国为车夫，
尔生何幸死何辜？
倘尔有门户，
尔自有妻孥。
薄菜粗粝正相待，
岂知虎口血模糊。
车夫车夫何名姓？
如此牺牲目不瞑。
魂兮惨绝一回头，
飙轮络绎争驰骋。

达官大贾兴正狂，

谁能哀汝穷性命？

这位诗家，在叙述方面，颇见功夫，只是末两句太书生气，简直等于废话，不如不说，而应归结到车夫碾死活该，谁让你做拉车夫呢！倘或经过“有力”的调查，可能会说因车夫弄不到钱，自寻短见，硬到卡车上那么一撞，不然的话，怎么会脑壳碎裂而死呢？所以诗中“牺牲”两字，不如改为“自撞”，较近乎事实，较为“合理”，较为合于一条贱命！

1947年

《一四七画报·非闇漫墨》第9卷第5期

署名于非厂

脚踏车市

前天在洋槐林一个小市，看买卖脚踏车的，觉得他们也收“党”“系”“派”的组织，这真好玩。在娇艳的光天化日下，卖脚踏车的分两个集团，一个集团罗列着英国军用，美国货，日本制，本地造，攒活等等，九成新，八成，对成，统依其原来的程度，不加伪装，凡是待价的，车把上斗插上草标。这方做生意比较规矩，就是有伤损有毛病，也一样指给买主，并没有什么党，什么系统，什么派，更不用党员的宣传，“下手”在添彩，喽啰在呐喊，在唱双簧。

另一集团，则在这集团的近邻，车全经过伪装，经过改造，经过粉饰，经过弥补，西城的手艺是一党，东城的手艺是一系，南城的又是一派，他们各有党员，各有系统，各有派别，各拥有“上下手”和喽啰，而且各有各的把戏，五花八门，使人如坠雾中。车“刀尺”[1]得特别漂亮，也插草标，我曾花去一个半钟头的时间，只看到了成交的一起，费尽心机，也太可怜。不过，这是愿者上钩，纵有“党”“系”“派”，则又何妨！

1948年4月13日
《北平日报·太平花》
署名洋蜡

[1] 刀尺，即“捯饬”（dáo chi），北方方言，指整理、收整。此处言装饰车辆。

小摊瘾

逛厂甸（十六则）

一、厂肆书画古籍真赝

厂肆为都中文物荟萃之区，金石书画、碑版文玩，自昔为文人学士所重视。鬻书鬻画，鬻诗文镌刻者，亦于肆张值焉。鬻书者向以出身定优劣，布衣鬻书，纵佳，无问津者。昔郑板桥未第，鬻书画厂肆，无人过问，及第后，求者踵相接，故板桥有“二十年前旧板桥”之印，此风迄今不改。惟画则视画稍可通融，然出身愈高，官爵愈大，画纵不佳，求索辄众。其在曩昔，画家作品，无公开展览，供人品评者，仅于每岁新正（元旦、上元）辄为厂肆作窗幛，张之窗间，任人品评观摩，用为招徕之用，是亦新春游北京者最好之消遣品也。曾忆光绪中，姜颖生以所作《寒山叠嶂》巨幅，张某肆窗间，伫而观者，终日

在琉璃厂的新年集市上，男人们正在看出售的卷轴画（赫达·莫理循摄）

不去。画为某有力者重值购去，后来者辄入肆问询，肆主不胜烦，以“画已售”书肆者，事乃已。年来樾园、半丁、谦中、匡泉、白石、梦白诸公，以所作张窗际，琳琅满目，无美不臻，颇足以证一时代之作品，惟伫观者较稀，殆亦解人难遇耶。

厂肆为业，真赝杂糅，不可端倪。以字画言，每年必使精于鉴别者，赴各省搜求书画，其所得非尽真者，即赝鼎亦备价收之，视其出息。携来肆，倩名手润色之，补以款识，俪以题跋，钤以收藏印章，虽善鉴者莫能决。其由江浙……运来者，尤珍视之，谓之“南道儿”。字画已残缺，觅名手补之，谓之“全”。字画至佳，无款识者，则视其所近，补题某人，印章亦为预置，谓之“搭”。尤令人不可捉摸者，则名人卷册，经名手题识跋尾，确为真迹，且见之著录者，既得之后，则裂为两截，真书画附以赝题识；赝者，则以为真跋尾俪之。其摹仿之精，制作之巧，即纸绢之折裂，印章之色泽，亦无毫发异。如闻某人善仿某，则必设法罗致，以某画嘱摹仿。又名迹中纸质厚者，则设法揭之俾成两幅。其漫漶者，又觅高手补之。作伪之工，至堪惊诧。昔张文襄[1]购泥鼎，一时传为笑柄，赝作之术，又不仅字画为独工也。

吾前述厂肆，仅及字画，书籍之伪作，尚未详。大部书籍，如史如经，动辄数十函，数百本者，往往搭配成部，纸光墨色，多不一律，仅于书头包角，封皮函衣，装潢搭配，至为停匀，骤视之，无不认为同时拓印者，及细检各函各册，纸之质既匪一，色尤差池，甚有开本不同大小者，配搭之工，至堪惊叹。往岁厂肆，有所称“富润堂”者，以配书名，所配书，精妙莫匹。主人为京南人，平时以廉值购求残本，

[1] 张之洞（1837—1909），字孝达，号香涛，直隶南皮（今属河北）人。清末名臣，洋务派代表人物。

检阅之后，辄记其版本册籍于簿，遇同者，汰其重复，补其残缺，足成一部，则于簿勾乙之，度量大小，力事搭配，装潢既精，取值复低，人多乐为购置，即业书者，亦喜与交易焉。盖在曩日，大部册籍，多为世家大族陈设厅堂斋馆之用，有毕生未曾翻读一页者，配搭之技，于以大兴。国体既更，向之所称为缙绅世胄，往往出其所藏，以易斗米，搭配散装之书，遂日出不穷。余友曾以百余元购《十三经注疏》一部，雕椠精工，纸墨佳妙，顾颇自珍视，既细检阅，乃三部配搭之本，所幸者，尚完整莫缺耳。

1927 年 2 月 17、18 日，3 月 4 日
《晨报·非厂漫墨·二一、二二、二七》

二、书画赝造

光宣时有艺人姜某，寓南柳巷，以善摹王石谷名。所作画可以乱真，山石林木，无一笔不是石谷。即善辨者，莫能别也。姜某藏稿本至伙，油素钩本，皆从真迹出。师曰刘显庭，虞山人，姜能尽其艺，稿本至姜已三世矣。时吾在某中校肄业，学友某，与姜为邻，吾幸得观其所作。姜嗜酒，日在醉乡中，非至无以为沽，不作画。及买醉有资，日陶然隐于醉卧。人叩其名字、籍贯，辄漫应之，即同居者，亦仅知姓姜氏耳。来京师十数年，所作仅十余帧，即束装去。端匋斋所藏二立幅，且影印以行世，均姜作也。时有善摹石谷题识者，技尤精，即一点一拂，无不妙肖。官学部，人辄以五爷称之。非姜画，莫肯题，题辄索重金，厂肆莫敢弗应，盖非此无以济其美也。

厂肆中有歌诀曰："宁买假似真，勿买真似假。"意谓获伪之夺真者，宁愿出重价以购之；真确而近假者，即廉值不顾也。即以画论，

王耕烟在续灯庵中力学之作，几无一笔无来历，士夫之气，扑人眉宇，与四十而后之作，判若两人。厂肆遇此，乃不能识，即识亦谓之真似假，故耕烟妙品，为此辈磨灭不少。此中人又有二语，允堪发噱，然亦颇近情理：“大名家须慎重；小名家稍放松。”所谓大者，如画家之“四王”“吴恽”；所谓小者，如画家之“小四王”。彼非真能定其画之大小，特就其值而大小之耳。如遇大者，心中先存有慎重之成见，设无名人题跋，收藏印信，即真确无讹，亦必狐疑莫定，转不如姜颖生辈之扇头窗帧，一见即予以十数金也。人审其故，赝造者，遂择其尤小者愚之，名稍大，往往莫能售，即售亦不能大其值。吾前述某人以摹戴鹿床愚厂肆，与吾兹所述姜某者，其技正足以投其窍耳。

1927 年 12 月 24 日
《晨报·非厂漫墨卷二·十》

三、游厂肆

日前吾游厂肆，吾遂入火神庙，吾诚自惭，盖吾自头顶至足底，无些许足以为彼心目中所识为游客者也。吾特凝吾神，郑重吾之气度，凡珍宝珍玉，吾皆一一过目，且颇流连焉。吾见两印章，均田黄（是日，全火神庙仅见田黄三纽），一高二寸许，阔七八分；一高不及二寸，阔六分许，色均不佳。大者索价百元，小者索七十元，吾皆以三十元报之，彼若甚惊异者，后增至四十元，彼则非百非七十不可，吾殊不能解也。或谓彼轻吾，故索低值，或谓彼视吾状若同业，故仅索实值，言亦近理。吾见古物陈列所中，有田黄数纽，色制均佳，与吾所有者相埒。盖田黄一物，以色若蜜蜡，莹澈若黄晶，以手扪之，柔若绵，腻若脂者方称佳品耳。在往年尚易能见，自民国三年以来，日商收买甚烈，珍物多东渡焉。

1928年2月12日
《晨报·非厂漫墨卷二·十三》

四、逛厂甸

厂甸已于昨日毕会，只以道之便，乃得连逛，诚幸矣。“身且不存，物于何有！”吾于火神庙珠玉摊头，尤避之若浼。吾虽苦不能好珠玉，而于售珠玉之少老板，玉面朱唇，长身玉立，红狐腿二蓝绸面窄皮袍，衬以豆青纺绸小汗衫，望之乃若五陵佳公子。吾痴然者久，秀色饱餐，几招人疑焉。

国难本不成问题，尤不足以影响于宝爱珠玉，而宝爱珠玉，容或有甚于所谓国难也者。友言某摊一翠玉戒指，以万二千成交，当为全场冠。吾闻而喜，吾以为此翠玉戒指，非“南道陇”即“三万三”也。“南道陇”“三万三”皆翠玉名，同治大婚，有玉商白姓者，贩一翠玉致富，名其翠玉曰“三万三”。“南道陇”则在前，品质尤佳，其白地曰水清，其绿曰鲜曰透曰艳曰真。而据知者则曰此戒指或是“炸”。所谓“炸”，为赝造最精之品，取翠玉之水清地而绿不足者，以色料制之，虽精鉴不辨。六十日后则色渐退。惜吾未能一饱眼福。

旧墨无佳品，而价奇昂。有徐紫珊[1]再和墨，吾得两丸，怀之发奇香。

瓷器绝少精品，赝者触目皆是。只一对成化彩杯，皆有裂痕，尚称精品。定窑方洗，索价八百元，若胎薄则允矣，而惜乎其非是，好事者为之耳。

---

[1] 徐渭仁（1788—1855），字文台，号紫珊、子山、不寐居士。清藏书家、金石学家、书画家。上海人。

砚品久绝，无精者，间有，非改制，即妄人故为题跋，而托名高南阜[1]、顾二娘……惟一小砚，且薄，无雕琢，乃大西洞之精品，以两元收之。

书画久成“绝种”，自火神庙沿琉璃厂皆遍，阒焉无所见。仅于某肆见毛西河[2]《双柏图》，笔墨类青藤，五古一首尤耐人寻味，惟已残，脱失一二字，上款亦剜去，殊为可惜。

书自以米元章二札，赵松雪《道德经》两墨迹为冠。而易元吉《戏猿图》，米虎儿[3]《烟江钓艇》，皆巨迹也。不图此品尚在人间，复为所见。

土地祠之书，逛之最有趣，值亦最廉。有时抱四五种归，小儿辈必笑曰：又将来饱蠹鱼也。

南纸店窗幛，亦为逛厂甸必瞻仰之物。荣宝斋搜罗最全，白石山翁之草虫，梦白之鸡，定之、大千之山水，尤为出色。此外有闲人所画山水一条，自视亦颇有别趣。

1933年2月10、11、13日
《北平晨报·艺圃》
署名非厂

五、逛遍了厂甸

过年，我不大欢迎，因为太使我着急些。逛厂甸，我顶欢迎，因为那些书摊画铺，都是开放的，任人看、翻检、鉴别、把玩。每年有

---

[1] 高凤翰（1683—1748或1749），字西园，号南村，晚号南阜老人，山东胶州人。清代画家。

[2] 毛奇龄（1623—1716），字大可，号初晴，又以郡望称西河。浙江萧山（今杭州市萧山区）人。明末清初学者。

[3] 米友仁（1074—1153），一名尹仁，字元晖。幼名虎儿，号岳后人、懒拙老人。襄阳（今属湖北）人。南宋书画家。

这样一次的开放，在平民方面，至少也得到些刘瘸子的书法“孩儿体”、随园老人的弟子“女的多”……这些知识。今年书摊买卖不太好，因为买主总是问：“有没有词曲、剧本、鼓书？”“有没有好版的《肉蒲团》《如意君传》？”“《八旗通志》《缙绅》，有没有？”所以《古香斋十种》……直无人过问。书画虽没有什么特好的，但是逛起来，还有三儿处好些。玉池山房那两张明朝人的花卉，集粹山房那一幅倪云林和元人仕女双兔（无款，签题宋人，却是元代装束），清芬阁那幅陈章侯人物和八大山人的一尾鱼，都很出色。兵马司谭瑑青先生处有一幅吴荣光楹帖，是晚年之笔，最精美。这些总算值得一看。最使我读画过瘾的，要算墨井道人《寿石谷八十初度》的那一长卷了，诗书画，在墨井为仅见，杨大瓢题曰“无所不可”，真令人叫绝。此卷与我甚有缘，当我过不去年急得要死时，曾读了个饱；及我逛遍了厂甸，又使我饱观，并且都是坐在家里，送上门来；将来或者还有借临的希望，这是我顶痛快的一件事。

1934年2月26日
《北平晨报·闲谈·十四》
署名闲人

六、厂甸一角

连日因母病不敢出门，前日赴医院之便，出和平门，至火神庙。是日，天气晴朗，无风，游人似不如往年之胜。往岁初六、七，下午三四时，火神庙游人肩摩踵接，值星期六、星期日，至不得转侧，今则人不接趾，地下砖历历可数也。视货色，佳者百无一，售者袖其手俟，目灼灼惟注碧眼儿，操几句苏格兰滥调，碧眼儿相与笑，意谓不如直接说汉语易晓，而说者剌剌且不休，意碧眼儿或者肯出百数十元市一碧玉戒指也。门前南北对峙，有溥心畬画展，据闻系万国美术院画展剩余之物，其中不少精品。走两书肆，无佳椠。至南新华街有所谓张大千画展者，至则皆为代大千拉拢鼓姬之张佩卿[1]所有，美人[2]定价三百元者有六七幅，大千之报酬拉拢也，可谓备至。海王村土地祠等地皆未去，惟卖爆竹者较为利市耳。

1935 年 2 月 12 日
《北平晨报·闲谈·六十》
署名闲人

七、逛火神庙

客有告我厂甸火神庙有名画者，我破工夫为一句钟之鉴赏。珠宝晶玉我不懂，市珠宝晶玉之老板、少老板、伙友、徒弟之衣饰动止与夫言谈应接，使我每度春节，鉴赏一两次，我颇恨机会之苦短也。我于稠人中不敢驻足观，观尤不敢目灼灼凝视，以我衣冠，就彼中人之鉴别，似非主顾，少驻足，胁下盒子枪之警察，且遥为监视焉。

厂甸好货绝少，字画佳者尤未见。偶见八尺幅石溪上人巨幛，虽非珍品，必出名手无疑。入火神庙，观王廉州[3]设色大中堂，全拟黄大痴[4]，而以苍秀出之，染香庵之真本领，俱在是。时至现代，“四王”之作，为时诟病，究之其真精神不可没也。大涤子一扇面，索价三百元。大涤子为当代所崇，宜其价如此，惟此扇既真且精，不图于没落燕市，

---

[1] 张佩卿，时为琉璃厂佩文斋裱画店老板。

[2] 美人：指仕女画。

[3] 王鉴（1598—1677），字元照，号湘碧、染香庵主。任廉州府知府，世称“王廉州”。江苏太仓人，明末清初画家，与王时敏、王翚、王原祁合称“四王”。

[4] 黄公望（1269—1354），本名陆坚，字子久，号一峰，江苏常熟人。元代画家。

尚及见此，吾此行诚不虚。

1935年2月16日
《北平晨报·闲谈·六三》
署名闲人

八、再逛一下厂甸

点缀新春

阳年的闹热，自复活节即加上劲儿。阴历的新正，这闹热更是流传下来的习俗，似乎也另有一种味道，而不必强事破除。在这时期，闹热的地方，固然很多，而琉璃厂的古玩字画，更是比往年有些生气。据我所知道的，海王村的雅韵斋、吉珍斋，南新华街的玉池山房、永古斋，厂东门的飞鸿堂等，都有很精的字画金石文玩。朱友麟的刻瓷，也在师古斋陈列着精品。厂东门的集粹山房，它是专能搜罗时贤书画的，此届“厂甸”，除它所收的书画，它又商得大风堂主人，自旧历初六起，把主人所藏的书画和预备赠给国家的石涛画，每日陈列十幅。至十六日止，以供众览，并不售卖，专为点缀新春。

闹热到了火神庙

昨日我便中逛了趟“厂甸”，字画方面，很少有好的。火神庙的玉器，倒有些东西，而生意也特别好。那几位穿皮袍马褂，把帽子压到眉峰上，愈衬得“盘儿”白的小伙计，专门预备伺候买翠戒珠环的，更是格外起劲。集粹山房在昨天，已经有许多人问大风堂陈列的画，我现在只好先把今天至十九日的画目，抄在这里。十七日：张大风山水，八大山人《鸥兹图》，陈老莲《质酒图》，白阳山人荷花，石涛《元夜钟馗图》，唐六如《蠡溪访友图》，新罗画陈仲子，吴山涛仿子久山水，八大山人并世《双鹰图》，石涛设色山水。十八日：八大山人西瓜

琉璃厂火神庙（文化商城）入口处

月饼，石涛瓜菱莲蓬，陈老莲白衣大士，杜东原山水，唐六如《竹素轩图》，明初人画绿珠，董文敏写右丞逸诗，石涛《溪山钓艇》，毛骥松竹。十九日：龚半千书，龚半千画，董文敏书，董文敏画，张大风《喜睡图》，陈白阳山水，老莲《钟馗》，石涛《溪亭逸士》《荒城怀古》。这里边凡是石涛画，都是预备赠给国家的。

逛厂甸

日前因为报社请吃春酒，我又偷得半日闲，再逛一下"厂甸"。昨天虽不如前天闹热，但是这种"逛厂甸"的味道，也还十足。大画棚里，到处可以看到"三白脸"的假张大千画，而"黑绢心"的假宋元，都被这假大千给占据了重要的地位。张大千在"大年初一逛大棚"用二十大元，买了仇十洲人物卷，外面还带着一个二尺见方的旧锦缎的包袱，因此轰动了"厂甸"，凡是张大千一问哪一张画，马上就涨起价来，凭你怎样增价，他也不敢卖，恐怕又"漏"了出去。玉池山房倒有些好东西。集粹山房已门槛为穿，它也集了不少好画。关于陈列时贤书画的，以飞鸿堂为最多，并非赝鼎。关于瓷器，还没看见什么了不得的东西。

大风堂画目

昨天的火神庙，比较来得闹热，但是成交的买卖，都是些零零碎碎，索价两万元的蓝宝石，尚不见有顾主，而三万元的翠镯，依然在商人手中。集粹山房陈列的大风堂藏画，已印了几天的目录，下面所抄，尚是未曾发表，但是二十日的八大山人画，二十一日的石涛画，已算是洋洋大观了。二十日八大山人画：松石，葡萄，桃，芙蓉，芍药，墨笔山水，书唐人绝句一、二、三、四。二十一日石涛画：观世音像，秋林人醉，黄山看云，匡庐小息，月下泛舟，墨笔山水，设色山水，七夕长歌寄愚山山水，兰竹。二十二日：沈石田荷花，查梅壑柳燕，冬心梅花，白阳水仙，八大山人百合，石涛梅石水仙，倪鸿宝诗翰，毛西河诗翰，王阳明诗翰。二十三日，石涛风竹，张大风《空山人静图》，王石谷仿巨然山水，吴渔山仿山樵山水，梅瞿山黄山，冷启敬黄山，梅道人竹，金冬心竹一二。

厂甸书摊

大人会，自有他们去开会，宣读，审查，通过，我在“重罗白面”的小洞洞漏下来谈我所欲谈。遛书摊，我也在和平门外遛去遛来，但是并未找到一部超乎普通以外的书籍。好容易买到一部《琅环妙境书目》，半亩园[1]藏本的精抄本，还没拿到家，又被朋友给强借了去。同时尚有半部瘦金体的《柳柳州文集》，纸墨很佳，字□稍模糊，但很算是好书，也被朋友拿了去。今年好版的“四书五经”，很有人出重价，这虽不是开科取士作八股，而《四书五经备旨》和《大题文府》等等，也竟供不应求。某处有几部《金瓶梅》，带图的一部，索价到千二百元，据说《肉蒲团》这一类的“性艺术”书籍，如果找到一部，真可待价而沽，“赚大钱”是不成问题的。这是厂甸书摊的现象。

1937年2月14、17—20日

《实报·漫墨》

署名闲人

九、我逛厂甸

有人说：去年是虎，不和平，今年兔值年，兔性和平，有进无退。所以自开岁以来，天渐渐地要长，冷渐渐要减，使我这多病而畏寒之

[1] 半亩园位于北京紫禁城外东北隅排子胡同，为李笠翁所设计。“琅环妙境”为藏书房。

海王村公园内铸新照相馆和小食摊位

躯，也不免逛逛新年厂甸一带。在我们这些小百姓，遇到这新年，债主不来讨债，在比较上似不如旧历年来得紧张。但是既少债主催逼，出了和平之门，看看满墙挂着的名人字画，沿路摆着的书籍碑版，海王村里那些珍珠宝玉、瓜子花生，南门外的大糖葫芦、热豆汁儿，师古斋朱友麟刻瓷，真是绝无仅有。铸新相馆张大千照相，仿佛又胖又肥。吃一碗热豆腐脑，口蘑滓之味，异样芬芳。来两碟艾窝窝，冰糖渣之脆，牙齿铿锵，凡此热热闹闹，真是别有洞天，犹存古意。所美中不足的，是花钱的人太少，不开张的较多，问价的仅有，还价的太悭。我既逛了厂甸，见了些熟人，自然先恭喜发财，然后随意地看看。本来厂甸一带，几十年是我闲了必去的地方，不论是春秋令节，或是飓风大雪，总要和古玩书画的老经理、小朋友谈谈看看。近来我不大去，最大的原因是没有东西可看，稍微好一点的，动辄千八百元，似我这以前看过些破字烂画的，我就不常到厂甸了。倒是约约这些位老经理，吃一顿烤牛肉，听一回尚和玉[1]，谈谈曾经买过的法书名画金石瓷玉较为痛快。

1939年1月10日

《新北京报·哭之笑之随笔》

署名于非厂

十、琉璃厂随笔二则

卖 货

字画古玩等物，估人自远方得来，欲售与同行，俗谓之“卖货”。“卖货”之地点有二：一在古玩商会，一在火神庙或土地祠。在古玩商

[1] 尚和玉（1873—1957），京剧表演艺术家，尚派武生创始人。

会者，予尚未见其情况，姑不谈，请言火神庙等处之“卖货”者。

火神庙卖货者之所谓货，如曾文正公联、湘妃竹扇、端砚、曹素功墨、吴昌硕葫芦、紫檀匣、象牙轴头、宣德炉、乾隆御笔大横批等等。估贩自外省得来者，先发请柬，柬以黄楮，长可五寸，宽二寸许，上书某月某日某时在火神庙或土地祠或某店，由某某于某地运来货物请看。估贩先期约请数人帮忙。

货于先期应置室中，扃其户，自牖辟小洞，备取出。请看货者，预计若干家，预将各家各书于签，签有筒，估贩预请一人司其筒。每一货自小洞递出，则司筒人即掣一签在手，高唱某一家。则此一家即有优先权购买此货。买货之法，由估贩先说其欲卖之价，买者则自袖中递价。袖中递价，买者如欲出三十二元，则先握卖者三指，随谓“这个整”，又握其二指，随谓“这个零”，卖者摇首，买者只欲出三十五元则径谓“加三元”，仍摇首，买者此时若仍握其手，则其意尚未阑也，再喊“加五元”，则其价已为四十元矣。若释手，是表示优先者已放弃此物，不愿购入。余人可踊跃挤以入，争握其手。此时卖货者预笼一大袖，手有套，买者争先握，推拥叫嚣，滚如一团，往往十余人拥卖者历十余分钟不解。比卖者点首，认其价可以出售，则买妥者至账桌，账桌有司账人，司账人亦由卖货者临时请，专司账。账每家一页，先登记某家字号，次书货名，又次书买价，当此米珠薪桂，大米饭中掺口小米，经此一喊，一拥挤，一推一拥，比看一货，在此数秒钟中，要决定其真赝，要研究其是否为“快货”，要看风头递加其价，既决，奋勇挤入，争握其手，此时心与力并，口喊耳听，目灼灼注视其货，如是者拥挤推排，货未看完，而腹中已雷鸣矣。热汗涔涔，口渴，目红，物既得，尚不负此辛苦，物为他人得，而已亦视其有利，则与既得之人合其资，美其名曰“伙”，意谓赔与赚皆二人共之也。物既罄，凭账收其货，买者携归后，若发现此物不真，或有损毁，或价太高，则翌日退其货，退其货而名之曰“砸缰”者，予愧不能解此词也。

买　货

古玩估人买货，其术多奇诡莫可测，其赚钱，盖全凭一刹那之聪明也。客岁有一事，言之颇堪发噱。

宋钧窑瓶，月白变宝石红，全身共有七片，真绝品也。客岁出京北，一估人携之来京师，寓某店，此估俗所谓北路外客也。京师有估人甲者，鉴别素精，外客使之看货，索价万有六千，甲则出价八千而意莫能决，其意欲约估人乙共买，就店中电话遽与乙通话，时乙正于某所为竹林之戏，座间有估人丙者，借电话微闻有货在某店，佯不闻。乙则与甲定数后始往，竹林之戏原约定若干圈，非至终局不能散。其时丙故作不适状，谓头痛不能举，宜小憩，乃请某为代。主人特殷勤为备阿芙蓉[1]，彼静卧将息，丙则谓静息片刻即可。其时竹戏正酣，“猫捕鼠”“自摸双”“碰”与“和”扰成一片，无论局中人局外人，咸注视于红中白板，丙悄然起，溜出，头未帽，身亦披貉毡也。驱车疾驰，径诣店，冒甲名，谓电话中约我看货，外客知甲惟由电话约乙，即愈入，出钧窑瓶，丙一见惊喜，问其值，则万又六，不让价，径以其值予之，携瓶出，迂道至家藏其瓶，疾驰至竹戏所，局尚未阑，人以其不适，外出闲步，无有疑者，丙再入局，大捷。其时，乙与甲约时届，乙亦托故不终局而去，比至店询货——钧窑瓶，外客以已货对，乙与甲

[1] 阿芙蓉，即鸦片。

大恚怒责外客，谓正议价，不宜转售于人，外客则谓若等予价才八千，距索价且甚远，安得不转售，甲与乙颓然归，丙则一转手赚两万焉。

按北宋钧窑，备众色，其初虽尚天青，其色渐重，后人遂名之曰天蓝。其青料中，因含有铜质，遂变绿或红或紫，于是又有窑变之名。考钧窑建于宋初，今河南禹县有钧窑，即其地。予曾见一月白地变紫斑小洗，天蓝地变红尊，与故内所收，向谥为元瓷者同，盖未细考也。

1940年3月3、17日
《新北京报·艺术周刊》第57、58期
署名于非厂

十一、释“砸浆”

顷为读者王君铁铮及王君起龙，均于“砸缰”有所诠释。节录如后，兼致谢忱。

（一）铁铮君谓:《艺术周刊》第57期《卖货》文内所谈“砸缰”一节，并非退货之意，乃系因买货时未看明货物，致出价过高，而要求减价也。“砸缰”似应书为“砸浆”，言其价钱中含有“浆水”。故卖货之请柬有时书有“卖价言定，不得砸浆捣水”字样。即系不得借故减付货价。在昔日砸浆人皆视为可耻（因非有买货估价本事不得到场，买货出价过高即系自己眼力不强、学识不足之据，故在昔日视“砸浆”为可耻而不道德），至今人同行皆视“砸浆”为惯例，往往百五十元买货，而砸五十元浆者（既少付五十元，在昔砸浆不过大数之尾零），不惟不以为耻反以能砸浆为荣。此乃不明“砸浆”本意，而轻自己人格也。

（二）起龙君谓:《新北京报·艺术周刊》之《卖货》，于“砸浆”之释意则有殊于余之所记忆者，盖买货竞于争购，于货色之“说儿”（按，即毛病）小者，则忽略，值之低昂则不顾，成交后，归而视之则悔，给钱时遂有砸浆之举。即借词少给钱也（如少付十元，即谓砸十块钱浆，然须持相当理由），而"规矩"之人则甚鲜为之。

1940 年 3 月 31 日
《新北京报·艺术周刊》第 60 期
署名于非厂

十二、新正中北京一件顶有趣的事

《艺周》已百期了，我不想它的命运竟有如此之长。好在我这独角戏，总还可以腼然再敷衍下去。今天此文，惟祝读者新春多福。

逛厂甸是在新正中北京一件顶有趣的事，在冷书摊寻求些逸书，在各肆中看看金石书画的陶瓷，在火神庙看看珠玉宝石……这是多么有趣的事。我今年初次逛厂甸，结识一位"何山药"，这位仁兄在海王村开了一家古玩铺，字号是什么润兴，此公年在四十五至五十之间，是一位纯北京人。他原来是位"外行"，曾打过小鼓，可是发了老财，弄些个官窑器，很有点意思。他有位少爷，也在帮着"山药"做生意，有时你拿起一件瓷瓶，问这位少掌柜该多钱，他总是摇摇头，手指着"山药"说"您和他讲吧"，因此人称他"小山药"。这二位"山药"倒是很有几件好瓷器，够得上"外装货"。

本年很有些奇怪现象，书是贵得非常，读书人简直有点买不起。瓷器，凡是官窑器（指不够外装而言）奇贵无比：同治官窑一对茶杯，竟索价八十元，并没多大少头；一只乾隆斗彩小锥把瓶，定价千二百元，还有点小毛病。但是真够得上"外装货"，如雍正仿宋、康熙硬彩，反倒索价不高。这岂不是外装货无人照顾所致么？火神庙的珠宝，在我逛的几天里，尚没有动几千动万的交易。火神庙露台上东首那位"珠宝大王"，今年反把他那贵宝号的名片掩起来，并不曾看见有什么东西，这是很少看见的现象。至于字画方面，自然要数玉池山房、竹实斋较为丰富了。但是明清的佳作，他的价值却敌不住张大千一张观音，一幅金碧山水。有一家陈列着张大千的一对画，索价三千，竟有出价两千而尚不肯出手者，我不禁为之悚然。而假张大千画，触目即是，无不索价千元或数百元，而古代名笔之画，反倒贬价以求售，假如肯打铺保，肯加盖水印，肯具保结而保这画是千真万确的话，或者有人问过，岂不太惨凄乎？我与大千谓挚友，我不愿我友有此现象，今竟有此现象，则我实代为危惧，奈何奈何！我有大千画本不多，我已失掉了一些，今我拟将残余的几幅，连我的上款拿出来，赶一赶这个行情，或者将来与张八把握时，也是一个好话料了。我在一家画肆，买了一幅王麓台[1]六十三岁（康熙甲申）画的浅绛山水，笔法全仿荆关，并不是常见的倪黄合璧。纸不太老，并未漂过，论那裱工，在现在起码要三十元。这画的妙处，因为麓台长题中，蠹损了十一个字，由他的长公子梅冶（暮）跋了一段，是他孙儿名浚写的，这很可说是王麓台父子祖孙合璧绝品，这幅画明码标价一百五十元，我因为和画肆经理有些认识，或者还许让我几个钱，也未可知。我想把张八爷送给我的好画，标价让出来，买些不值钱不时兴不走运的旧画，将来晤面时，我不妨拿这些东西和我的佳楮旧颜料，再请他大笔一挥，他或者不好意思责备我而拒绝我吧。说也奇怪，在清初有我们胶州一位老乡写的条幅，居然改为对联，居然蒙人赏识，卖到最高价二百八九十元。您看，这种年头，真是什么都有！我还见到的现象是，中兴名臣名将的墨迹，何其多也！曾文正、左文襄、李文忠……每一间画肆，好像没

[1] 王原祁（1642—1715），字茂京，号麓台。江苏太仓人，王时敏孙。清初画家。

有这些位名臣名将，不足以广招徕，结果很少成交的。至于碑版，更是无有佳者，也竟无人搜求。旧纸旧墨，无什么新发见，我只买到两张康熙罗纹纸，的确不错。此外未见有什么。价亦奇贵，比较好一点的墨很少见，即见，价亦有点买不起。朱墨可以说是绝迹，更谈不到乾隆库朱墨。笔倒有几支紫毫，不过锋太短，不算什么了不得的东西。我买到一管大提抓笔，是劈鬃的，按现在猪鬃的行市，的确便宜，等于买一把刷子。古砚没见着什么，仿旧砚却很有些意思，石既非端溪，制亦多出某君之手，而索价却有些惊人。在推销商倒算得是“快货”。我买到一块砚，因为它合乎我的条件。我的条件是要歙石，要“随形”（即自然形子石），金星片块要大，要有眉子，要拙朴。这块砚很合乎条件，虽有些伤损，也不肯把它放过，何况这种东西，不为人所重呢！

我在厂甸所见的确是如此，一方面是好货太缺乏，一方面是利用此时特殊心理，其结果遂造成这种现象。

1941年2月9日
《新北京报·艺术周刊》第100期
署名于非厂

十三、古董生意

日前与琉璃厂古玩朋友闲谈，据云：近数月来，生意之淡，为前此所无，不审何故？予笑颔之。又云：自事变后，生意日佳，砚，官窑瓷，曾左李[1]之字，皆为快货。快货者，求者众，易赚几文也。今年来何以皆无人过问？予亦笑颔之。转询彼以为如何，则所言又木然近肤。因语之曰：“譬之，予有磨墨癖，予有砚只二三，予特以为致佳，

[1] 指曾国藩、左宗棠、李鸿章。

琉璃厂古董摊

足矣，遇有比吾所有而尤佳者，予且度吾力可否致之，不能致，在吾亦无得失，烟云过之。所蓄墨，多残缺，日砻磨，视吾书之多寡，所耗有限，而佳墨之为吾得者，久久乃愈多，我身且不常，物于何有？吾惟求过吾瘾，玩而老焉已足用，转不如市一袋洋面，十日内可不饥也。为古玩金石书画瓷玉者，今后惟摭其精者储以待时，最好以所余资本，预市两袋‘文化米’‘兴亚面’，如是而已。要知北京之在今日，真堪称洞天福地者也。”友皆颔首。

1941年9月14日
《新北京报·非闇漫墨·卷三》
署名于非厂

十四、厂肆倒霉

琉璃厂是北平金石书画陶瓷文玩的总汇之区，因为北平这地方人文荟萃，所以在琉璃厂，时常发现稀世之珍，尤其是伪满垮台之后流入的东西。

不过，近几个月来，琉璃厂这些位经理大人，真有点“玩不开”，所谓有行无市，涩滞不通，整月不开张，每日每人均要吃饭，房水电捐税等等，随涨轮循环缴纳，转不如东单操场小摊上，弄两幅假画，几件假洪宪瓷，三B假烟斗……倒赚得几个钱，倒倒本，换换货，凑凑嚼用。

“怎么，这时候的人们不玩些个么？何以琉璃厂如此之萧条呢？”琉璃厂里时常听到这些问句。本来这些东西，根本不合现代人们的口味，这种“玩物丧志”的东西，究竟有啥子用处！最好需要改行，做做美金！

1946年8月31日
《北平日报·太平花》
署名非闇

十五、时局的讽刺

春节里的厂甸，是北平各层阶级都乐意去的，在往年，甚至在敌伪时期，总还临时搭几个席棚，趁趁热闹（去年虽也搭起一两个，但是因为什么手续而未及准时营业）。今年却“空空如也”的，倒显得马路宽阔。

南新华街土地祠，在例届春节，都摆起不少的书摊帖摊，敌伪时期如此，去年也有几家，今年却只中院孤零零的一个摊子，远远望过去，好像是谁在搬家。

大部头的书，还附着樟木箱，却千元一本，吆喝着零售，《四部丛刊》《四部备要》，经史子集，各随尊便，任意挑选。据说这是整部而完好无缺的东西，整部无人买，零售容易出去，利钱也合得来。这却加惠于穷学者，花钱不多，可以买几本读读。但是这大部头的东西，在敌伪时期，却有人整部地买了去读，而现在却只好零售。

海王村里的几家字号铺，虽然也有很出奇很难得的砚墨图章，但是只有行过行，或是熟人去了，彼此看看，上门的顾主，简直没有，更不用说成交。

字画、碑帖、瓷器都有难得的东西，自东北流入的，更是难能可贵，可是若打算卖出去，却是万难。因为有钱而肯买这些风雅之物的甚少，或者可以说没有，就是再找像敌伪时期那个附庸风雅的聋子汪时璟[1]，也无这么第二人，这是不是一种时局的讽刺呢?!

1947年1月30日

《新民报·土话谈天》

署名闲人

[1] 汪时璟曾任伪华北政务委员会经济总署督办。

十六、新年逛厂甸

新年逛厂甸，这是北平很有趣的事，不过新年按北平的气候说，总是在“二九”里，不如春节（旧历新正）天气较暖，这并不仅是习俗难移。

新年厂甸，只有海王村公园里外，南门外到东墙是卖吃喝的，或是卖大糖葫芦飞雁等等，西门外是些旧书摊，园里南面是卖玩具的，背面是卖零星首饰和什物用具。

在这二九的天气，不但是逛的人站不了许久，就是这位摊贩，也会冻得呲牙咧嘴，战抖哆嗦。

整个琉璃厂金石书画碑帖图籍文玩玉器瓷器以及红绿货等，在这时虽也预备雇主，但并不特别陈，尤其是搭上席棚卖起字画来的，总是在春节，而不在新年。

据说在这种年头，卖古画不如卖新画（时贤），卖新画不如卖新假画，卖新假画更不如卖大糖葫芦，卖大糖葫芦更不如卖豆汁儿，明乎此，还是请您逛厂甸，喝碗豆汁儿，买串大糖葫芦回去吧！

1947 年
《一四七画报·非闇漫墨》第 9 卷第 8 期
署名于非厂

游隆福寺

一月二十九日，去夏历岁除日已近，晨起为友朋偿笔墨债，颇惫，友来约赴土地庙市盆梅，不可却，随往，得红梅数株，兴未阑，纡道趋隆福寺，又得梅兰数盆。天不甚寒，人众，互拥而行，不可转侧，为人拥入寺，奇暖，汗且下，莫可自由进退，举足止步皆听左右前后相拥之力，同人莫如何。至后进，人渐稀，得略舒其气，乃可驻足。

隆福寺庙会

佛殿之右有捏粳米为人物者，技绝精，薄观之，此游乃不虚。以杂色粳米面为人，人小可五分，须眉衣冠惟肖。为老僧趺坐蒲团上，一手捻念珠，珠可历历数；一手合胸，指甲手纹皆具，目微合，唇翕然若诵佛号，蒲团编织之纹，精而密，而通计其高不及寸，此恒制也，价仅一角钱。为观世音，双趺立莲花上，海水滔澜，浮莲瓣，瓣上跪红孩儿，面向左，神情与观世音不属，彩云飞一鸟，鸟衔数珠，眉目嘴喙指爪衣冠无不备，共为一匣，函以玻璃，匣高一寸有五，横如之，真绝技矣，同人聚观不忍去，顿忘此行之疲惫焉。

1932 年 2 月 5 日
《北平晨报·艺圃》
署名非厂

逛杂货摊

今天是护国寺庙会，这庙会除掉卖笤帚掸子之外，卖花的也好看，就是我们买不起的那些奇葩瑶草，白看看也觉得过瘾。但尤使我乐于逛的，就是由太平仓迤北那一带的杂货摊。

自从有了租界，才造就了暗无天日的洋市容，洋房越高，越弄得黑暗。北平这个地方，有辉煌伟丽的皇宫，有雄壮的城楼，有坦平的大路，有曲折的小巷，不但没有什么洋楼遮蔽着天光，而且很充满了中国味道。至于摆杂货摊的小贩，正不知养了多少穷人！

大人先生们，觉得这些小贩，实在有碍市容，而像我这一类的中了中国毒味太深的人，觉得这群小贩是可怜的，是强国大国所必不可少的。并且您如果偶得半时闲，顺着太平仓兜他一个圈圈，那么，周养庵也曾买过几幅唐画，许地山也曾买过两张宋画，在小贩赚他一毛三分钱，他家里有一两口人也不至饿死了，而您也可以饱尝一点中国味道。“及时行乐”，我不敢说此后不变成租界那样的市容，我更不敢说这些穷小贩永久使他们生存着！

1934年11月28日
《北平晨报·闲谈·四五》
署名闲人

小摊瘾

北平一隅，可以玩乐之处极多，且皆易有瘾，“逛小摊”其一也。友人某，日逛小摊，入其室，虽不见夏鼎商彝法书名画，而古色古香，已极琳琅满室之妙矣。我家诸物，屡经变乱，早已荡然。故我除日用必需外无长物，于“逛小摊”乃无瘾。日前南风送爽，短褐持蒲葵扇，携小儿女往西四牌楼闲步，路经帝王庙，庙前多小摊，偶一巡视，则见魏元显儁墓志拓本连盖两页，陈于“富贵白头”花帽筒、玻璃砖果盘、两条旧皮带、数支自来水笔、几盘旧电灯线之间。试问价，素值两角钱，以一角二分成交。比细视，铭文左方钤“京师历史博物馆藏石记”朱文印，与我所得初拓本无讹，则“京师”二字，于此拓本在比较上亦较为珍贵也。然则“逛小摊”安得而不上瘾？

1936年7月18日
《实报·漫墨》
署名闲人

逛白塔寺

我是住在邻近白塔寺的，但我简直没有时间来溜达，坐在屋里写逛白塔寺，那也未免太那个了。昨天我偷了“一忽儿”闲，跑了趟阜成门大街，串了整个白塔寺——前门进后门出。秋深了，秋越发深了，一切的一切，都呈露着萧瑟的景象，除掉这萧瑟，只听到“当兵去！

白塔寺集市

卫国保民!”

鸽子市在宫门口东岔，鸽子没有好的，却有卖狗的——两只狼狗。狗在这几年太倒霉了，敌伪时代是都市的狗倒霉，满街上套狗，美其名叫捕野犬，好的送敌人训练，不够格的扒皮吃肉，癞狗却依然在大街上卧着。在乡村的狗更倒霉，见狗就处死，这是游击战上所必需的。现在，胜利已一年多了，而乡村的狗差不多竟绝了种，此其所以鸽子市卖狗欤!

1946年9月16日
《新民报·土话谈天》
署名闲人

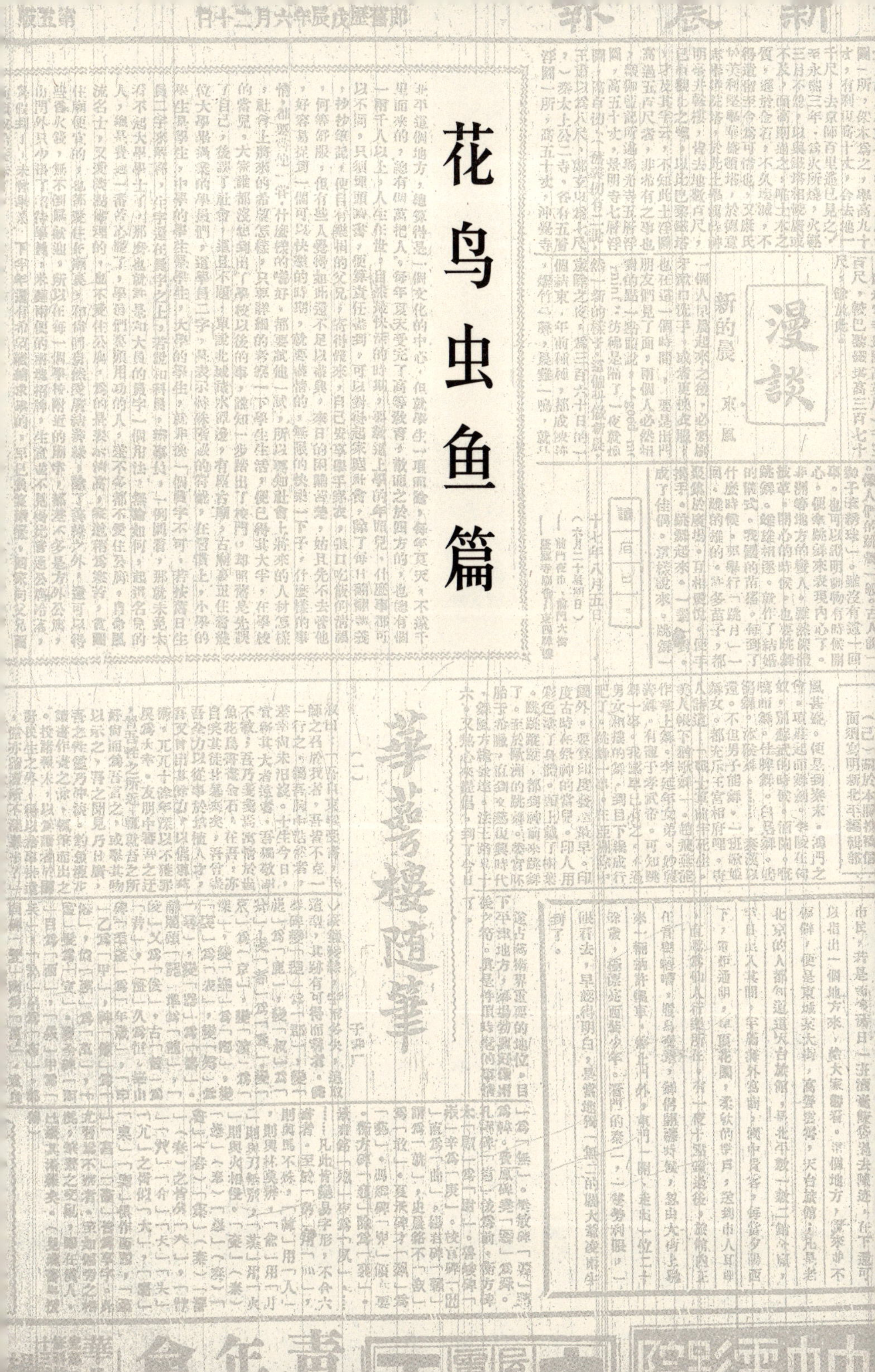

花鸟虫鱼篇

吾好艺梅（二则）

一

年来好艺梅，所植多购自花佣，矫揉造作，丑态毕呈，诚有如龚定盦[1]所谓病者。且均以桃秧接植，求原根者，尤不易得。吾既病其形之失态，吾尤恨其接植之不完，谬已已意培植之，辄有奇验。梅以韵胜，以格奇，所着花，全恃春间之抽条，故春间花谢，叶芽萌发，培壅之道，乃不可不讲。吾购梅种于佣贩，择其形态之小可者，盆植之，俟花后谢，去其形之不合者，灌溉之。清明而后，施以浓肥，俾其芽之特长，以为取形及来春着花之用。及仲夏，枝已长成，则叶腋间已生小蕾，去其不具形者。仲秋又施以肥，则来春着花既繁，格与韵亦

[1] 龚自珍（1792—1841），字璱人，号定盦。清末思想家、文学家，著有《病梅馆记》，托梅议政。

可免俗矣。如是三年，梅可随吾意以为形，花累累如贯珠，五六年后，即可移植庭院。

1928年8月8日
《新晨报·花萼楼随笔·三》
署名于非厂

二

吾好艺梅，吾今年所获，较去年为丰，每一叶腋，皆能着三花，自枝根之枝梢，花皆放，未必非吾之小成也。吾就北平一隅，详考梅种，就色以别之者，吾共见十八种，其味以单瓣五出，色初呈浅绯色，既开为白色者独具妙香。白梅有四种：一绿萼，一褐萼，一浅黄萼，皆重瓣；单瓣白梅，只见一株，花特小而少，且不香，似培壅不得法。大红梅有二种，皆重瓣，一作朱砂红，一纯红，皆紫瓣。黄梅仅一株（非腊梅），瓣初为浅绿色，既微黄，将谢转浅黄，有奇香。紫梅三种：一绿萼，一紫萼，一褐萼，花须特长，皆重瓣。余七种为浅红，为绯色，为粉红。浅红者三，皆重瓣，一未开为红色，既开转浅者；一开与未开皆成一色者；一紫萼红瓣，愈开愈浅者。绯红者二：一单瓣者，一重瓣，未开为红，既开转绯者。粉红者二：皆重瓣，未开为红，既开转粉。绿萼者一，一为始为粉红，既开转白，萼亦绿。吾尝就花贩而询其种，皆不能析。吾读梅谱，吾乃不能指某者如其谱，辄以己意析于此，吾将详考其产地名称焉。

1929年3月7日
《新晨报·花萼楼随笔·九十七》
署名于非厂

盆梅

吾每日除正事——读书、写字、学画、教书、刻印之外，尚须游戏、谈天、种花、调鸟。至如牢不可破之起床、着衣、纳履、盥漱、饮茶、吸烟、食饭、就寝、与夫人不时之会客、访友、看电影、逛小摊、吃小馆等，尚未计入之。惟以邀天厚贶，予我顽强之躯，复予以兼人精力，八时起床，夜分不倦，故吾一日所作，初不觉甚倦焉。蜗居既仄，庭院尤狭，居之安，亦颇备四时之花，吾之盆梅经吾偷闲种植者，乃良足记，特著于篇。

故都种梅，仅有接木一法，其状至俗，雅不足称为盆梅。夫盆栽之为义，非仅以野生者移植盆中而能开花结实之谓。毕生不满尺之木，郁然苍然，有深林古树之观，缩其形使范于盆盎，养其趣无失夫风度，若图画然，尺幅千里，以小喻大，斯为尽之。本此以求诸市中花匠，其孰能得。梅之植于盆，其法有三：曰播种，曰插木，曰接木。播种与插木，北地不能适，故独以桃木为砧木而接植之。以砧木接梅，其法非不良，惟接之之术，于砧木既无法以减，削其刀斧痕，而接合处又臃肿若疣。至若姿态之鄙俗，形状之对偶，更无足论。故都所有梅，无论其来自何地者，皆复瓣，五数而单瓣者，盖未有。其为色，以绯红者多，白与朱红皆少，价亦较昂。吾即市上之梅，曾经花匠病之者购之，第一年正其所病，第二年矫其所纵，第三年平其疣，而治其刀斧痕，第四年而吾之梅以全。然而十仅得四五，其戕于病，害于吾矫者，各以半，甚矣医俗之难也。今春吾有梅十余盆，皆为第三年，形神渐全，无复市气，脱能如所预拟，而寿延至第四年，则吾于百忙中著此闲笔，或者足以慰吾辛勤也。

1931年3月8日

《北平晨报·艺圃》

署名非厂

观梅

北京梅花，无可观，不足观也。徒以好者而强指之曰梅，其色香味皆非，而亦写其意供之案头，养以奇石，意如香雪海[1]而已。惟友人郭君之养梅，独有足观。郭君，满洲人，其先人尝为苏常道，以诗名道咸间。累世为显宦，起宅第，饶亭园之胜，列巨盎植梅数十本，岭南之朱，六安之白，苏浙之红粉，罔不罗致，皆原本，无接植者。向者北京品盆梅，君家独为潘文勤公所赏，一时赋诗遍都下，所谓宣南香雪也。光绪中，园林废，宅第亦易主，车马载巨盎，招摇过市，迁城北，尚有梅二十五六本。时初冬，梅已含苞，自宣南之城北，为程十余里，佣车马人夫费三十金，不之吝。民国肇造，家愈困，不能为

[1] 指康熙三十五年（1696）江苏巡抚宋荦在苏州赏梅后题“香雪海”三字镌于崖壁，从此“香雪海”名扬海内。

梅辟广厦，梅渐病，多瘦死。某将军者，多所好嗜，营巨宅，或言君家梅独有名，可力致，或又暗讽示君献其梅，可以止贫。君姑以二盎进，果得官，一家不虞冻馁。梅至将军家辄委顿，不为荣，又进其四，又萎，不得安于官，辄亦辞去，家中梅只余二本矣。吾识君在丁卯时。时吾在护国寺花市买两梅，皆接植，姿尚不恶。吾家去护国寺可四五里，自护国寺至太平仓，夹道皆小摊贩，若大明彩破瓶，刘石庵赝帖，三百石印富翁山水，顾二娘歙石砚等，往往杂陈于破樽烂瓮碎铜残铁之间，游护国寺而不沿此夹道之摊贩以行，则未免味不隽永。故吾每游护国寺，必安步当车，往返且十里焉。既得两梅，思有以已渴。护国寺街西口有天泰轩者，为鸟奴花贩虫佣等会集品茗比赛之所，尤不可以不入座，薄而观之。况吾口渴思饮，辄入之，置两梅案上得遇君，恨相见晚。满洲人多礼貌，非至交不可过其家，时未知君家善植梅也。自去秋吾颇搜求旧秧菊花，或告君，君始觉吾异乎人所好，每遇必谈，谈忘倦。君善弈，吾独不能，致过从未能密。今冬吾嘱花贩物色六安梅，不可得，或告君家数世植梅花，或可物色，狂喜之余，与君约登堂一观，因得其梗概如下云。君家位城之北，屋数椽，皆南向，左三楹为居室，右二楹列两梅，凿地为陷，盎置陷中，缘与地平。一株为红梅，干列巨瘿，围尺许，自根横出而左倾，挺而斜走，布五枝，六枝绝巨，势如屈铁。有两枝反伸而上，与巨干相朝揖，另一枝斜穿而上，直达屋顶，花繁密，不能见其嫩枝。君言今冬不甚寒，故放花早，否者非来春不花也。此梅初植时仅尺余，为群梅寿命之最长者，约在道光十二年云。一株亦红梅，视前者而小，通高约六尺，干最巨者围不及尺，露根，根作探爪攫土状，根际有巨瘢，透为洞，大小各一，自根斜出两干，皆上走，有巨枝五六，交相纠扭，郁其势上腾。又自洞中斜穿一枝，反折而下，若与上腾者相呼应，一俯一仰，丛枝流走其间，若双龙戏水然，花甚稀，且谢，不如前者之密，一肥一瘦，亦别绕奇趣焉。君因言六安梅即接本者亦不易得，单瓣者尤难，向进某将军只一六安一朱红，寿皆百年也，今此二梅吾将以之终始，亦足以觇吾家兴废矣。因相与唏嘘而别。

1932年2月2日
《北平晨报·艺圃》
署名非厂

哀腊梅

我很喜欢养腊梅花，我觉得这花在夏秋是葱茏的，春天开起花，是蜡黄，赤蕊，素心，香馥馥的；冬天枝叶已老，含苞未绽，也别有一种姿态。我有一株较古的，已培植了若干年，中间经过了搬家的折损，邻人弄球的砸磕，自枝干的北面，已渐渐地枯死，后来又被朔风吹断了左右两枝，只剩了一座巨大的树干，仿佛前门楼那样兀立着。幸有两三嫩枝，位在巨大的干上，表示着一点生趣。这株腊梅，自今年春间放在庭心，不知是什么蠡蠹，竟将那座古干盗空，那两三小枝，足以表示生意的，也被这群蠡虫给咬坏，灿烂的花儿，香馥馥的是开不出来了。我虽名是个闲人，但是终日忙得已是手忙脚乱，加上邻家的儿女，时常来采一朵花，摘两枝叶，再应酬他们，已感到困难，而不料这座古干，竟给蠡蠹盗得不像样子了，怎不叫人痛心呢！

1933年12月21日
《北平晨报·闲谈》
署名闲人

于非闇《腊梅山禽》（1948 年，北京画院藏）

蝴蝶兰开

许地山先生自印度“取经”归来，便道至台湾，得其地特产蝴蝶兰二本，小心培植，今已绽花。花白色，瓣左右各二，一蕊突出作深裂，另一瓣居后，望之俨然粉蝶也。叶若万年青而短，根突出。此花为先生去年所得，今其地已禁止出口。先生烹铁观音、白毛猴、二岩茶赏花，心神益爽。

1935 年 5 月 28 日
《北平晨报·艺苑珍闻》
署名闲人

兰花

我连日患病，我这病据医生分析，有些肝郁，有些怀疑，有些愤慨。大概急气会伤肝，昏睛不免疑惧，愤慨至于毫无办法，也只好听之。据医生说：所幸忍耐性尚自过人，所以不至于有什么大不了，而尚有办法。我于是把已灰的心，重燃起来，勉强挣扎着兀自写稿。

我在民国十四年间，曾写了一篇《都门艺兰记》，这不过将我曾经培植过的兰花，很浅薄地写一些我的经验，其中错误幼稚在所难免，然而也占据了我写东西的一些时间和篇幅。

日前承蒋廼时先生见枉，他原来对于兰花是很有研究的。自然，凡是福建的朋友，至少也都懂一些养兰花。蒋先生是福州人，他对于兰花的搜集培养，差不多各地的名产，都弄到了，而尤其是龙岩的名种。我们谈了许久，我很惭愧地觉得小巫见了大巫，只自欣欣地望着他。

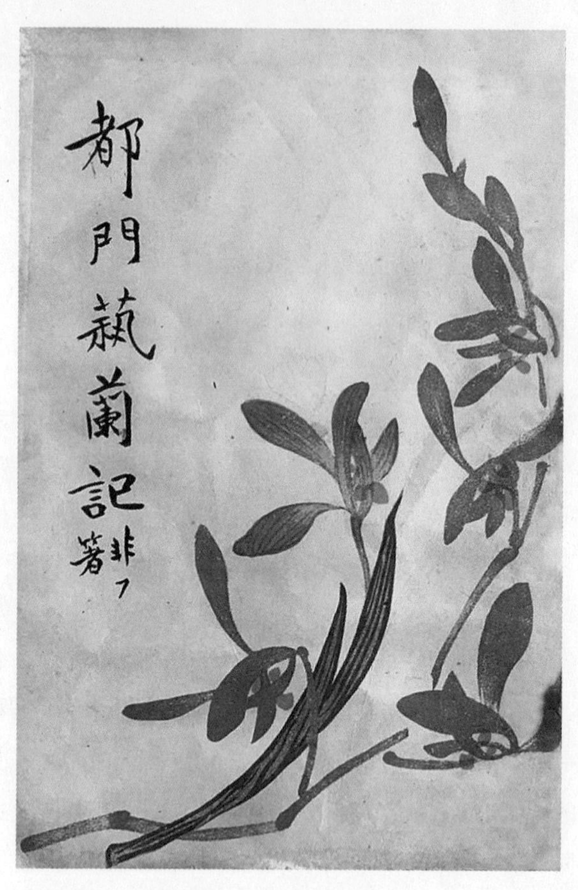

于非闇著《都门艺兰记》书影（北平晨报社，1928 年）

比及到了蒋先生家里，差不多一个很大很大的庭院，都给兰花占据着，只留了两条走道。我大略数一数，总在一百盆以上，有曾经炙过的二十来盆，也都欣欣地发茁嫩芽。大凡看兰花艺得好坏，在未着花的时候，尤其是五六七三个月，只要叶条上绿葱葱而有光泽，那么，他的功夫也就可以看出，秋冬开花，就不必问了，自然会好的。蒋先生的艺植很得法，我是从它那叶条上光油油的看出来的。

养兰的土，自然是福建的好，但是北方的土，也不是不可用。蒋先生曾由福建运来的土，以至橄榄木土，累累堆积着十来麻袋，这种爱兰的勇气，很值得人佩服的。

我见了蒋迺时先生这种爱兰法，我的病，差不多根本治愈了，不一定关乎什么告一段落。

1935年6月15日
《北晨画刊》第5卷第5期
署名闲人

养兰

我在过去，很费了些时间，写了些关于北京养花喂鸟的闲事。其中有一部《都门艺兰记》，这是很费了些金钱，惹了些闲气，才得到一些经验上的常识。在那承平之世，一盆建兰，一盆素心，至少要花他几两银子几串钱。如果要夜间下大雨，那么只有赤臂赤足去一盆一盆地搬到安全所在，睡得温热的身子，浇上冰般的雨水，这个味儿，也很够回味的了。辛亥一革命，首先把我家里这几十盆兰花给革了命。经我连年的考察，春兰蕙的产地，是以杭州、余林、严州、富阳、诸暨、余姚、宁波、兰溪、台州为最盛。秋兰蕙和建兰、素心的产地，是以建宁、福州、延平、归化、清溪、龙岩、漳州、厦门、泉州、安溪、兴化、渔溪、永福、尤溪、永安为最盛。这些地方的兰蕙，假如要是弄到这灰尘万丈的北京城，是不是能生活，这就是我那本《艺兰记》所研究的。本来养兰有四戒：春不出，夏不日，秋不

于非闇《蝶兰》扇面（私人收藏）

干，冬不湿。这本是说江浙的气候。明簟溪子作《兰易十二翼》，他说："一喜日而畏暑，二喜风而畏寒，三喜雨而畏潦，四喜润而畏湿，五喜干而畏燥，六喜土而畏厚，七喜肥而畏浊，八喜树荫而畏尘，九喜暖气而畏烟，十喜人而畏虫，十一喜聚簇而畏离母，十二喜培植而畏骄纵。"这虽是指江南的气候，但是对于兰蕙的性情，确是有很深的认识。

当今士夫所尚的兰蕙，都是肥厚的叶子，很整齐的花，这种珍贵的花，在画家眼里是不入鉴赏的。恐怕孔夫子所认为王者香的，一定也不是这一种，而是山边水涯，拖着很长的叶子，开着很幽淡的花朵的草兰。那么，形容它的香而下上一个"幽"字的批评，也一定是水涠石隙丛生着的草兰，而不是百八十元一盆的素心兰。这且不言，在《兰蕙同心录》[1]上有四季插兰艺法，这篇东西，很值得研究，因为用这方法去养兰，是不至于出意外的损失的。当此九秋天气，我们弄两盆兰花来消磨消磨，大可以消灾免祸，我且把它抄在下面：

正月：又是春风月建寅，暖房安置倍留神。
向阳窗拓勤宵闭，不使寒侵到向晨。
二月：杏花春意闹枝头，喜睹幽芳日渐抽。
檐下避霜更防冻，惜花时动夜寒愁。
三月：清明时节雨如丝，湿透苔痕蕊长时。
防闷更移宜爽处，临檐犹禁朔风吹。
四月：蕙兰开罢又清和，渐觉阳骄奈晒何。
整顿护花障帘架，半阴争比竹林窠。
五月：霉雨连朝长翠茎，旧丛又见子芽萌。
阴阳天气宜珍护，莫使骄阳漏竹棚。
六月：暑浸中庭热不消，重帘晨蔽夜方挑。
明年花信胚胎始，谨慎还宜草汁浇。
七月：凉风乍劲暑犹熏，泥燥留心灌溉勤。
得气蕊应先出土，计时不必定秋分。
八月：桂花蒸后烈秋阳，干涸防将根本伤。
记取时逢菱壳燥，一壶清水即琼浆。

[1] 《兰蕙同心录》，清朝同治年间浙江嘉兴人许齐楼著，全书共二卷，举凡养兰、赏兰的各个方面，多所涉及。

九月：木叶摧残霜暗飞，任他夜露受风微。

直看瓦上痕添薄，始置南檐纳曙晖。

十月：岭梅乍放小春回，又恐暄和酿雪来。

移置草堂迎爽气，瓦盆高供小窗开。

十一月：广寒月冷仲冬交，天地无情冻怎熬。

旁午拓窗申又闭，周围护雪更编茅。

十二月：九九常防冻不开，窗封更恐雪飞来。

倘逢滴水成冰候，炉火能将春唤回。

这虽是说江南养兰，但是拿来做参考也是很有价值的。

1938年11月21、22日

《新北京报·哭之笑之随笔》

署名于非厂

伏日养兰

今年入夏，京师缺雨，养建兰者当受相当损害。然西北黑云翰墨，雷隆隆，继以疾风，陡降大雨，倏忽天晴，此雨害兰，今年京师竟无之，养兰花者又未始不相庆也。往者吾家养兰，遇伏日，兰盆置西面游廊上，外幛竹帘，可上下，晨使向日，近午下帘，申末复上帘，既避霪潦，复防骤雨。廊可通风，向朝日，避午后热蒸与烈日。届秋，得花或一茎十二，或十四五不等。凡养兰在京师，咸认为最难度者惟三伏。兰在三秋不受损，届秋无不花，且叶长而光泽。惟花既开放，俟其开至七八花时，即宜以竹刀就临土处割其茎，植瓶中，日换水，若以陈绍酒三数滴入水，则花开尤畅茂。瓶不宜新，愈旧愈佳，最好用宋元瓷盘口鹅颈瓶，次即龙泉窑之蒲捶瓶，而南宋官窑月白色之胆瓶，高才五寸许，尤佳。其次则宣德红之胆瓶，郎窑宝石红之荸荠樽（俗名车油瓶），或宝石红之觯。总以“一道釉”不加彩绘者为佳，供之案头，如对严师，如亲腻友，方不负一年中辛苦也。若俟花开至顶，始行剪茎，则力已尽，来年必不花。

1941年7月27日

《新北京报·非闇漫墨·卷三》

署名于非厂

盆竹

青竹在三伏中移植，无有不活。此竹择其稚嫩者二三竿，以肥土植入盆中，不特能活，冬日置之檐前屋角，亦有别趣。

毛竹视青竹而小，筋脉苦劲，密集若含烟雾。市人以之制带，劲力不敌。以此植盆中尤妙。

来年笋箨，培养尤宜勤，俟伏倾盆出，以刀带土截其根，分植，皆活。若盆为奇形，其根已随之而具形态，养之使坚，可制用具。

故都养竹，亦如南方，惟北地风劲，在冬日宜避风耳。

1933年8月8日
《北平晨报·艺圃》
署名非厂

种竹

日前有某名家所绘《种竹图》，笔墨超脱，敷色淡远，茅屋一角，一老翁拄杖立，二童一持锄，一执竹，面望老翁若待命状。檐后红树一株，丹若火齐[1]。上方有诗一首，古奥颇难解，无只字道及秋深种竹者。予喜竹，往在南中，曾遍观江南北之竹，得四十余种，惟种竹无论为江南，为燕北，其为时皆在夏至之后，立秋之前，未闻枫落吴江而尚栽种翠竹者。近来花贩，正运竹贩卖，择其竿青而枝叶青葱者，掘土不宜太深，八九寸，灌水使满，然后纳根坎中，培土，踏务坚实，日灌水，愈频数愈佳，无不活者。若以涤餐具之油水灌之，来年生长愈茂。若在江南，直不须如此费力，最易发荣，但在冬初枫叶已丹时，则无论何地皆不能活也。

1941 年 7 月 24 日

《新北京报·非閤漫墨·卷三》

署名于非厂

[1] 火齐：如玫瑰一般色泽的宝珠。一说为红宝石。

哀竹

我最喜欢竹子，我在南边看到了各种各样的竹子，尤其是自杭州到天台雁荡的那一带，真是令人“不可一日无此君”了。我家在北平，在小的时候，后院有先人种了些竹子，后来我搬到宫门口去住，虽然房子是人家的，但我也种了一大片竹子。自从日本人不令我在那块儿住，我又搬到现在的寓所，我也种了一两片竹子，同时我还编竹为篱，做了几丈长的“花幛”。

在福建，在浙江，住家户对于竹子，因为它太容易生长，有时很好的房子，会被竹子乱钻得壁裂墙穿，所以不如北方人看竹子那么殷殷地祈其生长。

我因为学画，对于竹子非常注意。因为这种东西，你无论是画山水，画花卉，画人物，画走兽……都不能离了它，就是一枝竹，几片叶，用它来点缀在画上，都觉得它会为画面生色，不论是工笔，是写意，是着色，是用墨，皆然。我虽然西南数省不曾跑到，可是我所见的竹子，也有二十七八种之多，见于前所著《漫墨》。

我住的现寓，据以前住过的说，不大吉利；我自迁来，经过了五个年头，我在第二年就种起竹子，所买的竹种，是大叶高竿的青竹，

于非闇《墨竹文鸟》(1947 年，私人收藏)

那时的价钱，是十根竹等于一袋三菱面粉，我种了等于两袋三菱面粉的竹子，竹子全活了。可是第二年就不如第一年。家里人们多归咎这房子不吉利，并且举出到现在先后死了多少只猫，一只狼狗，七八只来亨鸡，十四五只鸟，一位小孙女，一位亡室，而每月平均总有一位病人，钱是进来得不少，出去得更多，逆事常常有，顺事点点无。我有一只秋田种白狗，是我由熊戏子[1]旧寓门房用一张画换来的，非常可爱，吠声尤为响亮，现在正病着，可是这狗到我家，已经过八载了，是否阳寿有限，抑或是房子如何？我实在愧不能懂。

院里有两棵枣树，干细而枝高，高三几丈，我爱花木，我未得房东的同意，竟把它太高的部分截下去，结果很落了弄劈柴的虚名，我也不辩。还有一株大海棠，白花赤果，全为虫蛀，我搬来之后，也是去枯枝，涂药粉，不时修剪，今年才见了成绩。我又种了绛桃，这绛桃买时很大，种到今也五年，不但桃儿未见，桃花也没得一朵。

这翻转来要谈我的竹子了。说来真惭愧，二十根竹，已剩了三根枯竿，幼留有人高，细才如指，整整四年，不缺水，不缺肥，不时修整，而它憔悴得比我还难看，到现在不但是一片碧叶不见，并且只有比针还细的几根嫩芽生于枯叶之间，不细寻觅，简直看不见。高节干云的竹子，生非其时，非其地，风雪凌害，鸡犬蹂躏，只弄得气息奄奄，憔悴欲死。这种“一日不可无”的东西，只好听天由命了。

1947 年

《一四七画报·非闇漫墨》第 12 卷第 1 期

署名于非厂

[1] 熊戏子，指戏剧家熊佛西。

艺菊（三则）

一

菊之艺，以谱著，夫人知之。谱之为类有二：以上中下定菊品者，宣和谱及半闲堂续谱是也。以新陈粗细详志菊之状貌神理高下者，其谱自晁补之[1]始，王昶[2]复续之，皆不传。前者谓之品菊，后者始堪称艺。自元代之后，菊之谱吾见有三：一明人爱菊主人手写本，作于万历庚辰，都百八十种，详其新陈粗细高下。主人姓氏不可考。一善成堂刻本，吴门王氏藏版前有英和一序，都五百种，于新陈独详。一为退思主人《菊谱》，成于道光五年，都千二百种，有新陈秧辨，持论绝精；有高下说，第其植法为高植、中植、低植。所谓高植，秧在三尺

[1] 晁补之（1053—1110），字无咎，号归来子，济州巨野（今属山东）人，北宋文学家。

[2] 王昶（1725—1806），字德甫，号述庵，又号兰泉，江苏青浦（今属上海）人，清朝学者、文学家。

以上；中植，秧高二尺；低植，不及尺五，艺之说独详。此外闻尚有刻于某丛书中者，惜皆未见。吾好弄，而又多所好嗜，家原无半亩之园，而栽植花木，仅余插足之地，友朋见访，往往以花木碍人而却步，徒以吾之好，莫如何也。今年植菊得五十九种，为数绝微，而斗室已无隙地。其为吾所艺者，皆能如吾之意为高下肥瘠、丰腴细粗，虽其为种，未能远购扶桑，旁求高丽，斗富夸博，佣奴役仆，而任其自然，无敢揉矫，得其逸趣为独多也。吾曾遍观菊花赛会者矣，聚千余种之精英，役数十辈之佣贩，花若列屏，木然无复知其为菊为繁卉，此昔人所以有谱而独致意于艺也欤？

1930 年 12 月 16 日
《北平晨报·非厂笔记·一》
署名非厂

二

友人喜艺菊者多，得遍观所获，都数百种入我心目，叹为大观。曩曾好植菊，徒以无半亩之园，一楹草舍，不足以庇此秋英，虽所得种远及滇蜀，皆失于护调，不复存。友知吾好，置酒邀共赏，以我不曾为五斗米折腰，宜有以慰此黄花，相率以重修菊谱命，荒废若吾，曷敢担兹大业。友有“黄英”一本，花叶扶疏，蔓条脱梗，四五碧叶，间以霜红老叶二三，花不大，奇黄照眼，望之，类白阳、雪个稿本，盖独以瘦为魂灵也。主人谓艺已坏，不堪供盆玩，故犹挹露畦中，临风摇曳。吾请于主人，乞而归，供之案头，为诵陶诗饮酒之章以慰之，并图其形。吾国菊花，自昔相尚以瘦，此一字，正是菊魂，艺者不宜汩其自然而矫揉造作也。吾以为日本菊自有其风格，而吾国所固有者，尤可爱也。质之艺菊方家，以为如何？

1933 年 11 月 15 日
《北平晨报·闲谈·七》
署名闲人

三

艺菊，我所愿也，非敢曰能。顾我无此财力，虽可好，只好忍之。日前于菊园赏菊，主人飧以佳肴，观其所植百余本，叶繁花茂，五色缤纷，或细如游丝，或巨如莲瓣，或如烟笼，或如雾锁，或大如盘盂，或瘦同寒碧，衔杯对坐，倦闷顿忘。不意有好事者誉诸报章，谓我亦植菊数百本，洋洋乎闻艺菊之大观，而四方友朋复不详查，遽尔驱车见访，重劳左顾，岂不冤枉！寒斋有菊仅十盆，四盆为菊园主人所贻，另一盆为河南种，乃纯粹国货，余五盆则二十枚一株，取于市者也。除所贻四盆外，无足观，于报章言且不及二十分之一，奈何！

1934 年 11 月 17 日
《北平晨报·艺苑珍闻》
署名闲人

《艺菊》补

闲尝为艺菊之说，以为菊之艺，在变化，在姿态，陈秧粗秧而以艺术的方法培植之，其名贵当不下于新秧细秧。顷与老于艺者言，其言曰："陈秧之在今日，已如凤毛麟角，不特求诸北方不恒得，即江浙亦无之。往者，渡扶桑，遇吾国陈种，如'玉匙调羹''金带围''老僧衲'……亟为购归，礼亡而求诸野，不图与菊亦有同慨焉。近者市贩以曝种法相标榜，实则皆来自扶桑，闻有一二能曝种者，亦仅就举世所喜之数种而变化之。时至今日，赏菊之眼光已变，前此之咏菊诗，且不能通用之，而菊之逸，惟赖此浩劫之余数十种陈秧，传其神味耳。"吾以其言颇堪味，因举吾所得告之，彼且喜所见有同者。吾所得菊，都非珍品，然艺之之道，则力求之，以复其本真，全其逸态，而得有如后之十数种。

香白梨：筒瓣白色，瓣之稍微呈粉红晕。菊本有香，而此香颇奇，色白，味如梨，故曰香，曰白，曰梨，足见古人命名之不苟。此花色香味均佳，若中植，缀花数朵，望之若宋人之《九秋图》，故吾特列之为第一品。

赤金盘：金黄色，多瓣，外长内短，辐射若轮。叶肥厚，梗细而多姿，宜高植。

燕支彩：花作燕支色，瓣若剪彩，望之若绒球。叶小，缺刻深，非经霜至深秋不开。梗细而硬，轰然有不群之概，宜中植。

哪吒面：筒瓣多而密，互抱若团，色若婴儿面，娇艳欲绝。叶大色深，梗粗多筋脉，宜中植。

银涛映日：瓣作长方形，最为奇特，卷曲，色白微呈粉晕，俨然银涛映日景也。曾见邹小山[1]有此图。叶肥厚，梗粗，不宜高植。

黄盖：宽瓣只一层，露蕊，色深黄。叶肥而缺刻深，梗细，宜高植。设花三四朵，养以绮石，支以翠竹竿，俨然白阳山人[2]《逸菊图》。

金绞丝：斜瓣细而挺秀；色纯黄，不作浮艳，若三代鎏金之色。叶大而缺刻深，叶与叶之距颇密，宜低植。惟此花含苞将放，日光与水，一有不宜，花瓣之色，辄映赭色，其纠绞之状亦不佳。

玉玲珑：白色筒瓣，内晕淡碧，瓣呈细筋，玲珑若碧。叶肥梗粗，宜中植。

金甲红袍：宽瓣，外黄色，里朱砂红，色绝艳。叶肥梗粗，宜中植。若插秧一朵，供之案头，若对端人正士。

[1] 邹一桂（1686—1772），字原褒，号小山，江苏无锡人。清代画家。

[2] 陈道复（1483—1544），初名淳，字道复，号白阳山人，江苏苏州人。明代画家。与徐渭并称“青藤白阳”。

银莲花：单瓣宽而大，半开望之若菡萏。叶肥厚而色深，梗粗，宜中植。

黄英：蜡黄多瓣有钩。叶肥而翠，梗粗，宜中植。

墨虎须：针瓣脱颖而出，色墨。叶缺刻而色苍，梗细，宜中植。

墨麒麟：瓣短而圆，色墨，上呈红络。叶小而肥，宜中植。

老僧衣：瓣宽短而薄，色赭。叶缺刻，梗细，岸然道貌，以淡胜，以古朴名，不宜高植。

老僧衲：宽瓣薄而短，攒聚若蜂巢，色作香色。叶细小，梗细，最饶逸趣，宜低植。

小桃源：长瓣多而密，艳若桃花。叶缺刻，蔚然深秀，望之若宋画院呈进之《桃花源图》，于亦见昔人命名之有本。

白鹅戏水：色纯白，瓣薄而细腻，莹洁若鹅毛出水。叶肥梗粗，宜中植。

紫绶仙衣：瓣宽而薄，色紫，飘拂有浓淡。叶大而瘦，梗峭，宜中植。

黄发垂髫：长瓣纤细若丝，色金黄，卷曲下垂。叶厚梗粗，宜高植。

杨妃醉：瓣宽而薄，绯色。叶与花皆下垂，叶小梗细，宜低植。

大红袍：宽瓣色正红。叶肥梗粗，宜中植。

以上诸种，或市肆可求，或遍觅不得，皆一一入之吾所为“菊簿”中。吾所为簿，就吾得先后为记，详其状态，预拟其植法，以供来年艺植之参考。仿菊谱之成规，定其高植、中植、低植。所谓高植，三尺以上也；中植，不及三尺也；低植，则以尺五为极。审其性质不可强，畅其发荣，时其调护，为制土，为培，为壅，为刈芟，为接补，顺之继之，矫而正之，一以归于自然。使菊之性灵，如其分发育之，使菊之态，如其性而纯全之，供之案头，置之阶下，超然有不同凡卉之概。衬以老屋数楹，诗书盈架，浓茶作酒，可静对，可远观，初不必为五斗米折腰也。吾数年来屡有艺菊之说，散见于《随笔》《漫墨》中，惟以性之喜，又踵前说而为“艺菊补”以足之，匪敢有托也。

1931年1月30、31日
《北平晨报·艺圃》
署名非厂

菊纪

往者有菊谱之辑，所辑凡二，都三百余种，未足尽菊之变也。溯自乾隆时，远方贡菊三十六种，自尔菊之来吾中土者，续续不绝，艺之者又从而繁衍变化之，菊之至今日，其种乃逾千。往吾所辑，审鉴有未精，容或有非吾中土之所有者。去年植五十本，汰其异族，繁其本种，远求江浙，近取市廛，殷殷以昌殖吾国之所固有者为志。今夏以事牵，未能时其肥壅，多病瘠，憔悴至堪怜，望之若笑吾有同病者，而凌霜之姿，使人若对严师畏友焉。吾自涉世以来，书之读愈勤，人事之应尔尔者愈扞格。以吾之力不足以应人事，人事之为我遇者，往往竭诚尽忠以赴；赴愈力，人之责愈深。知交数十年，遇小事而不忤，大则且为人弃，戚友然，即我所期望有成之青年亦莫不然。午夜以思，憧然若有悟，则莫如小避人事，栽花养鸟以纾其悲愤。谨食饮，时灌溉，山花解语，好鸟嘤鸣，我以力往，彼以神酬，此吾所以寄情于此也。吾不幸，奇穷，所以报施者，若十百于千万；吾又幸而奇穷，所以施我者，吾得永永负此千万。惟吾所役役于繁花好鸟者，且将为谱以传，吾不知其负我为何如耶？为菊写照，以继前谱。

第一，白色

色不皆白也，凡瓣白色多者，或青白、灰白……皆属之。无日本种。

湘妃泪：花白，外瓣长大而扁阔，内瓣尖圆抱心，外瓣近根处有红点，故名。梗粗叶大，产浙东。

珍珠球：花纯白，瓣内外皆圆，瓣尖回抱若球，不露心。花小，叶稀，梗弱。

醉月：花纯白，内瓣管短瓣长，外瓣管长，吐瓣甚短。叶厚而密，梗短。初见时几不审命名之义。迨月下观之，则花间映见淡红晕，真奇观也。菊花之色，有乍观之，不觉其佳，细审之，得有奇光照眼者。有宜于朝日者，有艳于灯下者，有宜赏诸阴雨者，有宜观之初雪者，陶元亮[1]所谓“秋菊有佳色”，惟静者为能知其味也。

寿眉：花白，俗曰“清水鹅毛”。瓣尖长而薄扁，若眉，管短，呈浅碧色。梗细，叶稀而绿。

白莲台：花白，瓣根呈浅绿色，瓣短，朵小，开足如莲花。不露心，梗弱，叶尖。

玉蟹：花白，瓣阔而长若蟹爪，瓣面起筋纹，隆然若银线。花大，

[1] 陶渊明（365或372或376—427），字元亮，号五柳先生，私谥靖节。东晋诗人。

叶肥，梗粗，不露心。维扬种。

秋月：花白色，微呈嫩黄。花形奇扁而圆，望之若秋水，瓣长而曲，其薄若纸。叶肥，梗粗，不露心。

舞雪：花净白，瓣细长而扁，其薄如纸，不露心。此花若遇微风，其瓣随风飘动，状如雪舞。梗细，叶尖长，多深裂，秦安种。

玉冠带：色白，外瓣微呈淡赭色。内瓣宽扁，多而抱心，隆然若冠，外瓣长而稀，作细管状，随风飘荡，若冠带然。梗细，叶小，花形甚大，为吾国菊花之最奇者。此花见于西山僧舍，云是得自某故家者。故家蓄此菊有年，向不予人种，僧力请，始赐一芽，僧艺之已数年，每不能遂其性，故着花甚稀，性畏湿，非冬初不花云。

银针：花白，瓣管状，细长如针，露心。梗细弱而硬挺，叶小而圆，又谓之“银虎须”。

白玉盘：花白，瓣长而多呈筒状，其尖端伞裂，反钩而上，花开露心，则其花凹然若盘，大七八寸。梗细弱，力不能胜，则覆垂，故俗曰“倒挂冰盘”。叶瘦小而稀。江苏种。

江干积雪：花瓣细长而密，卷曲，瓣尖呈雪白色，瓣呈灰色，愈近根愈深。大如“白玉盘”而瓣茂密，舒卷无次，望之若岗陵起伏，凹黑尖白，绝妙图画也。此花最宜于阴雨晦暗或灯前月下赏之。梗粗，叶长大，与“灰鹤翅”有别。又名“墨里藏针”。

银狮：花白瓣宽，长大而稀，每花多不过十余瓣，皆怒发而下垂，心橙色，望之若蹲狮。叶肥大，梗粗，疑非中国种。

青莲：花白而小，瓣宽大而短，上呈青丝，瓣之数约十二，露心若莲。梗细，叶圆而小，花每不能开圆，有时得三五瓣，且非小雪节后不开。江西人呼之曰“雪艳”。

晴雪：花小，瓣宽而回抱，瓣尖微呈金黄色，不露心。若在晴日观之，则日光雪色，掩映顿放异彩。

银星捧日：花大如钱，纯白色，瓣筒状，其尖端歧裂若星芒，露心，心深黄，故名。此花梗细多枝，叶小而密，每枝可得十余花。若善植之，用广盆，春去尖，夏再去之，每盆花累累，可得百余朵，不畏寒，庭前阶下皆可植之，奇品也。

上凡白色菊续得十有六种，或见诸友人，或得之廛市。近十余年，日本菊花颇为士大夫所喜，贩者居奇货，业者起其家，每一新秧，索值数元，尤新者且矜为绝品，秘不示人，吾国所有，则辱于凡夫俗子，列于刀俎之旁，陈于腥膻之地，求如宋元以来之针粮、筒瓣密、瓣稀……只余宋人之《秋英图》，元人之《篱菊图》，与夫陈白阳、周服卿[1]辈之寒菊、逸菊而已。帝京故旧，间有以奇菊相世守，其来或为贡进，或为宦游所采。犹忆二十年前，西人哈同，采菊燕都，出五百金为某故家寿，仅得两芽而归。其时有某二爷者，所植菊名都下，其佳种皆淡园主人故物，哈同介某相国，卒莫能乞一芽。夫以豪华侈富相尚本非吾所宜言，而佳种用以沦灭者，则又吾之所深惜也。

第二，黄色

黄色花在菊品中最为高贵，其色有正黄、赭黄、金黄、蜡黄……昔人称曰黄华者，惜尚未见今日之变化焉。

---

[1] 周之冕，字服卿，号少谷。明代画家。

金带：花金黄色，瓣宽长而卷曲，细纹纵列，厥状如带，不露心，开足瓣长五寸许，梗粗，叶大，扬州产。或曰此是日本种，非是。

蜜黄：花蜜蜡色，映日有奇光，多瓣抱心，瓣呈匙状，花不甚大，晚秋始蕾，全开有奇馨，故又称“晚香”。叶大，梗细，中州种。

道人衣：又名“落霞黄”，花赭黄色，瓣宽薄而长，不露心，北京称之曰“老僧衣”，梗短，叶肥，维扬种。此花在北京已罕觏，花贩往往以短瓣者混。宋人《丛菊图》曾有此种，知种之早也。

乳鹅黄：花鹅黄色，最艳丽，短瓣无管，不露心，开足如球，为吾国最旧而又最普通之种。花不甚大而繁密，梗细，叶圆而密。

金丝系珠：花金黄，瓣瘦细，卷曲如金丝，外瓣尖端呈匙状，心嫩绿，故又名“金线戏蟾”。叶尖长，梗细，与“金绞丝”“金环”……有别。此花为北京某故园之种，开足可七寸许，哈同氏曾以巨金乞去之。

虎皮黄：又名“虎怒”，金黄色，扁瓣，瓣尖呈三四裂，若探爪，色深黄若火，瓣根微呈淡绿色，望之若虎皮然。瓣长而密，不露心，大可六七寸，梗细，叶圆，乍开时，舒四五瓣，状尤美。有奇香，舒瓣甚缓，自绽蕾迄蔫谢，往往经百日，为花期之最长者。性畏烟火，北京植者入屋逢烟火即萎谢。

十二金钗：金黄色，筒瓣细而长，每花多不过二十瓣，心绿色，瓣长可三寸，深裂而密，梗细弱。此花不多见，吾家由福山王文勤[1]公处乞得，植之最久。

金狮子：花蜜蜡色，润腻有光，莹澈若鸭油，在黄菊中色最艳美。

---

[1] 王凯泰（1823—1875），字幼轩，号补帆。江苏宝应人。同治间任福建巡抚，殁于任，谥文勤。

灯前月下则微呈淡红色。瓣长而卷曲，棍细弱，瓣端宽厚多下垂，微露心，每瓣长可四寸许，梗粗，叶肥厚，梗叶皆有紫晕，若经霜然。此花不畏寒，光绪末张文襄公会于宣南陶然亭，有某人者，担此菊献之，花一大一小，题曰“大师少师”云。

金绒球：花金黄色，瓣细如针，攒聚，形圆厚，混然如球。不露心，径不及三寸，最罕见。梗细，叶小，浙江种。

金带：色正黄有光，瓣宽而长大，甚稀，瓣上有细丝，棱然起折叠痕，随风飘舞若带。露心，梗细，叶大，有奇香。

银汉金星：花形绝奇诡，内瓣短而圆，呈筒状，尖端四五裂，灿然如星光，作黄金色。外瓣细而长，色银黄，尖端呈白色，不露心。梗细，叶圆，有香气。

苍颜白发：内瓣牙黄色，内抱，不露心。外瓣细圆而长，可三寸许，微卷曲，色浅黄，尖端渐呈银白色。梗粗，叶肥大，淡园主人种。此菊得于天津，初疑日种，及检淡园菊谱，知此种甚旧。又名“金丝发”。

金钱：此花最雅淡可喜，色橙黄，瓣宽而短，围心只一匝，其圆如钱。花不甚大，有奇香，市上久已绝迹，浙东种。叶圆，梗细，花期甚长。

金佛手：黄色浓厚，瓣圆长而卷曲，绽蕾后，瓣皆直伸其长，攒聚如佛手，露心，梗细，叶尖长，淡园种。

上十四品皆黄色，尤以蜜蜡色为最难能可贵。往者吾得“金带”一本，只一花，曝其子播种之，全活者四本，及秋开花，得一白色而有金丝者，因名之曰“金丝辫”。犹忆吾家在西四牌楼时，其后院屋皆南向。有二楹，为吾与弟读息之所，列盆盎只余出入之路，檐前累然而高皆菊花。辟高窗，延日入室，室有炕，中置短足桌，左右纵列衾枕两具。炕之余，书杂然而巨堆，桌上杂置笔砚之属，桌下则亦以书填满之。每晨兴趋读，书不及掩，比归，则吾母已为纳之函，桌上亦整洁矣。室甚大，可纳二百盆，湿润若霉，隆冬不忍生炉火，先大父每责玩物丧志，先叔祖则见吾持菊来，必欣欣喜，评其佳否，盖先叔祖养菊成癖也。此景此情，今已二十余年矣。吾卒未克遵大父训，丧其志，无所成，悲矣。其时吾养菊不甚深考，漫为搜集，精粗兼收。比得菊谱，知曝种之法，曝尤勤，播种不生者殆十九，惟得蜡瓣黄者，已欣喜过望，大慰。养菊凡六年，屋归于人，散其种，仅携“墨虎须”“墨蟹”二本别植之，若王谢堂前之燕[1]焉。

第三，红色

凡大红、朱红、赤……皆属之。红色瓣有面背，色不一，面红者入之。

朱衣点雪：瓣扁薄而长大，面作朱砂色，背粉红色，面上有白点，与“洋蝴蝶”有别。梗粗，叶大，浙江种。此花北京久已绝迹，浙江近亦罕觏，因其性畏湿，伏日苦雨，每不易活也。

七宝盘：此花以花心、花瓣之色各有不同，蔚成七宝，故名，花心内绿，中围黄，外围赭黄。花瓣为管瓣，管短瓣长，管赭黄色，瓣

[1] “王谢”为六朝望族琅琊王氏与陈郡谢氏之合称，后成为显赫世家大族的代名词。唐代诗人刘禹锡在《乌衣巷》中，有“旧时王谢堂前燕，飞入寻常百姓家”之句。

背粉红色，瓣尖肉红色，瓣面大红色。在红色花中，最为复杂，而其红又最纯正，梗粗，叶大，皆有红晕，苏州种。北京谓之“七香车”。此花宜高植，施浓肥三次，花大几尺，高可檐齐，宜两朵花使之等量齐观，映日中尤有殊色。按高植昔人尚双花，均齐发育，同开同谢。今则艺之术不精，仅一花，往往以日种炫奇，非所尚也。

锦衣：又名“大红袍”，瓣宽而微卷，瓣面朱砂红，鲜艳可爱，瓣背金黄色，起红丝。不露心，花大五寸许，梗短，叶肥而稀，江南种。此花见宋人《丛菊图》，元明人多传摹移红者非是。

赤帜：又名“赤兔”，瓣宽大，围心只一匝，色正红，面背一色，花开最晚，经严霜不凋。梗粗，叶肥厚，梗叶皆紫脉。此花不经见，二十年前曾见一本，高三尺许。映日光作宝石色，今所见者花尚未开也。

墨虎须：花瓣细如针，长三寸许，墨紫色，心球特大，有奇香。梗细，叶小，燕市已绝迹。

紫绶带：花瓣狭长散乱，纠扭有奇趣，俗谓之“卍字锦”。色若玫瑰，瓣背作鱼白色，瓣根呈嫩绿色，梗细，叶尖，扬州种。

鸳鸯：花半红紫色，半青白色。瓣扁狭而长，卷曲。露心，梗粗，叶尖长。江苏种。前年曾见此花于友人处，甚爱之，允翌年分植，迄今尚未得也。前在某处见二本，瓣短而宽，色较紫，叶圆，为日本种，与此有别。

紫凤毛：花筒瓣而尖长，每瓣呈三色，瓣根淡黄，瓣中红紫，瓣尖粉紫，不露心。梗弱，叶小，江苏种。

长缨：全体管瓣，硬直而长，瓣端开裂呈深红色，瓣背色淡红，露心，在心部往往又生两三瓣，挺然特立，叶尖，梗粗，江苏种。

清水莲：瓣宽而大，荷花色，艳绝，露绿心，状若红莲。梗粗，叶肥大，江苏种。燕市又谓之“清水荷花”。此花宜高植，身愈大，则花愈茂，而叶愈肥，艳丽无匹。

秋月芙蓉：瓣阔而长大，围心只两三层，色若芙蓉，大如盘。梗粗，叶尖，且丛生。此花在月下视之，则变为荷花色，瓣尖现白晕。江苏种，燕市亦有之，曰“寒月芙蓉”“芙蓉面”者皆是。惟此花喜湿润，燕市气燥，花形少小。

粉荷花：又名“赛六郎”，管短瓣长面而宽，色粉红，有奇光。梗短，叶圆面密。此花有一特征，全部之叶皆翘然立，无一下垂者，南北皆有之，日本人称之“唐荷”。

上十二品位红色菊，有恒具者，有秘不示人者，要皆吾国菊花之佳种也。惟菊与杞，服之大寿。自昔先民颇珍重之。近数十年来，日种大昌，好事者又从而倡导之，篱边丛菊，日就澌灭，即今之市求一淡雅可喜若“老僧衣”“墨虎须”者，鲜不可得，而“大富贵”“帝国旗”“御妻姣”……日种，群为士大夫所豪尚焉。悲夫！

1931年11月23—25、27—29日，12月1日
《北平晨报·艺圃》
署名非厂

赏菊（二则）

一

连日在友朋家赏菊，真是五光十色，怪怪奇奇。我因为对于艺菊，没有什么学识经验，在这严寒的时候，对着黄花，觉得吃两杯淡酒，与朋友谈谈不相干的话，渐渐地酒已涌上来，面红耳赤，迷迷糊糊的，跑到家里埋头一睡，直睡到日上三竿，追忆起明日黄花，仿佛很自然地又挨过一日。至于我的愁苦困窘，妻子的啼饥号寒，那都是我们分内之事，对于这可爱的黄花，只宜装作什么事都没有的样子，来相晤对。至于愁眉苦脸，叹气咳声，朋友们尚且不可，何况静对着黄花？因此我对于今年友朋们培植的菊花，我总是说花儿好，叶儿也好，难得不被风儿雨儿虫儿给全糟蹋了！朋友也自相慰着说：难得活到今日！

1935年11月20日
《北平晨报·闲谈》
署名闲人

于非闇《杞菊延年》(1935 年)

二

连日大概是犯节气，总是没精神，不思饮食，喜睡，因之对于余君叔岩收孟小冬，这种隆重的典礼，不克参加。这且不言，白君永吉养菊花，是不惜工本而博好誉的。今夏雷多雨大，这种立体的攻击，东篱有些担当不起，所谓“托盆的叶子”，已被雨水侵蚀了八九片，弄成光杆，这是一般养菊同遭的打击。所幸白君菊园的菊花，大部分免于此难，这未尝不是调护之功。本来当此秋高气爽，把酒赏花，陶然一醉，这是什么样的清福，什么样的造化！只是我因为十多年的胃病，竟自“每日价睡昏昏”的，这如何是好。

1938年10月29日
《新北京报·哭之笑之随笔》
署名于非厂

菊园赏菊

菊园主人白永吉养菊，历有年所，他对于新奇的种子，不惜设法罗致，所以每到菊花盛开，他总是柬邀友朋赏花饮酒，往往尽十余日。本来他对于烹调是极有研究的，所以春华楼的菜，不能说不精美，而尤其是他“请客”，他总以最近研究所得的几样好菜，拿出来飨客，这种菜尤为春华楼的非卖品。今年天气太那个了，夏天的雷雨，雷声比炸弹还厉害，这不用说是什么，就是篱边的丛菊，也有些承受不起。盆栽的菊花，要有托盆的绿叶，今年的菊，瘦得不免于憔悴，瘦本来是菊的灵魂，不过今年特别瘦得可怜了。所幸主人善于培植，繁花骈列，五色缤纷，把酒赏菊，不能说菊花犹是，而往事皆非。

1938 年 11 月 14 日
《新北京报·哭之笑之随笔》
署名于非厂

供菊

近年来，平市养菊花者日盛，菊花变种亦日多。所养，植之盆，自春而夏，渐高，务去其旁枝，以苇竿扶之作笔直。至秋，菊独干直上，几与檐齐，短者亦跻三尺，远望亭亭。叶以自下至上不脱为佳，花虞其不正不平，则以铅丝盘为环，承其下，短者在前，高者居后，尤高者尤后，望之若阶梯，若碎锦，俗谓此陈列为“摆花山子”。自然之美，斩丧尽绝。菊详于经传，见于吟咏，自昔以高人逸士目之，其为种类，近惟于山边水涯见之，第虽憔悴，而傲霜之不屈也。予不善画菊，愧不如邹小山辈每以洋菊若干种册子进呈。偶写菊，必著其傲霜之节，不求形似，惟神是传。友以予今年未供菊为询，辄书予之所供者焉。

1941 年 11 月 24 日
《新北京报·非闇漫墨·卷三》
署名于非厂

菊花（二则）

一

菊花，北平人叫它“九花”，大概是此花九月才开得茂盛的意思。诗上咏的和陶渊明爱的“菊有黄华，秋菊有佳色”，这是野生的黄菊花，并不是现在所赏的洋菊花。“花之隐逸”“黄花晚节香”，除了不为五斗米折腰的陶公去赏识它、去采它之外，现在只药铺里去收它作“败火”“祛热”之剂了。

洋菊这个名词，是早在明宣宗以前的，我曾见过明宣宗题洋菊十六种的册子。至于郑一桂绘的续洋菊三十六种册，现仍在古物陈列所保存着。我虽肯用大青大绿去画花卉，却不敢画菊，因为所谓“佳色”，所谓“晚节香”，是黄华，不是洋菊，黄菊是要配以翠竹奇石的，洋菊却只宜配哈巴狗。

现在洋菊上市了，用蒿秆接成功的先开，一根独梗，高三四尺开一朵花的后开，美艳似长身玉立的美人，叶养得不得法脱落了，则似一把毛掸。我不敢爱，我也不敢画，我并且不爱看。

1946年9月23日
《新民报·土话谈天》
署名闲人

二

菊花，北平叫“九花”，这是它九月开的缘故。北平养菊的主儿，讲究粗秧（大瓣），细秧（细瓣中如带钩，带刺，带毛，带点……），新秧（用晒子法，培植出前所未有的花色），陈秧（如“香白梨”“紫凤朝阳”，一则味特别香，一则花开特别晚，往往可以延至旧历新正），又有接根（用蒿接植），本根（即自芽而生，不用蒿接），春阡（春三月插秧），伏阡（入伏后插秧）的分别。因为它的变化太多，外行简直不易分辨，内行却是一望而知，不必等待开花，看看叶子，就可以断定它是什么花，什么名堂了。闲人从前很花了许多时间与金钱来玩这菊花，连花盆都要“定烧”，至于汇钱到日本，买些个嫩芽培起来，每到花开，把酒吟咏，什么“菊有黄华”，什么“采菊东篱下”，什么“陶令”，什么“餐英”，搞了半天，对着洋菊，而发了大篇中国牢骚，这种傻事，我也假托过风雅。倒是杭州的茶菊，似乎确是中国的老玩意儿。有人令我画菊，我这些年，只画些野菊给他，因为这至少可以祛疾延年，至于现在我们所看到、所钦赏五色缤纷的菊花，那只好让邹小山（一桂，雍乾人）他们画洋菊多少种了。

1948年11月6日
《北平日报·太平花》
署名非闇

栽菊

今冬气候暖，无烈风，菊花仍盛。接根的菊花，已竟凋谢，木根细秧的菊花，正在好的时候。种菊花和菊花变种，是比较讲技巧的，中国人也会，也一样地种出新秧来，尤其是难培植的几种细秧。

种菊花讲究“晒子”，即菊花开老了之后，仍培植使它的种子成熟，这期间要有像今冬好的天气，要蜜蜂中的雄蜂被迫出巢，栖游在菊蕊上，要监视着它们串蕊的某种花头与某种花头合乎理想，有时某种我们以为不合理想，而种出来却开得合乎理想，或在预期以上。在不放心它们自然地串蕊，也需要人工来采蕊配合。但是这些工作，都不是花匠们所办得到的。

花匠们只会培着幼芽，至来年清明种起来，插秧，插签，施肥，灌水，摘芽，培土，去虫……可是辛苦了一年，每一棵菊花，如今才卖您一千元，或者二三百元，以开花时的物价和培芽时物价比比看，花匠们也只好喊声“天”！

1946 年 11 月 20 日
《新民报·土话谈天》
署名闲人

㽘园菊

日前我和几位朋友去拜访刘仁甫先生，刘先生是隐君子，隐于城市而栽花种竹的，尤其是㽘园的菊花。

㽘园位居新街口北大街，占地数亩，并无亭台楼榭，也无异卉奇葩，至于假山曲水那更谈不到了，一进门，土路的两旁稀疏植着些果木树，落叶满地，依稀还可以辨认出哪一带是种过萝卜、白菜的园地，哪一带是培植花草的园地。进了二门，左右两丛翠竹依依向人，花墙上的“爬山虎”都结了紫珠，一片红叶也不曾留得。再进是三合房，主人的卧房大概是正面的东首，屋子并不大而室内整洁异常，满壁的字画，除掉迎面几幅如叶东卿[1]这些位是他们湖北乡贤之外，其余满是画菊、咏菊、写菊的名作，东厢亦复如是，不用赏菊，就这些名作，也像是入了山阴道上而应接不暇了。

室中满陈列着主人所艺的菊花，叶子好，花好，陈列得只有人行的隙地（计二门外一室，东厢一室，正房一室），尤为特别的是并蒂菊有五七盆之多，这是很少见的。

1946 年 11 月 28 日

《新民报·土话谈天》

署名闲人

[1] 叶志诜（1779—1863），字东卿。湖北汉阳人。精研金石之学，收藏甚富，名于两湖。

谈谈牡丹

本日本栏有赵氏柏篱园牡丹谱与读者相见。曹州柏篱园，我于光绪末曾两至其地，今得此谱，使我忆曩时踯躅于百本花畦时也。我无半亩之园，我喜艺花草，嗅蕊吹英挼香嚼粉之余，玩其低昂俯仰分合卷舒之态，觉神兴意会，虽在胡人南下牧马，敌机翱翔晴空，不辍也。柏篱园牡丹，我曾移植“墨撒金”“庆云黄”等十种，皆顺其天而活。我爱菊爱莲，我亦爱牡丹，我视世无参等，我于世亦无等参，友大人先生，亦友贩夫走卒，我于周茂叔[1]之独爱莲，我终嫌其隘也，何况幸逢盛世，又何妨谈谈牡丹乎？

1935年2月9日

《北平晨报·闲谈·五九》

署名闲人

[1] 周敦颐（1017—1073），字茂叔。北宋理学家。著有《爱莲说》等。

牡丹

牡丹不见于秦汉以前载籍，自晋谢康乐始言永嘉水际竹间多牡丹。至唐开元中长安牡丹甲天下，宋则惟洛阳为天下第一。自尔，牡丹遂为士夫所重，迄今称之为牡丹季，谓牡丹花时在季春初夏之交也。

北平牡丹花，首推崇效寺，稷园则以多为胜，脱经数十百年，必有可观。说者谓以牡丹之为花，宜映以金碧，护以玉栏，欲于北平赏牡丹，当以故宫为甲观，虽不多，以地位胜，相称合也。

昔人咏白牡丹诗云："璧堂月冷难成寐，翠幄风多不耐寒。"又云："无情有恨何人觉？月晓风清欲堕时。"[1]当万籁无声，乍暖还寒，月华半庭，对花默坐，觉自唐以来，文人学士之咏牡丹，皆未为知己也。转不如刘家黑牡丹，堪供发噱。

寒斋原有牡丹八种，皆北平所无。友人以植之庭院，既少玉栏维护，复乏花奴培植，遂以赠人，不甚爱惜。友人朱门丹楹，点缀名花，雅合俗人所谓富贵满庭耳。

1935年5月11日
《北晨画刊》第4卷第13期
署名闲人

[1] 该诗句出自唐代陆龟蒙《白莲》。

看牡丹

故都看牡丹，在头号面粉卖二元四毛的时候，确曾为看牡丹而开过专车，而组织过很大的旅行团。这不一定是花特别的好，而且还有牡丹花的环境也好，在古刹，在御苑，在稷园，都可以增加牡丹的美。

今年，尤其是五强之一的今年，崇效寺、故宫、公园，还有西直门外长河的国华堂，牡丹都要应时吐蕊了。在前几年，因为肥料不贵，一具猪大肠带心肝肺，还不足两元钱的法币，在秋末冬初的时候，预先上了肥，翌春自然可以看到肥美的花，不单是花，叶儿也青翠欲滴。

前天我有事跑了趟稷园，顺便问候问候那些久做我“模特儿”的牡丹，竟是憔悴得不忍驻足，除了有几丛“赵粉”“大金粉”“霞云光”，才在半开，但全患着营养不足之病，最可怜的“姚黄”，骨朵才像胡桃大，由花苞冒出些金黄色的细蕊，花瓣大概是只好“以待来年”了。叶子多半“惨”黄（谨借用“惨胜”之“惨”），有的简直连个胡桃大的骨朵都没得。倒是我所喜欢的那丛“墨御金”，在来今雨轩廊西，还有几枝花可看。

本来故都看牡丹，论多是稷园，论古是崇效寺，论枝柯奇丽是故宫御花园。我预备在最近一两日，再探一下故宫和崇效寺。

1947年
《一四七画报·非闇漫墨》第12卷第3期
署名于非厂

于非闇《牡丹蜜蜂》(1947 年，私人收藏)

莲花（三则）

一

莲花是很易见的东西，它的变种很多。《诗经·郑风》上说“湿有荷华”,《陈风》上说“有蒲与荷……有蒲菡萏”，可见这种花是纯乎国产，并不是什么“走私”的东西。但是现在养莲花的人们，很像养菊花一样，都崇尚日本种，日本人对于这种观赏植物，他们很用科学的方法使它变种，这是顶可佩服的事。我在我们古书上所见的莲花，大概有下列几十种：一品莲（三萼一本）、金莲、黄莲、重台莲、并头莲、洒金莲（瓣有黄点）、衣钵莲（蕊三色）、千叶莲、分香莲、分枝莲、夜舒莲、睡莲、佛座莲、金镶玉印莲、紫莲、碧莲、锦边莲、青莲、红莲、白莲……这以上所举，曾在朋友家见黄莲、碧莲、洒金莲、并头莲、金镶玉印莲，及恒见之红白莲，礼亡而求诸野，日本种倒可一观。

1936 年 7 月 20 日
《实报·漫墨》
署名闲人

二

近来盆栽诸花草，如“千叶莲”，如“长寿菊”，如“洋绣球”等，大都为舶来品，花色繁复，枝叶茂密，用以供之案头，点缀庭园，亦颇有趣，此类花草，其本名为何，惜吾不能知。自来吾国，国人以其状若“千叶莲”也，若“长寿菊”也……辄从而亦称之为莲为菊。吾喜其繁密若锦，辄市之，乃不能遂其生，而使之结果实、布种子，心窃异之，以为艺之不善也。如是者殆有年，始有悟，颇亦有所获，盖吾之所言，非园艺上事，乃艺花为业之所谓花贩者，其为艺固至可惊也。

盆栽如“千叶莲”等其所用之盆特小，播种子而植之使之成长，盆中土之质与量，仅足供花之发，有不足，无有余也。以术促之生，叶茂花繁，肥美硕大，望之葱葱然，是即其贩卖期也。人买其花，供之案头庭院间，不时浇以水，花乃愈憔悴，渐至枯萎，匪特不能冀传其种，即求其花能尽量开放，亦不可得。此其故乃在盆与土，设另以大盆易之，实以较肥之土，或不易盆，而以肥料之水灌之，则花可尽发，结实且累累，吾屡试而然，不或爽也。吾曾叩之，彼辈辄以小盆便取携为诡对。盖彼辈以贩为业，其所贩卖，皆能使之极茂，而又惧传其种，人得之，可以任意栽植，彼辈将无所能其利，故特取小盆少实土，度其力足供贩时之繁茂为已足，脱不足，宁以肥水补之，亦不使土之力稍有余。吾人不察，即市者而养之，水不日即枯槁，又乌能得！呜呼！此类盆花，售仅一角余，而其为术竟若此，可怜，亦可笑也。

1929年4月18、19日

《新晨报·花萼楼随笔·一〇五、一〇六》

署名于非厂

三

盆莲变种极多，顾古今来鲜有记录，不若牡丹芍药兰菊梅竹等之有谱录也。日者得抄本《瓨荷谱》一卷，为嘉庆时上海杨瑶水（钟宝）著，得莲种三十有三。其自序云："原夫藕之为花也，濂溪爱之，而不言其色。言其色者，曰红曰白而已。不闻有轻红、淡白、浅碧、深紫之纷然也。不闻有重台、单瓣、千叶、双头之厘然也。其为名也，曰莲、曰荷、曰荂、曰茄、曰水芝、曰泽芝、曰水白、曰水华、曰水日、曰水芸、曰芙蓉、曰芙蕖、曰菡萏，然即物而异其名，非判其种于名也。其花也，于江、于湖、于池、于沼，不闻若罂、若盎、若碗、若盏皆花也。花之莳于瓨也，自红白大种始，然类多习见，人亦不甚珍爱。有贾于扬而归者，出数小瓷盆示客，翠擎璧月，香泛霞杯，弱态丰容，掩映于�帘棐几间，人竞以银钱市艳，贾又故昂其值，亦时出其值以醉客，顾吝其种，必残其余，王戎钻李，惧人之有我有也。久之，种亦渐广，卖花佣又争致其所无。或谓小种皆子出，故不数年，遂得卅余种。撑夏涉秋，闲庭曲院，粲如流绮。展琉璃之簟，倚水精之枕，露香花韵，沁骨侵肌，不必荡桨溯流，求清凉世界也。因为之按种征名，详品辨色，与夫莳藕藏秧，燥湿肥瘦之得法得宜，一一次序而谱之，庶与洛阳之牡丹、广陵之芍药，并萃其美。然稽诸古，则南海有睡莲，沧州有金莲，乐游有嘉莲，驳鹿山有飞来莲，钩仙池有分香莲，琳池有分枝荷，儋州有四季荷，证诸今，则越有傲霜莲，粤有五色莲，辽海有墨莲，金川有雪莲。乌得以耳目之所及，遂以尽天下之奇也耶？他日之修花史者，幸有以广我所不逮，而并为李九疑、王敬美、王康节之功臣也可。嘉庆十三年岁次戊辰闰五月，上海杨钟宝识。”其所列谱目，单瓣十大种，曰朱砂大红，曰朱家大红，曰杭州大红，曰嘉兴大红，曰绿放白莲，曰粉放白莲，曰一捻红，曰银红，曰大水红（俗名杨桃），曰淡水红（俗名妃白）。重台一种，曰白莲。千叶九大种，曰蜜钵，曰大白，曰小白，曰小小白，曰小桃红，曰洒金，曰锦边，曰台莲（青红白三种），曰佛座莲（一名剥莲，并头，品字，四面附）。单瓣七小种，曰大红，曰绿放圆瓣小白莲，曰粉放尖瓣小白莲，曰小水红。千叶六小种，曰小水红，曰银红钵（一名小青台）。此外尚有艺法六条，曰出秧，曰莳藕，曰位置，曰培养，曰喜忌，曰藏秧。颇切实用。

1941 年 6 月 12 日
《新北京报·非闇漫墨·卷三》
署名于非厂

北平荷花

我因为怕戴帽子，所以我不大出门，但是夏天的荷花，却是我顶喜欢的东西。我曾住在长河极乐寺看荷花，我曾住在西郊六郎庄看荷花，我曾住在颐和园看荷花，至于北海静心斋前的白荷花，那更是我每开必看，或闲步或泛舟。但我在万不得已之下，只把大荷叶扣在头上，甘心情愿顶戴着绿色的东西，而怕戴所谓帽子。

在去年，红荷花开得最肥最艳的，要算谐趣园（颐和园内）里那一池，差不多天才破晓，我就徘徊在那碧槛朱栏之间，很得了不少的画稿。白荷自然仍是北海静心斋的那一段，我弄只船，撑了进去，这在北海的水面上，并不是容易的事，一则要划船术好，一则要明白哪里水深水浅，哪里有铁丝栏，哪里水草薄。我自早晨八点钟，直至下午一点钟，只转得喉干舌燥，周身若炙，汗出如洗，衣履尽湿，头顶着的荷叶，像新出蒸笼"荷叶肉"的颜色。可是周敦颐形容的那个清字——"香远益清"，实在有些道理，它竟使人不疲倦，使人心气和平。我所得画稿，也以这一次为最多，为最满意。

1947年7月10日
《北平日报·太平花》
署名非闇

于非闇《白莲红蜓》（1947 年，私人收藏）

荷花

现在谈荷花，未免“背时”，那只有东坡先生有此雅怀——“留得残荷听雨声”了。不过,《太平花》里要我写点关于艺术的文字，我虽然买不到“棒子面”，而改买点“白薯”吃吃的话，从前我也为烤白薯而开罪过市长老大人、局长大人，但在这民主时代，一面啃白薯，一面谈艺术，我这傻瓜，总可以说对得住国家，总可以够得上所谓协力。

自来画荷花的，很少知道荷花开的时间。不论什么颜色的荷花，都是开三日即谢。第一日是“初放”，日出初开，至午后三时即合，连小托瓣都不掉。第二日是盛开，也是日出初开，至午后三时才合，可是它开始脱瓣。第三日开即不合，过午瓣即掉光了，有时遇风，掉的时间还要早。我见过宋朝人画的荷，画两朵，一开一合，而开的是已残的荷花，这不合乎常理，我又见到某大名家的画荷，一开一合，而开的却更没有谢意。本来土豆和山药蛋没有什么分别，可是和山药豆却大有分别，因为山药豆是生长在叶腋上的，并不生在土里。

1948年10月9日
《北平日报·太平花》
署名非闇

盆花

友以冬季盆花，若梅，若碧桃，若水仙，若杜鹃，若山茶等，由花佣购入置之室中，多枯萎，为问，当吾购置时，亦何尝不如是。盖花之伤于暖者半，伤于水者半也，冬季居室，其温度宜若何，盖无不以人为主者。室愈精（如地板、绒毯之属），气愈燥烈。盆愈美（如瓷盆、石盆之类），水愈壅滞，且供之案头，列之几上，爱护之，惟恐其或枯，频灌以水。花之伤，遂坐此。吾人审花木之性，而迁就之，于人且不适。而求花木之稍适，亦无妨于人者，惟有用瓦盆置之地，时以细水喷之耳。

1929年1月27日
《新中华报·非厂识小录·十二》
署名于照

牵牛花

向者植牵牛花未能精，辄复笔而出之，沾沾自喜其有得，其见笑于方家，惟越日始自觉之，然未曾以为尽失也。吾国牵牛，以花别者约有四种，花浅蓝，日出而蔫谢者，江南北皆有之。花小而色白，微呈紫晕者，独生于河朔。花作胭脂色，至午始蔫谢，叶小而圆，葱然呈娇绿者，则所在而有。花红有紫晕，状与浅蓝同者，吾曾得其种于翠微山，亦中国种。四者为状虽不同，要皆不如日本种则一也。吾审日本种所以优，吾国种所以日劣，培植之不善，实此中原因之一。吾既以石养石榴，花繁而实茂。吾又知吾国园艺家初未注意于牵牛之培壅，而一任其野生。因用制土、秧苗、传粉、摘顶、选种……之法，以事培植，为时虽仅三年，而收获竟如吾意计以得。虽其得尚未即于大成，而花大色浓，则又未尝稍逊于日种。吾不能植身社会，出其才智以培壅人心，转移习俗，独于路柳墙花，人所不肯注意者，殷殷以返其本真，全其天趣，发荣而滋长之，不亦大可伤耶。虽然，吾于人事，兢兢以勉，惕惕以磨砺，竭精焦思，劳神惫体，期期以不人为大患。吾又出其所能，以勉尽父子兄弟朋友之所应为，而其结果，谇诟集于身，求人小谅其愚拙，且不可得。吾以人事之余，兼及于花草木石，吾之力小尽，其为果小得，大尽，则其得且出意计外。故吾于人事之余，辄借花草木石以为补偿，是犹吾前所谓好食糖以减杀其苦，寄情花草木石，夫岂得已。

去年植中国牵牛花，俟其开，以日种之色相近者，播其花粉，默识之，今以所识种子植出，叶形未变，花则加大而色浓，蔫谢亦较迟，但仍不如日种之开至傍午而不蔫谢。然而以人力时其培壅，调其性情，换形变气，或者可以不负我之辛勤也。尝考日本种其以花形之变化分者，曰切瓣，曰多切瓣，曰细切瓣，曰丝瓣，曰乱瓣，曰狮毛瓣，曰孔雀瓣，曰茶台瓣，曰桔梗瓣，曰剑瓣，曰六曜瓣，曰牡丹瓣，曰梅瓣，曰樱瓣，曰抱合瓣，曰石叠瓣，曰风车瓣，曰风铃瓣。其为叶，析其状者，有黄叶、白斑叶、青斑叶、沙砾叶、石皱叶、布目叶、涡叶、孔雀叶、龙状叶、龙爪叶、抱合叶、舟状叶、浮舟叶、天竹叶、细竹叶、柳叶、乱菊叶、锹状叶、杂叶、风卷叶、枪状叶、回旋叶、蜻蜓叶、鸡爪叶、凿穴叶、多切叶……其为色，则变化尤多，年年有新种上市也。按牵牛花之培植，就制土言，则已非常烦琐，至若摘芽、灌水、调肥、剪枝……往往竭一日之力而尚虞其失，而所得则凌晨推窗，盈盈向人微笑者，身心俱泰，跣足袒臂，又从事于为花伺役矣。

牵牛花之繁茂，全在制土，土之制不善，即佳种亦日即于萎缩。以日种言，其所需之土，绝非北平所有者能适其性，知其然，设法调制，或亦不致贼其生。今请以试行有效者言，北平制造香油之渣滓，俗谓之麻渣，以之植牵牛，乃为无上妙品。法以麻渣和种花用过之土各半，锤碎之，研细，置巨盆中曝之，不时搅拌，自深秋经冬直至仲春，土性始和。以之作基土，铺盆盎之下层，约当盆盎之半。环北平各河，每届冬日，必放水使满，备冻以取冰，及春冰融水退，沿河多湿泥，愈濒

于非闇《牵牛花》（1958 年，私人收藏）

水愈腴。取之，曝干锤碎，曝月余，土色黑，和以植花用过之土各半，入盆盎，当麻渣造土之半，其上铺细砂土，于是一盆之土始成。

牵牛花之留种，每本以一果为度，不可多。每种之法，人皆以肥大者为佳，而瘦弱不完者，往往得变种。盖花形色皆善变，有去年间开红色，今年变绯色；今年花形大，而来年花形又如去年之小者。吾曾购日种所谓牡丹瓣者，如法植之，仅有一本如牡丹瓣，余则为平开花。翌年以牡丹瓣种植之，反平开，而平开种，则又返牡丹瓣，且倍大也。吾屡试植，凡某种开某花，翌年因土壤、气候、水……之关系，往往变形，而以变形者再植，则又十九返其原。若以瘦弱发育不完之种子植之，有时且得异形花。说者谓即此已足引人入胜，其或然欤？植之之法，先播其种子于苗床，或用大盆亦可。下种后，覆以砂土，非干不再灌水，经十余日始萌，亦有速者。先生子叶两片，俟强大，而顶芽尚未生时，移植于盆。移植之先，灌以充分之水，若阴雨尤佳，否则需傍晚行之。掘其根深约三寸，连土起出，植之。避日光，二三日，即曝之，若不经此移植，则苗必陡长，往往身高数尺，不着一花。及叶渐长，蔓长四五寸，或二三寸，视其叶腋已蓓蕾时，施以麻渣或厨庖洗水，麻渣与洗水皆需费十余日之暴露者。存其四叶，摘顶，留其一蕾，叶腋生枝蔓，每枝蔓留三叶，存一蕾，花谢并种子亦摘除之。如是，花之形特大，有至五六寸者，亦庭院中最好之点缀也。

吾国种以此试之，亦良佳。吾信经三数年后，必能变吾国牵牛至大形花，且傍午不谢。然而吾徒能使花遂其生，言之滋愧已！

1931年6月15、19日
《北平晨报·艺圃》
署名非厂

夹竹桃

夹竹桃为习见易长之物，其为色以淡红色、粉红最多，白者次之，黄者最为罕觏。黄色花雅淡，佐以碧叶，望之若水仙，以其色自心而外渐浅淡也。往年闻那拉后喜此花，植以巨盆，列房檐下，每驻跸颐和园，则使四人肩之，每盆年报销一千两云。吾家有黄色者三盆，一已枯死，皆自颐和园分植者，今又为花佣分植两株去矣。

1932年7月25日
《北平晨报·非厂短简·六一》
署名非厂

秋海棠

吾最喜秋海棠，凌霜露，冒风雨，凛然有不可犯之致，亦花中之君子者也。西山灵光寺上，有海棠沟者，峭壁凌霄，清流淅沥，沿流遍生秋海棠，树根石隙，缘壁直登树巅，望之莫及。每当深秋，红叶满山，碧苔铺锦，驻足而观，芬芳灿烂，真觉别有洞天，使人徘徊不忍去。今其地为西人避暑所居，俨同禁地矣。

1932 年 7 月 26 日

《北平晨报·非厂短简·六二》

署名非厂

大丽花（二则）

一

西番莲今谓之大丽花，犹牵牛花今谓之朝颜，皆从日本名也。自海禁未开，西番莲仅有红、黄、白三种，其来亦自海外。吾家旧居，在咸丰五年迁入，后院即有此花，任其荣谢。居原为道光时粤海关幕佐旧居，则此花当自粤来。每当深秋，红若火齐，累累然炫目，亦可观也。今此旧种，故都已不恒见，而日种之大丽花，顽艳照人，已有与秋菊竞芳斗艳之势，故艺菊之外，又独有以艺此花名者。秋高气爽，日暖风和，当茶余酒后，负手花前，岂不逾于营求钻隙耶？而说者谓宋南渡后，士大夫每托于花鸟虫鱼，聊相愉悦，其情盖有可原者，其然，岂其然乎？

1932 年 10 月 8 日

《北平晨报·非厂短简·八一》

署名非厂

二

民国纪元前故都，只有西番莲，没有大丽花。那时的西番莲，只有朱红和黄色，花开大约有二寸，作蜂窝形，用来点缀秋间庭院，本很有趣。它的变种，就是现在的大丽花，大丽是译名，这种由音译而得的佳名，是值得称赞的。大丽花在故都是由日本传来的，凡它花形的变化，色的变化，都可以称它一声大丽。它是块茎的植物，清明时下种，初秋即开花，至中秋更盛。各色都有，有的细瓣，有的宽瓣，只是养得不得法，枝干容易太高，到开花时，花朵反倒开小了。最好的养法，春夏不要勤浇，夏末施以速效肥料，它高不满三尺，花开起来，却可以比饭碗大。

1948年9月30日
《北平日报·太平花》
署名非闇

植晚香玉

丰台除芍药外，在夏际又有晚香玉。晚香玉花梗高二尺余，每十梗为一束，下有球状之茎及须根。市售每束一角余钱。凡花梗高而肥壮，含苞多而密者开尤长。不善种者，花香不足，含苞多黄萎不开。

每束以马兰叶束顶束腰结，不可解。整束纳盆中，筑实土，土无论肥瘦，以细为佳。植后，自其顶之含苞处灌水，水淋维遍，每日晨午两次，置院中，下午三时后，移置屋中，则清芬满室，直开至顶不枯萎。

1933 年 7 月 31 日
《北平晨报·艺圃》
署名非厂

堂花

冬日熏治花草蔬菜，汉时即有其法，《汉书·召信臣传》：“太官园种冬生葱、韭菜茹，覆以屋庑，昼夜燃蕴火，待温气乃生，信臣以为此皆不时之物，有伤于人，不宜以奉供养，及它非法食物，悉奏罢……”自尔历朝沿袭，唐人诗所谓“二月中旬已进瓜”是也。

北平煴虫，如蟋蟀、油葫芦、叫哥哥之属，其法始自康熙。乾隆十三年御制《咏络纬》诗序曰：“皇祖时，命奉宸苑使取络纬种育于暖室，盖如煴花之能开腊底也。每设宴则置绣笼中，唧唧之声不绝，遂以为例。”

北平冬日如黄瓜、茄子、扁豆、香椿之属，施暖床，煴之使生长，谓之鲜活，亦曰洞子活。牡丹、菊花、山茶、碧莲等贮暖室，燃煴使生长，供腊底正初陈设厅堂之用，因谓之堂花，亦曰唐花。

1935年2月23日
《北平晨报·闲谈·六五》
署名闲人

看红叶

红叶是多么艳丽的东西，翠微山看红叶，这是多么清雅的事情。去年我想去看，今年我因为病，恐怕更不能去看。我虽不是什么雅人，不会干什么韵事，但是翠微山的红叶，的确使人心醉，使人留恋。前年我同友人去看红叶，红叶正看得起劲，忽然跑到吃树叶的地方去。我们的老同胞、小弟兄，他们卧在土窟里，没得办法，只好捡些树叶煮来充饥，还要选那上好的树叶，留着请他姑奶奶吃，伤心惨目，实令人愧对这些位老同胞、小弟兄。那时有管君翼贤、张君大千，我们曾冒出一股热气，请管君代为经营，我和大千共画三十幅画，在稷园开赈济西郊难民画展，那时承各方面对吃树叶的同情，在画展的第一日的早晨，居然六十幅画全罄，得价两千余元，全数交管君代赈。今又到看红叶的时候，我不知道这些位吃树叶的同胞兄弟，是否还在那里挣扎！

1938年10月28日
《新北京报·哭之笑之随笔》
署名于非厂

西山红叶

西山看红叶，在老北京叫作“醉秋”，意思是秋老霜叶红。今年节气较晚，前天有人冒险去看红叶，黄的、橙的多，红的尚少。

西山红叶，我自十年前与张君大千同看了一回，秋是醉了，可是香山山后吃树叶的也看得够了。他们穴山而居，把山里所有的树叶凑拢来，柳叶最广，有苦味，他们掺杂着吃，另有一二种树叶（我现在记不清楚），煮起来比较嫩，比较不苦的，他们存留着备待客或亲戚。在那个时候，物价并不高，并不是有什么天灾，而这些山居之人，他们竟如此挨饿。张君首先不忍，回来之后，我二人合作二十幅画，又各作五幅画，共三十幅画，在稷园水榭开济贫画展，全部收入，捐给吃树叶的人们。未到三日全部售出。

现在树叶又红了，山居之人如何，恐怕早已靡有孑遗。城市之人又如何，张君远居成都太和场，我自顾且不暇，惟有徒唤奈何而已。

1946年10月17日
《北平日报·太平花》
署名非闇

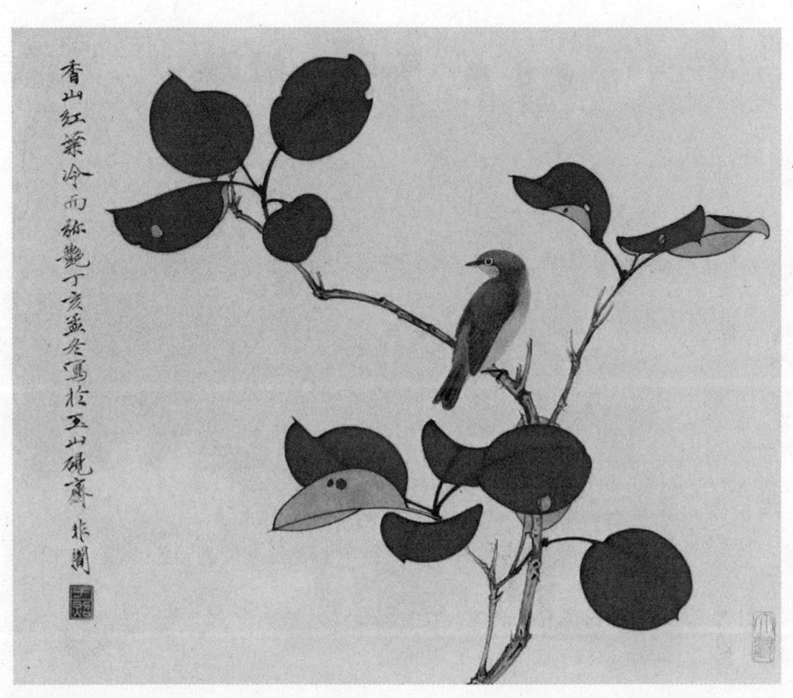

于非闇《红叶黄鸟》（1947 年，私人收藏）

水仙

我自幼年即喜种花，冬天的水仙，我不但会种，我还会用竹刀切成蟹爪，切成盘龙。一直到卢沟桥事变，我才不去种它。水仙这种东西，虽其名有个水字，却是不大喜欢水，所需要的，是未从种植之前，它那球茎要再给一次肥料。以后只是晒太阳，夜晚淋上些水，自然叶短而茂，花皆挺生在叶梢上，又大又多，又香又艳。

我很有几对好官窑盆，尤其是那对雕漆银里子的，陷区全换了米柴，雨花台的石子，也就此送人了。现在残存的是一个雍正粉定暗龙大洗子和光绪官窑七巧图式的七种不同形彩斗。“古瓷毛边不值钱”，假如这几件都是完整的话，大约早换了棒子面吃了。

新春前蒙我们经理颁赐了几头含苞的水仙，我们经理选花很在行，都特别足壮。送给我的现在虽尚未开，但是可以看出两头重瓣两头单瓣。按北平养水仙，谓单瓣的香，重瓣的艳，却都是喜欢单瓣的。在从前，自九月末（旧历）起，整篓的水仙头开始来平。这都是福建来

于非闇《水仙墨蝶》(1947 年，私人收藏)

的，买两篓，选头大的切蟹爪，头歪的切盘龙，头小的土种，头停匀的吹淋，花钱不多，却甚好玩。如果是宝石红的洗子，摆上一头盘龙水仙，衬上几个雨花石子，清冷冷的水，香馥馥的花，供之案头，也颇有些意思，而尤其是蜡炬仍红、颜色如沸的时候。

1947 年 1 月 31 日
《新民报·土话谈天》
署名闲人

玉簪花

庭前杂卉，在孙折、狗掘、鸡啄之余，玉簪花居然吐蕊，这总比“太平花”侥幸得多。按玉簪花一名白萼，一名季女，又名白鹤，这白鹤是对紫鹤而言的（见《学圃余疏》）。紫色的有二种，五月间开的花更小，在这时开的，比白色略小，叶是黄绿相间，非常好看，也有香味，不似五月开的无香。

庭前是白色的，三丛是单瓣的，二丛是多瓣的。每当夕阳西下，才开起来，吐着雌雄七条花须。电灯无光，暑气稍退，手蒲葵扇，小坐庭前，息息清香，精神顿爽。

这花当下午四五点的时候，把那形似玉搔头的骨朵，由花梗上采下来，用个小笔洗，龙泉最雅，西瓜绿的也好，注入清水，把它的花棒浸在里面，放在案头，当八九点钟的时候，它那清香之气，不断地在室内散发。花蔫之后，把它晒干，遇有烫伤毒肿，用香油把它煎焦，涂在患处，可以止痛消肿。若是把它裹上面糊，入油一炸，撒以砂糖，也可以下酒，这和炸玉兰花（春日开的）同样清香适口。又选上好龙井茶，趁花未放，香气未散，将花瓣微微掀开，用镊子把花粉镊去，填入龙井茶丛，再把花瓣扎紧，俟花干，将茶叶倾出，另用高汤“川”[1]河虾仁（青虾）既熟，盛碗内，将茶叶少许放入略闷片刻，味尤鲜美，并且比茉莉花更好。

1947年8月21日
《北平日报·太平花》
署名非闇

[1] 川，通“汆（cuān）”。烹调方法，把食物放到沸水里稍微一煮。

栀子

大概白色的花，十九必香，栀子白花，有无瓣，也有重瓣的，这时正在开花。本来这种花，汉朝人叫它鲜支（《上林赋》），晋人叫它林兰（《山居赋》），《酉阳杂俎》又说它是檐卜花，李时珍说它花形似酒杯，应称它为卮子，加木旁的是俗字。《汉书》说“千亩卮茜，其人与千户侯等是也”，这不但是观赏植物，而且是工业染料药材的植物。

这东西和茉莉一样，都是需要粪肥的。我喜欢折枝插种，瓶是“霁红”较美，那种“玉壶春”式的也不错。插瓶的方法，是把够姿态的剪下来，在剪的地方用锤击成裂口，把细盐揉进去，略候十几分钟，然后插入瓶内。瓶水须天天换，每经三日，把揉盐的部分剪去，再用锤击，再揉上盐，如是，花可以经多日不谢不枯。据说这花也可以炸食，但我未曾吃过。

1947年8月23日
《北平日报·太平花》
署名非闇

北海桃林

北海公园内，过了那段长桥，到了“琼岛春阴”[1]，顺着东西的那座桥踱过去，在东面有些土阜，遍种着早桃，北平又叫毛桃，结实并不大，比胡桃还要小一些，全身满生茸毛，所以叫毛桃。它开花最早，以北平的气候，差不多刚入二月（夏正）不久就开花了，所以又叫早桃。花和真正桃花形状相同，有绯色，有白色，一遇天暖，几天开过，遇风落瓣，花雨缤纷，所以古人又用它比薄命。有几百株之多，在平市桃林，也可以说是蔚为大观了。

在胜利的前一年，我有酬应往该园董事会。我对于北海，自未开放为公园以前，即喜欢那个地方，时常去钓鱼。自沦陷之后，我入该园这是第一次，因为日本人随处都在钓鱼，我懒得看，只好不去。我既往董事会址去酬应，时当二月的天气，顺便看看桃花，也未尝不是件很惬意的事。

---

[1] “琼岛春阴”为“燕京八景”之一。在北海公园白塔山东、倚晴楼南。

我是自北而南，陟上土阜，首先入眼的是那一片桃林，仿佛枯枝上下了很大很大的雪，映着那几株松柏，也觉得苍翠了许多。我记得那一天好像是个休沐日，小学生沿阜乱跑，攀缘树干，一面在打筋斗，一面在折桃花，桃花被这些位小英雄，摧残得落英满地，干倒枝斜，大好一片桃林，被蹂躏得不堪入目。有几对日本情侣，在一旁不住地批评，我只好偷偷地踱了下来，从此即不再往。今者早桃将发，不知这片桃林仍健在否？

1947 年

《一四七画报·非闇漫墨》第 10 卷第 11 期

署名于非厂

颐和园看花

我在十二日（旧历闰二月廿一日，星期六）赴颐和园，与其说是看玉兰，毋宁说是画玉兰。在事前，已得到了玉兰初放的消息，我带着老仆，在下午三点钟赶了去，除去要带些画具和终日不离口的“大锅烟”，我还带了盥漱诸般用具。茶叶虽然不太好，也可说是只有此数的一包，是由成都一位老同学寄给我的，而我只吃剩这点点。养云轩中粪除清洁的一会儿，只是找不到一粒煤球。煤的威胁，真是可怕。

看守养云轩的，是一位大家喊他“韩头”的，人是规矩而正派，深深的眼睛见人总是和蔼的。颐和园那些园工，都是那么规矩，很受过相当而又特殊的训练，虽然有些似乎是不太自然，但是狂野粗暴那确是没有，而尤其是三十岁以上的园工们。这一点却是和其他公共场所不一样，因为我时常去，时常住，时常和他们攀谈，那六十许的老人，直到现在还称慈禧太后为“老佛爷”。

养云轩庭院中，有的是松花柏枝，我借到了一只小汤壶，就用这松

于非闇《辛夷花图》（私人收藏）

花柏枝烧水，浓浓地吃了一顿茶。茶叶好，水好，烹水的家伙燃料都有趣，这种境地，这种清福，稷稷松声，偶然嗅到玉兰香气，顿觉尘念都消。可是一望门外（养云轩直对长廊），游人攘扰，我也只有再来一口大锅烟。

夜将近午，我再徘徊玉兰花下（计乐寿堂前一株较矮，堂后一株较大，西偏院一株较高），玉树临风，衬以房廊曲栏，真觉置身仙境，仙境是什么？还不是同一幻想。

翌日是星期日，游人更多，长廊几无隙地，颐和园门口只停放之汽车，均已摆满，那随来随走和开进存车处的尚不在内，春游之盛，我是初见。

我七时起，至堂后画玉兰，时游人未至，得稿十余幅。至八时，已有游人。至九时，途为之塞。按玉兰花九瓣，它的香味，简直和兰花没有什么分别，香味是由它放，你如果用手捋过来，凑向鼻端去嗅，却嗅不出什么，你如果距它远些，迎着风，它会息息地把它的香气，不断地送到你鼻中，你细心地去领略。你如果稍微粗浮一点，这香气绝不会领略到，它的香气，比兰花微有些甜，而更没有素心兰那么香得柔和，而是有点暴烈的。花色虽然是白的，但与真正的白比较，却又白得那么不刺目，而柔和中又微微带点浅碧光泽。今年因为冷的时间长，所含的苞，一旦遇到暴热，突然地怒发了，所以花朵比去年小。我早晨看它还是含苞初放，到了下午就九瓣全开张了。对面的辛夷花（即俗叫紫色玉兰）也有两三个突然脱颖的花骨朵。我有位好友，他在上海植着一本“二乔”（在一个树干上交互取着玉兰、辛夷两种花，所以叫“二乔”）。本来这玉兰、辛夷，在南边不算什么稀奇之物，并且颜色还有黄的。这种花都是用木兰接的，也有在本身上用个小盆培上土，俟其生根再切断的。

乐春堂后那棵辛夷，今年太肥了，花总有百十朵，颜色是那么浓艳。它外面包着一层生着密毛的厚皮，里面又生着两片薄皮，也满生着茸皮，这外面的皮，很像垫肩的长毛绒或海军的呢大衣，脱了大衣，里面还有一袭细毛线的风衣，啊！这是多么娇贵呀！紫色的旗袍，笼着莹洁的玉肤（此花瓣外紫内白），真是别具一种姿态。无风的那几天太热，它已把衣服全脱了，想是不堪烈日，枝头上已现枯焦，十八日的风，十九日的冷，二十日的狂风，它愈有些"吃不消"。我是二十日（星期日）上午出园，在冷风中已落英满地了。我坐在公共汽车上，这是夏季时间的八时四十分，可是园门汽车，已然堆有一大片。我向城中去，游园人也正在向这条路上驰来，汽车是像一字长蛇般由车旁驶过去，脚踏车的青年们，也冒着逆风，向这条路驶过去。坐在车上，只觉得宋明轩（哲元）将军当时搞这条路，弄得路面太窄小了，再加宽五七尺，比较相宜，而尤其是自西直门至白石桥那一段。

谐趣园中小桥流水那么清冷使人留连，我们相与在此濯足。跑跑后山，看看桃杏花，那更是不常的好景。有日本人种的十余株樱花，都是日本的名种，可惜都种在山阴之地，不能耐朔风高寒，这几年都不大"繁荣"。倒是那几株白皮松，巍然干云，平添了不少奇趣，名画家张大千先生，在十几年前已经把松搜入了画稿。倒是溥心畬先生终日住在园里，却不曾看到他画过什么园中的景物（或者是我未看到，或者是他别有劳愁），这也可以看出各人取材的不同了。

1947年

《一四七画报·非闇漫墨》第11卷第11、12期

署名于非厂

丁香

故都丁香花，现在要以稷园（即中山公园，原为社稷坛）为第一，虽然有久已驰名具有历史性的法源寺。法源寺的丁香花，老干还有几株，而补植的太多，不如稷园繁茂，社稷坛门左右两林，加以水榭西土丘一带，繁香似雪，蔚为大观。

在这种年头，还谈什么赏花?！棒子面都卖到一千多元一斤，还是“晚了”没有，“多买”没有，“干面”没有，“订货”没有。没钱的固然是没心情去看花，有钱的人觉得只有折两枝，捡点小便宜。

北平旧家很少养丁香花，即或植它一两丛，也是择那偏僻的角落，经不种在窗前阶下，因为“丁”与“钉”音近，“眼中钉”太不吉利，这和“前不栽桑，后不栽柳”一个意思，“桑”与“丧”，“柳”与“溜”音相近。至于“椿树过房，家败人亡”，“椿”指“臭椿”而言，这虽也是一种说法，究竟椿树长过房，何以就有败亡的结果，我却弄不清楚。本来叶有香味的不开花的叫“椿”，叶有臭味开花的叫“樗”，根本不是一物，“椿”是见于《禹贡》(杶)、《左传》(櫄)、《山海经》(橁)、《庄子》的，“樗”与“叔”音近。这俗语大概是“樗树过房……”犹之乎“叔叔过房”吧?

1947 年

《一四七画报·非闇漫墨》第 12 卷第 2 期

署名于非厂

桂花

桂花在故都，只有盆栽。盆栽分大中小三等盆，再大则是木桶，桶也分二尺五、三尺、四尺，最大的我见过五尺八的桶，下面有四个小铁轮，可以推动。所谓几尺几寸，是指木桶直径而言。桶上也分几道箍，有双箍单箍之分：箍每桶凡上中下三道，单箍即此三道；双箍则上下各二道。或油或漆，或本色，或绿或朱。桂花故都分三种，花白色的叫银桂，黄色的叫金桂，朱红的叫丹桂。丹桂最难得，能入三尺桶的很少。原来桂花在故都，冬季须入窖，入窖后宜润而怕浇水，水多叶必脱，叶脱虽能生新，但来秋必不花。

1948 年 9 月 24 日
《北平日报·太平花》
署名非闇

小红娘

小红娘是蔓生的植物，它的花和叶都很像“勤娘子”（牵牛花），只是秋后才开，花是朱红色，又仿佛葛萝松，北平人却硬叫它小红娘，或是小红花。在沦陷期间，一度被称为“八哥压路”，更有偷偷地斥它一声“小日本”。因为它的形色，和那时的“友邦”标志差不多。据说：这种花缠绕在旁一植物上，它虽然赖之以成以长，以至于发荣、开花、结果、传种，但它却可能把它所依傍的植物缠死，所以北平人养它，总是另立竿架，或是弄根麻绳，引它去随意乱爬，绝不令它缠绕到旁的植物上。小孙儿不知由哪里移植了一本，栽在丁香树下，它居然花开满树。我在想，看它能不能缠坏我的丁香。

1948 年 10 月 6 日
《北平日报·太平花》
署名非闇

豢鸟

北京人喜豢鸟雀，在昔日辇毂余荫，此风尤盛，今历且二十年，虽日颓靡而犹相望也。鸟有市，日中为之，笼、罐、钩、索、架、米、谷、虫、螅、鹰、雀、兔、鼠之属，纷然罗列，杂然莫可名。有叫卖声，有铃索声，有小儿欢跳唤鸟声，有啾然鸣然鸟鸣鼠斗声，喧嚣莫可耐，而入其市者，举欣欣焉以相交易。日既未，相与架其鸟，提其笼，仆仆以两三铜元市茶一包，入茶肆。至有后先，相与一揖让，即白木长板凳，出浅蓝布巾，拂拭凳。茶博士以陈旧若宋元之龙泉窑盖盅，黝然若饱经岁月者，奉之前，出所市茶以拇食中指轻捻一撮，置之盅，茶博士为注水而退。徐徐自怀中出鼻烟壶，倾其烟，二指捻而狂嗅，游目视其鸟，为乐滋永。方其乍入茶肆也，相与揖，举目四瞩，相期鸟笼所置，既得，启其笼罩，即前悬之。此时鸟语人声，杂然并起，烟雾弥漫，若置身潇湘烟雨中，真觉别有洞天。聆其言语在可解不可解间。如曰："旗人安得而不饿死！试观街市售白菜者，岂尚有'齐口菜'乎?"按：北平白菜，非至霜降（节令）不熟，至霜降虽熟，味尚不美，必入窖屯之，味始佳。在未入窖之前，市中售白菜，多将其叶部切去而售，此已切之菜，俗呼曰"齐口菜"。民国七八年时，犹有售者，今则无矣。盖切去之叶，在昔极贱，且有以之供市肉者之肉托。不以全菜计值也，今则夏日且有白菜矣。谓为进化乎？则吾以居北平久，初不以不入窖之白菜为甘也。此外谈鸟，若谈街巷琐碎不经，有至神秘者，有不堪入耳者。而一及于身世，每多铜驼离黍[1]之感，倘亦自居于逸民者乎？然此中人亦自有别，不可概论。以豢鸟赡其身家者，则借一茶为聚议交易食息之所，为类已不一。晨兴闲步，借豢鸟而锻其身体，调其疾苦者有之；诗人骚士，借茶肆以资排遣者有之。而一入其中，久之而为茶肆化者，则吾所见又不敢曲为之讳也。

吾好弄，尤好日即于北平各个社会中游。吾以所得，笔而出之，要非如一般人之好曲传北平人之短，且吾于清朝关系似甚密切，非故为纡说。盖吾生于光绪十五年，吾老母与妻且为昔日之宗室女，其关系真堪引以为逸民。脱吾善画兰，吾不将师郑所南兰不着根土耶？一笑。豢鸟者之术语，吾不甚解，盖鸟之可贵，以鸣声之变化为多。至于毛羽，则在其次。若百灵鸟，其本声所鸣，须力戒之，使永永不鸣。而其鸣，若鹰啸，若瓦雀闹林，若猫叫，若蛐蛐，若油葫芦鸣等，不特学之须神似，且其前后次序，亦莫可颠倒之。若黄鸟，其本鸣，谓之"打咋"，不得叫。其有叫，效蝈蝈、油葫芦、山喜鹊、鹞鹰、自在黑、自在红（二者鸟名）、猫等，若能效叫卖糖人玩具之锣声，行军

[1] 铜驼离黍：取"铜驼荆棘""黍离麦秀"典故，指哀伤亡国之辞。

之喇叭声，则尤为难能而可贵，一鸟之值且百十元，居为奇货焉。鸟有肉食者，饲羊肉，以径四五寸圆木为俎，出小刀，即俎上切之，务使精细。既成，合以卵黄，拌而饲之，毕诚毕敬，毋敢懈，毋敢怠荒。以砂酒壶市八枚铜元白干酒，捻咸萝卜两条，炕中置矮足几，昂然坐，倾其壶，徐徐饮之。妻与女伺候左右，不时顾其黑泥小火炉，俟其饮毕，以朱彩绘三多[1]之小碟，拾炉沿蒸烤之窝窝头承之。奉之前，以砂釜盛脂油炖白菜佐之，啖乃弥甘。食竟，陶然即炕中卧，妻若女一面收拾碟釜，揩拭小几，一面掣棉被覆之，少焉鼾声作矣。及好梦初回，日已至未，竖起脊梁，提鸟赴茶肆，日暮方归。其尤勤者，晨起至茶肆，巳时归家食午饭，未时再至，日暮始归。盖其辛苦，一惟鸟鸣是偿，甚矣，好之中人者深也。

1930年12月19、20日
《北平晨报·非厂笔记·四、五》
署名非厂

[1] 三多，即多子、多福、多寿。

养鸟

我很喜欢养鸟，叫的鸟我喜，不叫而羽毛奇丽的我也喜。“七七”前我很养了不少的鸟，如绿斑鸠、相思鸟之类，又承潘仲鲁、张明炜两先生赠了几只虎皮鹦哥，那时玩起来，真不算什么。事变后，南鸟不来，原有的渐就亡失，直到胜利后，剩了一只沉香鸟，它的爪甲长了半寸长，才无疾而考终命。在沦陷时得了只白鹰和白胡伯劳，这两只是北鸟中罕见的，金少山有只白鹄，我因议价不合才为他得去。

但我养鸟并不如北平养鸟之“遛”，我是用它来作我的画稿的。像北平那样为鸟所役使，我却干不来。

隆福寺鸟市和鸽子市在一起，“粉眼”正上市，这鸟在北平不重视，在上海却珍贵得很，称它叫“绣眼”。现在“红殿颏”也有了，“脯红粉坌”，样儿神骏的，一位鸟贩手里，索价八万元，据说这并不贵。但这家伙，每日要吃精致羊肉，拌鸡子、蚕豆粉，天天要“遛”，请想：现在有哪种人够得上玩这个！

1946年9月19日
《新民报·土话谈天》
署名闲人

养黄鸟

春雪盖地，积已盈尺，通衢及所谓“要人巷”，均已扫除净尽。以北平通衢之广，要人之多，而扫除之敏速，已自可惊，而不谓如我所住一带穷苦陋巷，仍自水深及尺，泥泞不堪行步也。病躯不惯午睡，间作闲游，蹑泥跃水，偶至茶肆，观养鸟者，颇可补吾前说之不足。黄鸟，小雀也，能效众鸣。以捕得之地言，分山东与“伏地”二种，“伏地”形与色皆同山东，惟以捕之早（深秋），毛羽齐全，故价昂。山东捕亦深秋，惟以运输延时，来独后。捕法拙，辄伤其羽，故值廉，实则皆黄质而黑章也。选之之法，以躯大嘴宽，黑章细杂，黄章而呈青色者为贵。而黑之色惟淡，晕以白圈，则犹稚嫩。能效秋虫鸣，若蝈蝈，若油葫芦；鸟鸣，若山喜鹊，若自在红；鹰鸣，若隼啸，若鹞啼，皆可贵。有能者，日提之入茶肆，高悬，众养鸟者，群以布罩其笼，俾静听。众足恭能者，或出资市小叶茶，或奉卷烟，或以鼻烟敬之，故攀谈，能者则泰然坐。好事者顾视其双趺，则泥水玷污过半，知非在“要人巷”来也。

1936年3月14日
《北平晨报·闲谈》
署名闲人

痛鸟

这几日最使人不痛快的，大概是阴云密布，潦若中秋的天时，和洞庭微波，衡岳层雾。同时我养了一只小鸟，因为它也每日价响遏行云地叫个不停，它竟因郁致疾而一命呜呼了！本来这只小鸟，它鸣起来，总是开张着翅膀，翘着尾巴，俯着身，探着脖子啾啾地叫着。它说些什么，我倒不曾理会。只是叫起来的声音，听到耳里，透至心房，总是使人什么都会忘掉，只是专一地欣赏它那声音。前几天我因为它叫得越发努力，随叫随饮一两日水，我于是时常用手劝阻，使其悬崖勒马，留着些力气，慢慢地喊。但是它依然喊个不停，尾巴翘得越高，脖子探得越长，我于是摹仿广州取缔新闻的办法——隔绝——我用一个布幕，将笼子通通罩起，真有效，果然不响了！但是不下三天，它竟自与世长辞，溘然长逝，能不使我痛心么！本来装在笼子里使它喊，已经够它受的了，又用布幕罩起来，怎不因郁致疾呢？

1936年6月28日
《实报·漫墨》
署名闲人

山喜鹊

山喜鹊这种鸟，毛羽既美丽，鸣声又清脆，最是天坛的古柏间，和香山的红叶时有它点缀其间，倍觉相映成趣。我很喜欢这鸟，和我喜欢求人画它是一样。今夏我弄到一只毛羽未全的小山喜鹊，每天去饲养它，到现在它已长成，而且很不负我的饲养，因为将它挂到重门上，要有人按门铃，它总是喳喳地叫几声。就这一点，无怪北平的老杠房，人在后面，总放一只山喜鹊在门前，这是可以报知主人的。日前天桥有一只白山喜鹊，据说是一个贩马的客人，自峰喜口弄来的。这鸟粉嘴粉腿，两只朱砂眼，雪白的毛羽，看起来总是一只稀罕物。但是索价五十元，后来让到三十元，尚未售出。我因为它是峰喜口来的，所以我看在这三个字上，把它写出来。

1936 年 9 月 27 日
《实报·漫墨》
署名闲人

太平鸟

前天上了趟鸟市，又看见了太平鸟，这是多么响亮而可爱的名儿！油油的小嘴，脑后披拂着一撮长毛，黑的翅上，每面还缀着六个小红点，葡灰色的身子，那羽毛漆黑，这种颜色调和润泽光洁的太平鸟，是任何鸟比不上的。

它不像“黄鸟”只会叫，也不像“交嘴”“主点”只会衔旗，更不像“梧桐”“皂儿”“老西”那么灵巧会打弹，它只是羽毛淡雅之美，令人见了可亲可爱，象征着太平气象。因为它两翅有十二个红点，所以又叫它“十二红”。

据说这种鸟不常来，来必天下太平。今年这种鸟来得太多了，鸟贩的笼里，它们都拥挤着，而待鸟贩饲它们窝窝头，“乱极思治”，鸟来了，天下太平吧！

1946年11月27日
《新民报·土话谈天》
署名闲人

记公园时乐鸟

中山公园有一只鹦鹉，从头到尾有二尺长，灰白而加黑斑的阔嘴，朱红色的头，绿黄色的蓑衣，藏青色的翅膀，朱红色自下颚至臀，红得可爱，两管朱红的尾翎，衬上几根石青色的小羽，它的美丽，是庄严，是雄厚，是端丽，是富有热烈色彩的。这只鸟，俗呼它五色鹦鹉，因为它也能言。

按《唐书》:“明皇有五色鹦鹉，能言，育于宫中。左丞相张说上表贺曰：臣按《南海异物志》有时乐鸟，鸣云太平，天下有道则见。验其图，丹首红臆，朱冠绿翼，莺领文背，糅则五色。今此鸟本南海贡来，与鹦鹉状同而毛尾全异。其心聪性辨，护主报恩，固非凡禽，实《瑞经》所谓时乐鸟。”据这段记载，公园中这只鸟，应名叫时乐鸟。这名字在今日听之，是多么响亮而富于讽刺性呀！

据说，公园那只时乐鸟，是前清西太后时候伍廷芳由南洋进呈来的，原来是两只，一只在颐和园乐寿堂，一只在故宫。民国十三年之后，某地方当局因为故宫没人调养，所以才把它送到公园，在公园一

于非闇《时乐鸟》（1945 年，私人收藏）

直养到民国三十一年，它才脱离人世，飞往极乐世界。它这一生，由南洋做了贡品，一路旅行，到了皇宫，蒙受睿赏，这大概是它最荣华的时代。故主既死，不四年，又值国变，由“皇室”闹穷起，它又失掉了伴侣（乐寿堂那只先死），至十三年冬，时乐而挨饿，才被救到了公园，和人民相见，但是它已不胜今昔沧桑之感了。它在公园，雄踞在海棠花式的铜架，见了人总是闭目合睛，懒洋洋的，哑口无言。沦陷了，连这只鸟也沦陷了，沦陷得有些知识的人都不大爱蹓公园，于是这只饱经忧患的时乐鸟，更觉得老态龙钟地蜷伏在铜架的食罐上，眼简直很少见它睁开。

那时日本人为夸耀他的建设，他的武功，他的偷袭珍珠港等，在公园社稷坛硬开一个会，据说这只时乐鸟，看不惯这些调调儿，每日总是神情昏昏的，饮食日减，这个会一闭幕，它也就与世长辞了。那时很有些位文人墨客悯它的遭遇，为诗文来咏它，来凭吊它。公园把它的遗蜕，做了模型，直到现在还陈列着。有位好事的，还把它那玲珑剔透的五脏，给埋在陶然亭畔那个鹦鹉冢旁，题额是五色鹦鹉冢。公园董事嘱我为这鸟画了个长卷，现仍在公园存放着。去太平尚有多远，我不知道，我只空想这鸟的名儿，真响亮。

1947年

《一四七画报·非闇漫墨》第12卷第5期

署名于非厂

鸟打弹

故都冬季养“蜡嘴”“细嘴”“燕雀”(皆俗名),咸以能口衔弹丸,飞舞空际,为故都人所好。吾在故都,不免于嬉戏。廿余年前,曾亦为养鹰豢鸟之戏,每当严冬,披羊皮裘,戴黑猴毡帽,随三五少年,架“蜡嘴”“细嘴”数事,集广场,为打弹子之戏。天祁寒,足不御棉鞋,薄棉小裤袄,缠扎包,舍羊皮裘毡帽置之地,手捧鸟,凭腕力上掷,高入云,鸟则翻身接,或作螺旋舞。初冷缩手僵,既久,热汗透重衣,头汗蒸若釜上气,薄暮归,滋为笑乐,而耳唇,指尖,足踵皆冻裂,血涔涔沾衣袖不之顾。时予尚在学堂读书,间旷课,比归,即灯下恣读,手执鸟,俾其勿睡,睡则来日不打弹。勿使睡谓之“熬”,“熬”,来日任指挥,莫不如意。今回忆已有民国之年。黄蛰庐老友,忽即隆福寺庙会得“细嘴”,能打弹子,因嘱予为此文,略述打弹子之戏。

"细嘴"以身小翼长口巨而顶毛色重者为佳(指雄鸟)。入选后,以"小麻子"饲之。饲之法,以手捻一粒,直举头顶而上,使鸟飞衔之,谓之"吃飞食"。置一粒于掌心,距鸟远,使自架上飞来食,谓之"叫远"。两指捻一粒,向空抛之,使自架上飞起接而食之,谓之"食起"。抛之法,或前,或后,或左右,皆能自如,此为初期。晚食恣其饱,勿使睡,至夜分为止。如是者娴熟,凡手一动止,鸟必注视之,此时视鸟之眼色已变,知已驯,方出弹子训之。弹子有二,小者曰"底弹",大者曰"盖弹",底弹俾先衔,然后以盖弹衔之,口张,不虞出也。此鸟特性,凡食物入口,必先咀嚼去其粗皮,复咀去其细皮,方食其仁,故以弹子与之,肆咀嚼,不下咽。鸟既能任手抛食而接,弛其索,张手,鸟飞落左掌上,先以食抛之,食后,抛底弹,继之盖弹,鸟二者咸接衔而不吐,方饲以一粒食,衔一吐一则不饲,此时因抛弹不可高,鸟只引颈承接,俗谓之"两坐",谓不飞起接也。如是者渐熟,然后以底弹抛之,既接,急以承鸟之手上托,同时以盖弹抛空中,使其衔接,如是谓之"一起一坐",谓底弹坐衔,盖弹飞接也。如是熟练,然后抛底弹时,亦以手托之使接,既接,未俟落,急以盖弹抛之。盖弹抛,必视底弹略高,使仰接,此之谓"出手两起",谓两弹皆飞接,才出手,不甚高也。此为打弹之中期。自尔,凌晨须举鸟而"遛",夜晚须燃灯而"熬",眼神完足,野性全退,几无不注视豢者之手之动止矣。即广场,左手中拇两指微环鸟,右手执底弹同向空中抛,俟其既衔,急以盖弹向空中抛,底弹抛高初为一丈,则盖弹为丈五,此谓之"过房两起"。鸟性有鲁钝,终其身只能"过房两起"者有之;弹有横接仰接,终其身有不能横接者。关于训练,亦关于鸟性也。"过房两起"之后,再高,视人力之上掷,谓之"两足起"。底弹向前掷，转反身向上横抛盖弹，谓之“半个盘”。向前掷底弹，翻身以手领鸟，使成圆环飞向一周，再以盖弹掷与之，谓“打圆盘”。“细嘴”之灵敏者，环三四圈始接盖弹，则最为难能而可贵者也。

上所述为“细嘴”之打弹子，“燕雀”视“细嘴”而小，“蜡嘴”则稍大，其法皆大同而小异，不具述。

1935 年 12 月 6 日
《北平晨报·艺圃》
署名闲人

北平鸟市

连日东西庙和土地庙的市集，鸟市大活跃了。鸣的有“黄鸟”——“山东黄”已来，“伏地黄”却也不少，且不太贵，羽毛齐整，又青又麻的才五六千元，“几千元还不是‘毛’来钱么！”这是卖鸟的叫苦。

“燕雀”是打弹玩的，更贱，毛“素”个小的雄鸟，会吃“飞食”叫“大远”的才二千元，次的只四百元一只。“交嘴”青的、红的都有，这种鸟嘴是交叉的，俗说左搭公，右搭母。会衔旗开箱子，每个一二千元不等。“锡嘴”“抓大龙”才四百元一只，但是来喂它的“小麻子”“苏子”，倒四千元一斤。鸟的食粮，却比鸟的本身贵上好几倍，您说这个年头！

黄鸟的鸣声清越，能学各种鸟语虫声。燕雀、交嘴虽也会叫，但是燕雀、锡嘴、蜡嘴都是会打弹的。弹有底盖两种，底小盖大，先掷以小的使衔着飞盘，然后再掷大的使接，上下左右盘旋飞舞，确实有趣。生在这人无闲心，物无闲力，人粮贵，鸟粮尤贵的今日，可惜这群无知的候鸟，被弋人捕获，只有摔死吃肉的一途了。哀哉！

1946年11月21日
《新民报·土话谈天》
署名闲人

主点儿

上次我谈了回北平鸟市的鸟，锡嘴鸟北平人叫它“老西”，蜡嘴鸟北平人叫它“梧桐”，小一点的叫它“皂儿”，这都是能打弹玩的鸟。

衔旗、衔八卦的鸟，尚有“主点儿”，我未曾谈。“主点儿”这鸟很好玩，像棘刺那么尖的蜡色嘴，长的凤目，双睛特别亮，全身有麻雀大（麻雀又名瓦雀，北平叫它“老家贼”，这名非常有趣），身上的花斑也和麻雀差不多，只是头上有像鹤顶红似的一个上尖下圆的点儿，很像我们写“主”字上边那一点，由是可以联想到神主牌位，请状元、探花、榜眼点的那“王”字上的一个朱红点。这种鸟雌雄都有一个红点，只是雄的在胁部上有散碎的小粉红点，由此可以辨别雌雄。北平鸟名，我认为“主点儿”较雅。

鸟儿玩不起了，无此闲心，无此闲时，只好来谈这闲事了。

1946 年 11 月 24 日
《新民报·土话谈天》
署名闲人

直鸟架

养“梧桐”“皂儿”所用的鸟架，叫直鸟架，在从前非常讲究。在我幼年时，这种鸟架崇尚长大，长二尺半，一头尖一头圆平。木制以沉重的为佳，紫檀、乌木是比较好一点的，普通用的都是老红木。至于“虎皮乌”的一对“梧桐”直架，那时卖到二两四钱银子，但是虎皮斑纹还不太好。至于紫檀雕龙抱柱的，那也不过九钱银子一对，若短一点儿，才五钱银子。

到了光绪末年，玩这种的崇尚短细了，最长到二尺二寸，可是“虎皮乌”简直没有，有虎皮斑的不好。

民国十五六年时，尚有玩的，乌木不虎斑，红木不紫檀了。我现在谈这玩意儿，时间对，鸟也有，玩者何人呢！

1946 年 11 月 25 日
《新民报 · 土话谈天》
署名闲人

系鸟的钩

养“梧桐”的用具，除了直鸟架要讲究外，其次就得说鸟项下索鸟的那把转环的钩儿。这钩儿在清季是和猎狗、大鹰所用绳索上的转环全讲究清“造办处”制出来的。其次才是典铜、银、白铜。

原来系梧桐鸟脖项的，是用细丝线编成的，叫作倒栽索。系上之后，露出来约半寸，是编成的套儿，在未熟练和不“打弹”的时候是用这钩儿套住系在架上的。“打弹”的时候，则把钩儿卸下来使它自由飞翔。但是系上钩儿，这鸟拌着绳是要跳动起落的，那么这系的绳就会盘结起来，若是不留心，就会把鸟缠在架上甚至缠坏，所以这钩儿（长寸许）之下需要制成转环使系的绳不容易盘结。

在“造办处”制的银或典铜钩，下面系绳之上，要制成雕空了的或是锦球，或是瓜瓣，或是八面亭，或是胡椒眼，或是龙戏珠。但是不及一分的这点点地方，就着一块整银或铜雕制钩要联系着，雕出花纹要活动能转环，这真是难能而可贵了。

1946 年 11 月 26 日
《新民报·土话谈天》
署名闲人

粉鹰

北平豢鸟，曾数为文传之。今年北平各鸟市，多来奇品，为向时不经见，徒以市面萧索，好之者心余力绌，致捕得者有来非其时之感。“胡伯劳”有所谓“南三式”者，铁翅铁尾，大若小鹰，展翼如蝴蝶，不恒有也。庚子兵燹时，捕者得其一，货二十金。宣统三年，西郊鸟贩得其二，货八十元。今鸟市见此凡三，悬值十五元，久久始售出。粉鹰，罕物也。见尤不恒。今鸟贩以数元得，急求售，为人以数十元购去。吾闻之，为之夜眠不着，急驱车驰十余里，见得者请观，得者矜然炫耀，并世且无偶。鹰视黄鹰而大，首作雪白色，胸羽作鳞纹，左翼有一灰色大翎，右倍之，视其年寿已渐老，而鸷猛之概，森然不可犯。宋徽宗所画，即此物也。为之叹赏者久，废然返。

1935年11月16日
《北平晨报·闲谈》
署名闲人

于非闇《临赵佶御鹰图》(1954年)

养鹰

北平冬天要养大鹰，有的叫黄鹰，有的叫“兔虎”，最难得的是铁翅子，拿野兔、野鸡是它专门的技术，比任何大鹰都快，都敏捷，虽遇老兔，它能在高空敛翼而下，如坠弹丸，骤舒藏翅，横扫而过。兔即被攫，一爪拿臀，一爪拿项，飞至主前，献俘领赏。

这种铁翅子鹰，是左右各十只黑翎，全身毛羽有褐黄的，有银灰的，最珍贵的是白色而红睛的，俗称铁翅雕，野兔、野鸭、野鸡均能捕，所谓鹰犬之鹰，以此为最猛。

养它的时候，在善识其性，要“熬”它，要“遛”它，要调节着喂它，要下“轴”（读第二音，用上好苎麻缠在精肉上，使之吞下，胃虽胀饱，而不易消化）。晚间不使睡，就人多的地方灯下“熬”它，杀它的性子，使它知道饿得难受，受制于养鹰的。因为“饿”这家伙，实在太可怕，虽具有钢喙利爪、远走高飞……的本领，一挨饿，也只好俯首帖耳，听凭养鹰的左右了。

1947年1月5日
《新民报·土话谈天》
署名闲人

鸽把式

向者吾传养鸽(《都门豢鸽记》),其时已预言养鸽之道衰,不复有承平之际盛况。迩来能养百十只,能佣一二人者尤罕见,则“鸽子把式”之为役,不可以不书。所谓“鸽子把式”者,其技能养鸽,大家阔少役使之。“把式”也者,谓其有专技,如花匠亦谓之“花把式”,鸟师亦谓之“鸟把式”也。“鸽子把式”月食工资,职养鸽。其为技能使鸽忽病,能使鸽飞而不飞,能使极熟知鸽忽飞去,能令鸽不生卵,鸽愈佳,其病或失去也愈速。大家养百余鸽,环而居者必有三四家,各养十许头,非佳品而健于飞者。大家不能有失而无得,所得皆环其居之非佳品,环其居亦不能有失而无得,所得则咸为大家之佳品。度主人或有疑,则放其鸽与他鸽搏,又必得一两只。至于“短嘴”易为“长嘴”,“凤头”忽焉“平头”,则尤其技之拙劣者。“把式”之为“把式”,其精妙多类此。

1936 年 7 月 15 日
《实报·漫墨》
署名闲人

于非闇著《都门豢鸽记》书影（北平晨报社，1928 年）

养鸽子

北平养鸽子的，虽然目的是在玩，可是经营管理驯养均得法，在玩之中，也可以剩几个钱，还可以落到手一群好鸽子。玩鸽子的，第一要知最近或将来，哪种鸽子“时兴”，那种鸽子“背时”。那么，在正二月间（农历），就要选择“时兴”的鸽种，由鉴别而使之雌雄配合。虽然庭院太冷，宁可以放在屋里调配，也要赶趁先鞭，早早地把鸽雏孵出来。鸽子的种类太多，某种和原种配合，有时反不能孵出好的雏鸽。有时某种用别种来配，反倒产生很理想的雏鸽，这却是顶感兴趣的事。若选择着这种非原种产生的鸽子，再去孵雏，却有时孵出不好的雏鸽。因此，对于选种，须要审慎地鉴别。

鸽子的副产物，是粪和卵。粪不是去肥田，而是再卖给造酒的。卵是供给盛筵上的珍品，卖出去都可以得到相当的价钱。而尤其是夏季和秋初，卵的产生，因换羽而停止，而春天的卵，又产得频仍，春

于非闇《双鸽》(1948 年，私人收藏)

末夏初尤甚。自然在夏季秋初，卵可以得善价，春末夏初的卵，存贮起来，至秋初才卖，而且不坏不腐。这方法却甚简单，即是把所存的卵，放入罐或坛中，深埋地下，经三伏后取出，直如新产的那么新鲜。

1947 年 3 月 16 日
《新民报·土话谈天》
署名闲人

都门蟋蟀记

吾不敏，不能识其大者远者，独戋戋焉举都门之花鸟虫鱼笔而出之，以与都人士相见，吾诚滋愧。吾不幸，幼而失学，长而不能晋接于闻人，吾除日读吾所喜之书，吾所好之金石碑版，与吾所习之书画镌刻，则日与小儿女相纠缠，钓鱼豢鸽，以乐吾之所谓乐，天崩地坼，举不足以动吾心，世变时移，举不足以易吾性，吾之所为，吾自犹有童心也。吾居京师久，吾性又至浮动，京师玩嗜，每为所中，沉溺而不自觉。吾前所述之钓鱼、艺兰、豢鸽诸术，虽其所记，囿于一偏，而识小好嬉，读者当不难于言外得之也。当光宣之际，吾颇嗜皮黄，于谭氏鑫培，尤奉为师法。一日，过其庐，时杨氏小楼、姚氏佩秋昆仲咸在座，金风送爽，暑气已消，客出蟋蟀数盎，互相角逐，胜者欢然，负亦大快，顿觉此中有至乐焉。退而求其故，复稍稍市一二头，如法豢之，纵之斗，袖手作壁上观，趣乃滋永。时吾尚有两弟，亦各

于非闇“都门蟋蟀记”手迹

养若干头，时为阋墙争，各出奇以求其胜，一若手足间有深仇夙怨者，固不惜跋涉数十百里外，或举笔墨果饵之资，即彼售者，讨求一二头，以为弟兄间斗争之具，及今思之，不禁莞尔，是为吾豢养蟋蟀之始。吾家固多盆盎，不足，则乞诸戚友。时家中诸物，未尽散失，吾因得稍稍读《促织经》《蟋蟀谱》及清初六厂居士聚珍主人所为蟋蟀诸说，吾于是兴趣益浓，豆棚瓜架之间，时与二三同好相周旋焉。年来吾颇好弄笔墨，当此金戈铁马之中，吾特举好斗善战，幺幺小虫，以实诸篇，或亦读者所不至因谈虎而色变。吾不敏，所识者小，吾觉京师豢养蟋蟀，其考究、程序、选择、畜养诸法，有非经谱等书所能尽者，因本十数年之经历，草为是记，非敢自诩其一得，尤非肯拾人牙慧而为秋壑辈作书吏也。因作"形性第一""种类第二""畜养第三""排斗第四"。世之览者，若以古法相绳，吾实愧莫能通，亦不过姑备一说，聊供茶余酒后消遣耳。

戊辰一月二十七日
于照识于花萼楼

形性第一

蟋蟀亦名促织，为秋鸣之昆虫。自咏于葩经，戏于唐官，士大夫遂争相畜养，著之书，见之吟咏，一以畜养诸说传之世，若宋之贾秋壑、元之刘仲明，以及明清诸子，其所以举其所得，昭示后人者，为术至深且切，非如豢鸽者，求一鹁鸽谱而不能得也。吾不敏，且至不才，畜之十余年，每为诸说所误，不能如吾所期，吾本吾之所见，厘为四章，分述如后，非敢云当，亦聊以抒吾所见耳。

一、正名

蟋蟀，京师谓之“蛐蛐儿”，谓其鸣声曜曜也。《诗纬》云：“立秋促织鸣，女工急促之候也。”故谓之促织。《尔雅义疏》云：“趋织鸣，懒妇惊。”则促之义愈显。《诗·唐风》谓之蟋蟀，汉人谓之蛩，谓之蜻蛚，《说文》谓之蝉蜕，楚人谓之玉孙，古人注谓之吟蛩。吾从《诗》，故吾谓之蟋蟀。其别种有三，肥大而色如油者，俗曰“油葫芦”；大首，作莲花冠式者，俗曰“梆子头”；小头锐喙者，俗曰“老米嘴”，之三者非吾所得而详焉。又煴之于冬日，置绣笼中，而聆其曜曜之音者，尤非吾所得而详焉。吾之所记，特就其生于秋，勇敢善战者言之耳。

二、形状

蟋蟀形体特小，全体黑色，长仅六七分，头部顶上生有触角一对，长寸有二三，俗谓之“须”。两须之间，直至项际，俗谓之“脑”。两触角之下前方，俗谓之“脸”，其上部生有复眼一对。颚上生牙一对，作钳状，上粗下锐，有锯齿，为战斗之具。两牙前面生有盖牙，俗谓之“弓达”。两颊之下，生有水须两对，俗谓之“水牙”，又谓之“水钳”，前长后短，所以护齿者。头之后方为项，俗谓之“脖领”，上生细毛，是为颈部。颈之后，下为胸，上为背。背生两翅，左右合抱，左下右上，连接处有鸣器；又此两翅之下，生两软翅，折叠而长，为飞行之用，俗谓之“飞翅”，不皆有也。下为胸，生有足，小者两对，俗谓之“小足”；大者一对，俗谓之“大腿”。小足之上部生有细毛，下部有刺四枚，外向，末为爪，前部歧为二，成钩状。大腿上部作扁圆形，有生毛，有否者，下部外向有四刺，爪亦二歧作钩状。联于胸者为腹，其末端生有二尾，作圆锥状，遍生细毛，其间为生殖器及肛门，此雄者之大略形状也。雌者视雄者头较小，翅较短，雄者翅纹如网状，雌则如平行，有飞翅，有否者，足之状，与雄同，末端两尾之间，生有针状物，特长大，坚硬若刺，是即生殖器之产卵管，俗因谓雌者为“三尾子”，职是故也。

上之所述，仅就蟋蟀之大略形状言之，至各部之应如何，不应如何，何者入选，何者不入选，吾当于“种类”中详之。惟是身体各部，胥有所司，生理攸关，请言其略：

（甲）触角

蟋蟀触角极敏，虽空气小有流动，即能感觉。在雌者仅有感觉作用；雄者除感觉外，尚有表情作用焉。食水调匀则上昂，喁喁求雌则歧出，遇雄而怒，则一上一下如擂鼓，战败而逃则左支右出若探爪……凡此皆触角之所司也。

（乙）眼

复眼一对，极敏锐，为视觉机关。

（丙）牙

为咀嚼食物之用，又为战斗之利器。

（丁）盖牙

所以保护两齿者。其为用有类于唇。

（戊）水须

为摄取食物，送之齿间之用；兼有感觉作用。如食物之干湿软硬……皆由水须探知也。俗谓蟋蟀用此须饮水，故名“水牙”，实误。盖饮水纯由盖牙及口腔吸取之，水须之伸缩翕张，所以探试水也。

（己）项

蟋蟀之颈至细，项之生，所以护之者。

（庚）翅

翅之用所以为鸣，而鸣之声有二：曜曜然鸣者，有所感而鸣，有所喜怒而鸣也：其声宏而壮。声婉而细，韵而悠扬者，俗谓之“达克子”，谓其声如达克子也：是则伉俪间至甜蜜，乐极而鸣，雌者匍匐腋下相偎倚焉。又其雌将产或已产，则鸣必“达克子”；交尾时，则“达克子”三数声，必又继之以曜曜。

（辛）足与腿

小足之用，若人之两肱，周旋进退，撑拒排摈，胥恃小足。大腿若人之两股，全身之力，咸萃于是，踢趋弹蹦等，又其专司焉。

（壬）尾

蟋蟀眼虽复，只以生于前面，时有后顾忧，故特生两尾以司触觉。且能左右摇动，上下低昂，若鱼之有尾鳍然，所以助其身体之回旋进退焉。

（癸）肛门及生殖器

肛门所以为排泄粪便者。在雌者，特生一产卵器，雄者则在肛门之下方，生小突起，两旁各有一叶状体，是为输精器，皆所以为生殖用者。

自甲至壬皆就雄者言之，雌之状，姑从略焉。惟是蟋蟀之状，其各部之形状，大略如是，正如记述人之状者，曰头，曰颜面，曰五官，曰四肢，曰躯干，曰毛发耳。至如面苍而身瘠，面团团而腹便便者，其身体之强弱如何，心性之燥缓如何……吾将于后说详之。

三、产地

同是人也，生于苦寒之地与生于燥烈之地者，其体魄、性情……自有不同。即生于一地，山居者与滨水者，其体魄、性情……亦有不同，固不仅肤色异也。蟋蟀秉山川灵淑之气以为生，风霜雨露，寒暖燥湿，皆足以变化之。当其破壳而出，蠕蠕而动，幺小之状，与蚁为侪，暮春既去，蜕而为蚕，山边水涯，聚族而居，洎乎炎歊小杀，序过三伏，蜕化而成，是为蟋蟀。其间几经蜕化，几经风露，动股焉，振羽焉，在野焉，附户焉，天之所赋予兹虫者至溥。虫秉之以为生，由其生齿蜕化嬉游宴息之地不同，于是其所禀赋者亦异，人即其地而求之，于是蟋蟀之产地，乃为象者所宜特别注意焉。

吾之所谓产地者，非如某省，某县，某村镇，某山水产某类蟋蟀也。当吾畜养时，吾曾即售蟋蟀之店而求其种，吾又亲至其地，俯身榛莽间，即其穴而捕之，二者吾皆试畜之，纵之斗，从无如吾意者，故世称某地产蟋蟀特佳，勇悍而善战者，即其地而求之，乃百不一二得焉。人孰不知德胜门外土城及西陵、红山口等产蟋蟀，而罗掘所得者又如何乎？故吾所谓产地者，非其地之名为某某，特就其地之阴阳燥湿、寒暖土石而别之耳。准是以求其虫，自往捉捕也可，即店购置也亦可，述如后：

（甲）地脉

所谓地脉者，谓山川平野阴阳寒暖……也。蟋蟀自幼虫以至成虫，其间蜕变凡三次，蜕变一次，于其地其时均有关系；且不仅有关系，即随其地与时之燥湿而燥湿也。故山地产者，性至刚，俗谓之“山蛐蛐”，水涯产者，性至柔，俗谓之“水蛐蛐”，且蟋蟀不仅关乎山水，即一山之间，山麓与山巅不同，山阳与山阴又不同，而泉流石涧，水浒池塘，在在而异，更何论乎颓垣败壁，废窑古冢乎？吾无以名之，特名之曰地脉。

吾至迂，吾读书愧少，吾读《易》，吾读阴阳家言，吾读昔者及百家之说，凡涉有阴阳水火，甲乙木、丙丁火，生克济伤诸说，均苦不能坚吾之信，而吾之心，尤扞格焉，故吾于地脉之说，乃不敢少涉于生克之理：吾之说，皆就吾之所考求而小有获者言之，在肤浅如吾，觉如此而吾心较安也，用举一隅，借供参考。

（乙）出产

指该地出产蟋蟀而言，析如下：

1.山地。(1)“山阳”所产虫多紫黑色，初秋即壮健，性躁急，深秋不能耐，须为紫色。(2)“山阴”所产虫多青色，间有紫色者，立秋后方生，勇悍善战，为深秋之健将，须为青色。(3)“山巅”所产虫多黄色，为初秋健将，爪作铁黑色，须为青色。(4)“山涧”所产多青黑色，须为黄色，为深秋战将（所举之色与须爪等必相合而无缺，始为特征。如见全身青黑色而须为黄色者，即可定其为山涧所产）。至如松根石隙，泉旁藤末……凡附于山者，要与平野颓垣……有别，在精于畜者，仅一望而识其为山产，固不必细别其为山之某处也。

上所述之山地，仅就一山而言，而山之气候土石高下等，胥于蟋蟀之性形有关。如北京所谓北山者，指京西京北一带山脉而言，所产之虫，色多黑紫，状有至奇者，多为初秋战将。所谓南山者，指直隶南部一带山岭而言，产虫多青紫色，肢长首巨，雄猛善斗，往往搏接至二三十分钟，尚能获得最后之胜利，世所许为坚毅耐战者也。若能得南山秋虫——立秋节后始生者——只求其少具形式，即为健将，若一一中选，真可雄视一切。

2.原野。蟋蟀一物，随在而生，人就其所生之地而别之，在畜养上是为根本之选择。良以是物禀天地阴阳之气以为生，气候之寒暖、阴晴、风露、雨雪，土地之燥湿、隆洼，以及颓垣败壁，废窑古冢，在在均有关于蟋蟀之性形，而花畦菜圃，稻陇禾田，尤影响于是虫焉，约而言之，列如下：

（1）高地。此地所产之虫，多黄色，须为黄或青色，性躁，不耐久战。其淡黄色白麻头者则颇难得，往往生于松根，惟亦颇苦性躁也。

（2）洼地。洼湿之地，产虫最劣，虽形状偶具，绝少能品，以其地过于卑湿，虫性过缓也。

（3）水堤。亦苦于过湿，无佳虫。

（4）田禾。田禾之地，视其农作物而异其形性，凡黍豆之地，多生佳虫，而紫色、蟹青色、马蜂黄者，要惟于大豆地中求之，故田禾产虫，十九而佳，惟身软耳。

（5）砖石。所谓砖石者，括颓墙破壁，败窑古冢……而言，语所谓“颓垣败壁，时生佳虫，榛莽荒秽，每多异种”也。大约生于垣壁者，身特强，深秋耐战，色具青黄赤白黑；生于榛莽者，头大体强，神完性刚，往往能于败中取胜，惟颇难得耳。败窑具纯阳之气，虫禀之以为生，性微嫌过燥，然而色具青黄，每成佳品，虽在深秋，犹堪纵横疆场。古冢凝至阴之精，虫禀受是气，性极耐冷，为深秋健将，如能得一青色者，无论形态若何，尽可俯视一切矣。

以上所举，不过撮其大概，然而蟋蟀之关于气节地脉，已略具于是矣。吾韶年好奇心特胜，吾曾闻人之说，即其地而求之，所得颇足以证吾说，吾又弗自足，吾即精于此者而乞教之，所为言亦复尔尔，吾读古人蟋蟀谱经，多重色相，即有言气节地脉者，亦略而不详。论蟋蟀之为物，本宜就其色相上求之，正如选力士者，即其貌即可定其武勇与否，固不必问其籍贯血统也。然中国全部，东南之人多柔，西北之人多刚，此世所公认者，则土地气节，又未必不关乎体质性情，即此而论乎蟋蟀，窃谓理无二致也。吾年来好迂迂说，每即一物而求其故，是与非都无所知，惟即吾心之所未安者而求其少安耳。吾于形相诸法之前，特申吾迂说，推本溯源，贡诸读者。

四、肤色

蟋蟀之色，随其所生之地，所得之气节燥湿等而有不同，要而分之，约有五类，即青、黄、赤、黑、白也。其间有纯色者，有杂而不纯者，有相间者，有五色毕具者，就产地体魄而求其质，就其肤色纹理而求其文，文质彬彬，虫乃有济，故吾于产地之说后，即继之以肤色焉。

古人谓："蟋蟀之色，青为上，黄次之，赤与黑又次之，白为最下。"吾乃不敢苟同此说。吾曾两得白虫，全体作灰白色，滑而无油，形状亦与常虫无异，吾得此虫于某贩，贩谓："人多斥白色，此二虫终不售，然固深知其耐战也。"吾携之老于畜者，咸笑吾愚呆。吾至家，如法畜之，及排斗，胜吾所畜，吾两弟亦败北，吾心知其异，调养之，蓄其势，即出，一战而胜，谭君鑫培极赞赏，号为赵将军，盖谓如三国时赵云也。友人得一黑虫，全体乌黑，仅小足为黄色，亦能战，号为乌骓。此二例原不足以破古成说，不过古人所贱视为黑为白者，其中亦不乏能品耳。

（甲）青色

此类分"靛青""金青""黑青""淡青""虾青""蟹青""麻青""紫青"，吾将于种类章详之。（下同）

（乙）黄色

"金黄""深黄""淡黄""马蜂黄""狗蝇黄""银黄"。

（丙）赤色

赤虫多不耐深秋，然亦有不然者，变体也。析其色为"纯红""黄红”“红麻”三种。又深红而近于紫色者，昔人又析为紫之类，兹为述之便，特附于赤色之后。或谓紫虫多不耐战，惟头尖者否，吾将于后说详之。紫之类有七：曰“真紫”，曰“淡紫”，曰“麻紫”，曰“红头紫”，曰“黑紫”，曰“紫青”，曰“紫金翅”。

（丁）黑色

蟋蟀而黑色，无论善畜与弗善者，皆谓为无大出展，黑之与白，盖多弃材也。然有所谓“乌青”者，又有所谓“黑麒麟”“黑虎”者，皆善战，故知黑色虫又多异品焉。析之为“乌青”“乌麻”“乌金翅”“乌银翅”“黑黄”“黄虎”“黑麒麟”。

（戊）白色

虫而白色，其为嫩弱无疑矣。然天生尤物，缟素终身，白甲白盔，称雄疆场，此又古今来所诧为奇构者。别之为“纯白”“白麻”“淡白”“银白”。

上之所述，仅就其躯体大部分之色泽以别之，其名称有一仍昔人称谓者，有俗谓之某，即以为某者，非若吾前草《鸽记》，“点子”，人皆识其为“点子”，“乌”人皆知其为“两头乌”也。吾尝谓吾国关于艺术诸书，非文辞古奥，解人难索，即辞藻典丽，剧失真意。论书者然，论画者亦然，微渺至于记一艺，述一虫鱼，往往文义拘牵，莫能卒读，而在撰述之者，以为非此不足以鸣高，非此无以托于雅道也，岂不谬哉！吾幸不文，吾尤幸莫能为韵语，吾本吾之所知，笔而记之，在吾惟恐其意义之或晦，或不通，故吾辄摭拾方言，加以俗语，初不敢自托于风雅，自谥为文人也。夫蟋蟀之于肤色，原就其种族、地域、气候……而有不同，析为五色，在吾已嫌其多事，而于每色之中，又强别之为某某，于选种上，原无甚大之区别，而吾惟求在吾记述上较有条理，故不得不分别部居，以类相从也。然而朱头，黄项，紫翅，遍身油滑作蜜蜡色，小腿铁色，两股斑色殷然者，在吾又不知将置之何类。是以上之所述，特仅就其大体上以别之耳。

五、特性

蟋蟀之性，与他虫绝异。人利其特性而畜养之，操纵之，蟋蟀遂供人之玩弄而不自知，兹请略言其故。凡天地间之生物，虽不必尽为生殖而斗，而鹑与鸡，固已足证吾说。蟋蟀之性，在生理上乃绝异于他物，凡物之性交，其为状皆天覆地载，固甚少颠倒阴阳者。惟蟋蟀则翻新花样，雄伏雌腾，故俗竟误以"三尾子"为雄也。雄者精子成熟，伏穴而呼，其一种厌惰不宁之状，一若世之怀才不遇，憔悴若不可终日者。及雌者至，一跃而登，以其尾就雄者而接受其精子，偎倚至再三，趋下，觅地以息，为状至愉，雄者赳赳然，守其旁，神志盛壮，大足傲睨一世，与未性交前，其意之得失，奚啻霄壤；设遇雄者，莫不愿与之同命焉。雌既受精，一二日产子出，嚼而食之，经六七日，复产之出，孵化后，始为子虫，岂非天地间之异事哉？不特此也，雄既长成，每隔五六日，必须性交，且有一二日，或一日中三四度者。不性交，精神懒散，躯体乏力；及既交，神情激奋，剑拔弩张。人识其然，故遏其欲，以养其锋，遇雌而后，又复隔之，不使之守，数日后，纵使出斗，无不力战。

吾尝观夫蚕焉，由幼虫几经蜕化，吐丝焉，织茧焉，破其束缚，化而为蛹，精已疲，力已竭，无能为已；变为蛾，鼓其翼于几席尺寸之间，竞竞遑遑，雌者既产卵。雄以就雌，雌以觅雄，一若知其将就墓，而思有以贻厥孙谋，蕃其族类者。既交，雄者大事已完，从容就死；雌者既产卵，亦含笑而终，一世经营，遂于焉了之矣。以视夫蟋蟀之斗，在天赋者，固自有别也。

吾人既识蟋蟀之特性，于是靳其所需求，以时调护而操纵之，务使蓄其势，以逞于一击，虽极懦怯者，亦可以纵横疆场也。昔贤云："饮食男女，人之大欲存焉。"人与人之相诱，固罔不投其所欲；人之于物，其诱惑，亦莫不本乎此。钓鱼然，豢鸽亦然，盖凡张网罗以致人与物者，举如是也。吾前草《钓鱼记》《豢鸽记》两记，固已备言之，今于蟋蟀之特性，吾虽愧莫能详，而吾之为之说者，吾又未尝不感慨系之矣。

上形性第一。

种类第二

蟋蟀之为物，体既细小，形状亦大略相似，骤观之，初无若何之差异。然就其产地、气候、族系……之不同，于是其状态、肤色、丰腴、瘦劲……亦因之而异，而其性情、体力等，遂亦随之而有暴躁、柔懦、强弱之不同。在畜养者，由种种之经验审察，定为标准，定为程序，合于此者，即谓之异品；一有否者，即视如弃材，或姑试之，以观其效。究之，同为蟋蟀，在动物学上同属于昆虫科，直翅目，蟋蟀纲，固无显著之区分，初不能如豢鸽者一望而知其为"点子"，为"楞子"也，吾述豢鸽，吾苦于见之不广，仅以数十类实吾说，世之读吾说者，固久已病其陋。今吾为兹记，本吾向所编制，吾乃不得不有种类之说。吾之为此说，吾尤自知其隘；吾匪特知其隘，吾之所见，且仅十数头，此吾所以不得不为读者告，吾且深抱歉焉。

虽然，吾之为此记，吾实不敢有所希求。吾本吾历来之态度，以与世之读吾说者相见，吾自谥识小，吾遇所不知，宁缺勿滥。固不敢以迷离惝恍之说，贡诸读者。故吾以同一昆虫，为吾记述之便，就其所稍异，而析为若干类。所谓类，在吾以为如是，在吾以为不得不如是，而读吾之说者，按图索骥，虽不能得，当亦所差匪远。

吾国文字，自有书契以来，除圣经贤传外，要以诗文集为最多。求如谈一艺，述一小技者，非文字俚俗，即词义古奥，甚且托之禅理，蔚以韵文。吾尝读《三都赋》《阿房赋》各赋，想见古代建筑之精，吾因之博访通人，下侪匠役，卒莫能得其架栋陈梁之状。吾以为吾国大建筑之存于今者，固已稀同星凤；而四方多难，毁于锋镝者，又复时有所闻。顾卒无术以考见其建筑之法，且并见存者而亦有典型湮灭之叹；况渺小若蟋蟀者哉？亦仅于零缣断楮中，借以知唐宫曾斗之耳！

然则吾之分别部居，究若之何？吾特定一标准，以为头、尾、足、翼……之程序，然后就吾所见而析之，十九固以色为类也。

（甲）头

头为一身之主，知觉运动，胥恃乎头，而体魄之强弱，性质之刚柔，尤于头以表现之。然此特就普通动物之头言之耳。至如畜养蟋蟀，在乎以齿相啮斗，其齿之大小强弱，尤直接有关于头，猎犬然，鸷鸟亦然。毒蛇与无毒蛇，头各异状，一用齿以射其毒，一无蓄毒之齿，则尤足以证吾说。

蟋蟀之头，必圆而大，光洁若漆，脑纹清晰，颜色纯正，不偏不倚，五者缺一，即是发育不完，体格不健，或有其他生理上之缺欠。至如头形尖小，脑纹漫漶，低昂不时，顾盼涩滞，均属弃材。昔人有第其品为三者，吾曾详考之，亦颇有验。约略述之。

1.上品。(1)头圆顶高者，谓之“蜻蜓头”。(2)头状平大，两眼暴突者，谓之“貂蝉头”。(3)两额黄者，谓之“金倒冠”(倒，或谓道，下同)。(4)两额白者，谓之“银倒冠”。(5)圆大而色紫者，谓之“葡萄头”。(6)莹澈而纹如宝石者，谓之“宝石头”。(7)中高旁凹，呈两条纹者，谓之“如意头”。(8)脑纹呈五色者，谓之“五色麻头”。

(1)(2)(4)(5)(8)，吾皆见之，吾曾两得“五色麻头”，为吾出力不少。

2.中品。(1)脑纹放射若菊花者，谓之“菊花头”。(2)脑纹粗大呈蜜蜡色者，谓之“蜜蜡头”。(3)头圆，色紫若锈者，谓之“锈钉头”。(4)头微方，纹呈块状者，谓之“胡椒头”。

此吾仅见其(1)，亦能斗，为晚秋健将。

3.下品。(1)头形若半月者，谓之“月儿头”。(2)头大无纹者，谓之“油葫芦头”。(3)尖扁略呈三角形者，谓之“螳螂头”。(4)圆而扁平者，谓之“菩提头”。(5)尖小多花纹者，谓之“蝴蝶头”。

此吾仅见其(2)(4)(5)，皆不耐斗，惟吾得一异虫，头虽圆而扁平，而全身作金黄色，屡战不败。

上之三品，为畜蟋蟀所恒言，谓求头之状当如是。吾性至迂拘，吾以为此不过姑标一格，以见头之状须中式耳；非必求蟋蟀之头，尽如“蜻蜓”“葡萄”“宝石”……也。

(乙)齿

齿为蟋蟀战争之具，其勇猛与否，胥恃齿之强不强。故选择蟋蟀者，相头之外，尤须相齿。齿之形，上粗下锐，密若合剪，不薄，不嫩，不短小，不支离而具尖、长、宽、大之状者，斯为上乘。尖而短，薄而长，宽而支离，短而嫩弱者，均弃材也。人亦有第其品为二者，述如后：

1.上品。(1)坚如铁石，锥扑不碎者，谓之“硬齿”。(2)形圆而大，锋棱回卷向内者，谓之“团齿”。(3)圆粗而尖稍向里者，谓之“虎齿”。

此以状别者。至以色分之，又有八品：(1)色赤若喋血者，谓之“血齿”。(2)色白如银者，谓之“白齿”。(3)色乌似漆者，谓之“乌齿”。(4)色黄若金者，谓之“黄齿”。(5)色作纯紫者，谓之“紫齿”。(6)色上黄下黑者，谓之“芝麻齿”。(7)绯红明润者，谓之“水红齿”。(8)一黑一白，或一白一红，两齿各呈一色者，谓之“阴阳齿”。

以吾所见，“团齿”而呈“阴阳”者，极猛，被啮，往往伤不易痊。色虽中式，而其状不中式者，又往往不耐斗。故如齿之佳者在乎形，色之中式，所谓相得而益彰耳。形之三品，吾幸见(2)(3)；色之八品，吾惟(6)(7)不获见。

2.下品。(1)一大一小，谓之“雌雄齿”。(2)细窄瘦弱，谓之“窄齿”。(3)色不纯正，谓之“花齿”。(4)短小特甚，谓之“短齿”。

下品之中，惟(1)不恒见，余则所在而有。盖发育既已不完，固无期其驰骋疆场也。

(丙)项

项，俗谓之“脖领”。呈环状。凡躯体之进退回旋，头之低昂左右，与夫齿爪之攫啮冲击，罔不恃乎项以为之，若枢纽然，其关系于作战，固至大也。项宜宽松，头半藏于内。色若靛青，润而不亮。纹呈水字，毛须攒聚。至若无纹无毛，紧小束缚，光滑如油，色呈黄褐，均属弃材。第其品如下：

1.上品。(1)项呈蓝靛色者，谓之“蓝靛项”。(2)白毛尖细，攒生项上者，谓之“白毛项”。(3)项宽呈铁色者，谓之“铁项”。(4)项上有红斑者，谓之“朱砂项”。(5)花纹满项，色苍老若锈者，谓之“锈钉项”。

上之五品，吾皆见之，且均善斗，吾所畜尚得一白项者，项作银白色，细毛丛生，战极雄伟。又如(1)(2)(3)(4)(5)毛色虽具，而项紧小，使头与胸束缚呈葫芦形者，亦非佳品。

2.下品。(1)色黄而短者，谓之“蛄蝼项”。(2)色淡白而不润者，谓之“灰项”。(3)绯红无毛，油滑不润，谓之“桃皮项”。(4)项纹紊乱，油滑无毛者，谓之“花项”。

上之四品，吾仅见其二，(3)与(4)是也。在(3)之“桃皮项”，吾且得一项至宽松者，颇善斗，由是知昔人仅以色分者，盖未明乎项与生理上之关系。常山之蛇，击首则尾应，击尾则首应，击中则首与尾而俱应，此善战者，极形其操纵之妙也。蟋蟀之低昂进退，回旋左右……其原动力皆以项为之枢，故宽大之项，自较紧小束缚者，运转为灵。至如色之不纯，毛之不生，尤足证为发育不完，生理变态。夫以发育不完，生理变态之虫，驱之疆场，使与体魄健全，关节灵动之虫相搏战，又安能与之敌乎？吾草《蟋蟀》，原不敢厚非古人，吾之为识，且尤不敢谓差胜，独吾多闲，吾尝就蟋蟀而测验之，吾知项之关于运动至大。吾读古人书，吾虽每为古人所愚，吾于此虫，特戋戋焉表而出之者，吾之意乃在供读者参考之资，聊备一说耳。

(丁)眼

蟋蟀之目，隐于头角，细小乃不易辨，似无关乎宏旨。然孟子所谓“眸子”，所谓“不目逃”；体育家所谓“全身精神系乎目”，技击家道家所谓“练眼”，所谓“养目”，是知目之关乎搏击，关乎武勇，至重且大。人类如此，物之与人，又何能异。故选别两目，在畜蟋蟀者，亦不得不视为要着。眼之选择，人多忽而不讲，吾特表而出之。凡眼圆而大，内外莹澈，眼光四射，红黄清晰，隆凸若豆者，斯为体格健全，精神饱满之证。目形细小，昏暗无神，黄红混清，眼平若板者，均属弃材。虽形稍具，而目不中程，亦不耐剧斗。

（戊）须

须为触角，所以探知燥湿冷热夷险也。张威助势，探察敌情，俾不至遇敌猝惊，亦为须之所有事。须之色，有青、黄、紫，其着生头部之处，有一关节，俾可任意上下前后左右回旋，俗谓此关节曰“根珠”，谓为须之根，而□成如珠也。须之状，宜长而粗，旋转自如，不可僵滞，不可短细。凡僵滞而短细者，皆属发育不完。

（己）脸

蟋蟀之脸，亦关乎躯体之强弱，虽其色不一（青、黄、紫），要以纯色者为上。色既纯，光泽若油，两腮隆凸，上下停匀，无斑点，无凹脸，无上宽下仄。昔人谓脸呈五色，斑斓成纹，吾非第未见此虫，即令见之，亦在所不取也。

（庚）翅

鸟之有翼，所以飞翔，蟋蟀之翼，则用以鸣秋。盖蟋蟀之翼，仅可谓之鸣器，不宜翼之翅之也。只以习俗相沿，群呼曰翅，吾亦翅之云耳。翅连于项，覆于背，明澈若蝉翼，左右交覆状若覆瓦，其色泽形状，于虫体之强弱，关系至巨。凡两翅高厚，颜色纯洁，明润清晰，褶纹攒聚繁密，长至尾间，声音雄大者，皆为发育完全身强体健之证。薄亮如纱，遮覆不密，松散，欠敛，翅边露白，隆若覆瓦，短与腰齐者，皆弃材也。昔人有第之为三品者，述如后：

1.上品。(1）紫头青项黄翅者，谓之“销金翅”。(2）色作菜青，纹如荷盖者，谓之“紫荷盖”。(3）前方后圆者，谓之“琵琶翅”。(4）色具青黄者，谓之“青金翅”。(5）色呈金黄，油滑明澈者，谓之“油单翅”。(6）前部（近项处）平板，左右觚棱，后部（近尾处）半圆，边沿稍覆者，谓之“尖翅”。

2.中品。(1）翅生白斑者，谓之“梅花翅”。(2）翅呈鲜红，薄如蝉翼者，谓之“红纱翅”。(3）长与膂齐，色呈青紫者，谓之“齐膂翅”。(4）宽逾脊背，高厚平板者，谓之“阔翅”。

3.下品。(1）白若蜻蜓之翼者，谓之“蜻蜓翅”。(2）暗若砖瓦之色者，谓之“灰翅”。(3）后部上昂者，谓之“翘翅”。

以上三品，吾仅见“销金翅”“齐膂翅”“梅花翅”三种。“销金翅”不甚耐战，盖仅翅中程序也。“齐膂”与“梅花”，吾友曾以数金得之，无一处不中程序，故能所向披靡，勇冠三军。惟“齐膂”多早虫，不耐深秋，“梅花”体渺小，深秋始能斗。吾尝谓选择佳虫，宜自其全部（至少亦须注意其大部分）求之，不当局于一须一翅。如头齿足目均中程序，余者虽小有迁就，固自不妨。苟其头目齿足无甚可观，虽其色、翅……俱臻上乘，亦不过徒共鉴赏，视为珍异。求能驰骋疆场，徒令人气沮耳。吾为此论，在精于畜养，熟于经谱者，容或斥吾为妄。吾于此虫，虽不敢谓有如何如何之经验阅历，愿吾自谓尚得为略识其性，略悉其生理，即令贾秋壑辈生乎今日，吾亦当本吾之说，与之参证，盖千古之谬妄，乃在相色相形……仅就一部分以求之也。

（辛）足

足有三对，二长四短。短者在前，为支持躯体之用，俗谓之“小足”。长者在后，为跳跃撑拒之用，俗谓之“大腿”。“小足”贵圆浑粗实，莹白无瑕，转折便利，摇撼不动。其短而细，花色斑斓，拂须抱食者，均属下乘。“大腿”形须粗大圆长，□若剪股，洁如白玉，红若丹火（指关节处而言）。若遍腿斑纹，不时踢拽，细短有棱，下节瘦枯，皆为弃材。

足之前端，各生细爪，色兼黄紫，锋利如钩。至如脚底平滑，筋缩掌翻，爪锋损折，攀着不牢，全身精力，于以减泄。

（壬）腹背

腹于体魄，最关紧要，技击家内练丹田，剑术家外束腰腹，是腹之关于力至大也；惟虫亦然。腹须高悬，紧不脱节。若皮宽肉松，行走拖地，色兼青黑，花色斑斑，皆为无力之证。背在翅下，最要雄厚高耸；窄狭而薄，则全身乏力。

1928年1月31日—5月31日
《晨报》
署名非厂于照

煴虫之术

吾近有《都门蟋蟀记》之作，在吾原非有所诩，以其物过渺小，言之不足以为名，吾亦非玩世不恭，独津津道虫介事者。吾识特小，吾述小动物，宜也。当吾述之之初，吾曾就煴者购一二头而畜之，聆其嚯嚯唧唧，颇足以佐吾夜读，助吾兴趣；而吾又未尝不慨其不时，为人役而不自觉也。吾尝考煴虫之术，明以前殆未之闻。清乾隆时有《咏络纬诗序》，谓康熙颇好之，人煴之生，置绣笼中，虽严冬，聒聒之声，不绝于耳。此虽不必断其惟康熙时所有，要亦创于清初。其法当深秋之际，择蟋蟀或络纬之肥壮者，置之瓮中，瓮实土，俾产卵其中。及初冬，置室内，日吹以水，使稍润。气愈寒，室须愈暖，且有特制土炕，置瓮其上者。十余日，子渐生，细小若蚁，饲以菘，渐长，蜕三次而成。以葫芦截为口，嵌以骨角，雕镂山石花木鱼界绝精。葫芦之形，预制为范，就架上而络之，及长，充其范，形遂为范所拘，而不得不就焉。故葫芦之范，有长有扁，有弧有圆，有凹凸为虫鱼花木者，葫芦之实，其形遂亦就范。在养络纬者，葫芦较大，养蟋蟀及其别种，若“油葫芦”，若“梆子头”，若“金钟儿”，则就葫芦之底，实以黏土，仄斜若巢穴然。畜之之法，日置怀中，以浓茶洗涤葫芦，饲以饭或豆栗等，每当围炉共话，或夜阑人静时，出之怀中，则聒聒唧唧，亦大足以消永夜，破岑寂；其为术，亦巧已哉！

1928 年 4 月 15 日

《晨报 · 非厂漫墨卷二 · 十八》

养昆虫

北平冬季豢养昆虫，如“蟋蟀”“蝈蝼”“油葫芦”“金钟儿”等，考其起源，殆始于康熙间，按乾隆十三年《咏络纬诗序》云：“皇祖时，命奉宸苑使取络纬种育于暖室，盖如煴花之能开腊底也。每设宴，则置绣笼中，唧唧之声不绝，遂以为例。……”所谓络纬即“蝈蝼”，俗谓之“聒聒”，又谓之“叫哥哥”。北平煴之者，为专家，其品以色论，以体态论，以异象论。“蟋蟀”“蝈蝼”“金钟儿”等均如是也。笼之者，以葫芦为之，葫芦之状非自然形，预制范，作诸形与纹饰，俟葫芦嫩稚，以范笼之，既成长，皆充范，俟熟取之，去其瓤，视其形之善否，与夫老稚厚薄，而定其装饰。形虽善，而质稚皮薄，弗佳也；形纵不至佳，而皮质坚实，声必隆隆然，上品也。取其上者，饰以象牙，虬角之口，雕镂精奇，随其口而为之盖，于是一笼之值，遂数十百元矣。吾以此些小玩物，颇有关于吾国艺术，辄就精于制者而求其所谓善与否。盖骨角装饰之美，特以其材质与雕镌为足珍，而葫芦之产生，纯恃乎天之力，非人力所得而强也。艺葫芦者，其灌溉壅培诸法，既已研习有素，而暑日之阴雨，秋季之蚜虫……殆无术以避免之。其在曩昔，生计匪至艰，艺之者力既裕，获不获无甚关于衣食，故多辟余畦以植之。近者，乃不敢以有用之地植此，故佳品尤难得。吾见两笼于日本人之手，盖笼“油葫芦”者，葫芦形极佳，平底，腹部有方棱，筋脉呈露，象牙口雕两龙，口盖高二寸许，三龙盘纠其上，均透雕，栩栩欲活，就三龙盘纠状作其势，使中空，而以一龙探首垂中间空洞，空洞置明珠，精圆径二分许，流走洞中莫可出。盖底镌“奴才玉成呈进”六细楷，试以指叩之，声琅琅然，此所谓天时人力两至其极也。倘此两龙为置“蝈蝼”者，则其值当数倍于是。又吾曾得一蝈蝼笼，作锥柄形，视其年，当在百岁上。葫芦范，无纹饰，故其表亦莫奇；惟坚实朴厚，若得天地之力极足，不获破范出，至皮郁结作龟皴。口与盖均恒制，无特异处。吾初视，颇不足奇，售者亦莫知其为英物，及吾叩以指，声若钟，心知其异，以两角钱购之。置小“蝈蝼”，鸣即与恒异。吾知天材之埋没者，正不仅此一笼已也。北平俗语，谓笼为“葫芦”，而冠以虫名。如笼“蝈蝼”者，则谓之“蝈蝼葫芦”。其盖口处，则谓之“蒙子”。

1929年1月7日
《新中华报·非厂识小录·二》
署名于照

养蟋蟀（二则）

一

我昔年曾好斗蟋蟀，寒斋又畜明清盆十数具，因之每于深秋读书之余，辄复与友朋为斗虫之戏。其时谭鑫培诸人尚在，我以少年裘马，辄与之于汇丰堂竞选大将军，迄今思之，真近于放荡不羁也。民国十七年后，曾以养虫所得，撰为《都门蟋蟀记》，得万言，稿未终，遂散佚。自是虽间有所得，褋之报尾，不成篇章，聊抒所见而已。迩来迭接友朋手翰，嘱为补书《蟋蟀记》之不足。只以斗虫之戏，有经有谱，自宋以来所收，不下数十家。要皆各记其所知，竞为传述，于是异说纷纭，莫衷一是，非有数年或十数年之经验，绝不易融会而贯通之。友人义州李石孙君，研究蟋蟀有年，得谱亦不鲜，其所著《蟋蟀谱》极赅博，民国十九年曾锓梓以传，此在新秋堪为同好绍介者也。

1936年9月12日
《实报·漫墨》
署名闲人

二

时届处暑，涤盆罐，养蟋蟀之时至矣。贾师宪[1]在兵戈扰攘中，居然有此雅兴，今吾人处此，应作恕辞，宜请借此聊供排遣焉耳！日前与贩蟋蟀者闲谈，彼云："今秋虫应奇昂。"叩其故，谓："需索者当众，而捉捕者至稀。捉捕者，老年人不能，童年人不可，精壮者披榛莽，斩荆棘，身入荒区，日以夜，谁肯冒此万险？在昔捉者不过有风露雷雨之困，今与昔异，性命纵轻，安敢为之。故值必昂。顾据所知，今年预召我定蟋蟀者，乃倍于往昔。当此之际，吃饱喝足，欲求不出街门而有事排遣，且能引人入胜，则惟肖斗之一途。叉麻雀，打十胡，斗也。养蟋蟀亦斗也。而其乐则有胜于麻雀、十胡者。……"闻其言颇有感，然则贾师宪半闲堂之弄蟋蟀，吾人不宜作恕辞耶？

1941年8月28日
《新北京报·非閒漫墨·卷三》
署名于非厂

[1] 贾似道（1213—1275），字师宪，号秋壑。台州天台（今属浙江）人。南宋大臣。好收藏，精于斗蟋蟀，著有《促织经》。

且谈蟋蟀

金风送爽，丹桂飘香，此惹人心情的之秋节，一年一度过去。所予我以不同的感触者，而仅有时局特别的“那个”而已。夫兔儿爷既已成其弩末，或者在儿童手边玩弄之余，固久已失其鲜美，不复似节前之使人注意。惟然，吾今所言，舍菊外，即宜谈蟋蟀。

予少年颇好嬉戏，声色狗马，颇亦不后于人，以其余养虫鸟，亦骎骎乎有专家之目。以故于学遂芜废，迄今思之滋痛。盖当其金迷纸醉之时，初不虞一变而为共和国民，再变而为党国之民，而来日之方长，其变也且使人不可捉摸。脱吾彼时而略已见及，则移声色狗马、养鸟斗虫之精神，转而治学，则吾之学或可小有成。脱吾果见及而不为声色狗马、养鸟斗虫，则吾今日使殿兔儿爷之后而一写蟋蟀，其何能得！故吾前此之好嬉戏，正是供读者今日茶余酒后之谈助也。

按养蟋蟀据我个人之经验，首在用盆。宋元以来盆，年代过久，日使虫居之，最不宜。明朝盆、康乾盆，制较精，质腻，日使居之亦不宜。养虫最宜之盆，莫过于道咸时所制，历逾百年，土燥之气全消，日养其中，虫倍健旺。

次在选种，选种昔人重色，析其色为青黄赤紫黑等。我以为选种务在神与气，色不尽然。神气健壮雄伟，牙大而黑紫，前腿坚实无杂色，爪巨大，大腿壮健而长，两目灼灼发光，色虽不佳，养之必有作为。

又次在饲养，食料要有变化，要有相当之日光浴，要调剂其性的作用，要予以磨炼牙齿之机会，而切不易轻用其锋。

果如是养蟋蟀，固不必出奇制胜，而胜算似操之握中，鲜有失败者。

1936 年

《晨报画刊》第 10 卷第 2 期

署名非厂

蟋蟀的雌雄

蟋蟀，北平俗名“蛐蛐”，这是由它的鸣声曜曜而言的。现在玩蟋蟀的，正是收养的时候，斗还早。雄的尾歧为二，雌的尾歧为三，俗呼雄的有“二尾儿”，雌的为“三尾儿大扎枪”。二尾未经过三尾性行为的，虽斗而不起劲，一经三尾之后，斗才凶猛，所以养蟋蟀的，除培养调摄之外，还要为它预储些真正处女的“金三尾”：这是三尾的一种，头小，身金黄，粉肚。肚小而两侧未现小黑点，这是处女之证。养蟋蟀者最要注意于此，我不愿写它们的性行为，我只好抄一段《谭子雕虫》在下面。谭名贞默，字梁生，槜李人，明崇祯进士，所著《谭子雕虫》，又名《小化书》。

“雌者尾歧为三，如曳三箭，呼为‘三母枝’，与蟋蟀同处（按：谭谓蟋蟀即雄虫），谓之‘贴雌’。‘三母枝’不知斗，或有吃雄者，名‘虎头雌’，或为雄所吃，则雄齿酸不负能斗。……雌雄并宿，登盖则鸣，谓之‘呼雌’，亦云‘聒子’，子胀则病不能斗，或竟死。‘聒子’市语曰‘锣子’。在蟋蟀尾有白如蚕卵者一粒，呼‘三母枝’而逐之，以尾受之，‘三母枝’登蟋蟀背，以尾接其子。据子在蟋蟀尾，‘三母枝’登其背，似蟋蟀为雌而俗呼‘三母枝’为雄者，未可解也。”

这段记述蟋蟀性行为很清楚。昆虫雄的以尾就雌、雌登雄背的，尚有络纬、螳螂、蜘蛛等，并不足异。所可异者，是雄虫为求达到性行为，它却豁出了生命。

1947年8月29日
《北平日报·太平花》
署名闲人

获异虫

吾居北平久，吾习知北平玩戏事，以吾颇躬预其事也。吾曾为鸽之说，又曾为钓之说，皆不惜以大好时光，肄习其事，因亦自许其有获。盖吾识特小，而又无学，不知所谓大者远者，吾为北平一细民，吾之言此，宜也，及吾草为蟋蟀之说，不获卒吾篇，而《晨报》停刊，吾将来仍须卒成之。

入秋来，吾得数蟋蟀，皆中式，且获一异虫：虫作蜂黄色，蓝头，金翅，青须，紫牙，黑尾，六色毕具。斗凶狠，初未一鸣，识者谓得五色虫，已为罕觏，六色真乃仅有，吾亦自诩其佳也。当吾得此虫时，极稚弱，色亦不具。吾往农事试验场“截草”（钓鱼法之一种），从草间忽睹此虫，体颇硕大，使吾不得不弃竿丝而捕之。既得，置卷烟匣中，仅以其硕大而存之，未知其异也。比归，取而谛视，始觉异，如法畜之，色渐变。吾愧未能遍与人角，友朋中则颇以吾虫为可畏矣。按：

北平所产，俗谓之“福地虫”，吾甚大及特异者。且生于水草丛处，尤为蟋蟀经谱所不取。此虫不特产自“福地”，且又为“黑水洋”（场中河名）沿岸丛草处，则道地之说，亦未可尽信，尤足证吾说焉（详前《晨报》拙作《都门蟋蟀记》）。

1928年10月30日
《新晨报·花萼楼随笔·五十》
署名于非厂

好天气，生异虫

入秋来天气之佳，为近年所仅见，今去霜降不旬日，而风清日丽，殊恨我足有微疾，妨我出游也。友近得两蟋蟀，皆虾青色，一产昌平，一产翠微后山，雄伟为仅见。产翠微者牙作深红色，奇巨。友谓："得此两虫殊不菲，弄虫近二十年，独未遇此。今年气高天旱，日丽风清，此异材禀之而生，当不仅此区区者。其困于瓦砾，老死于岩穴不为人知者，且不知有若干头。即偶为村夫竖子所得，养不以其道，用不以其时，其困隘蹶蹶残肢断体者，尤不知有若干头。此虫幸而为人知，而不辱于村夫竖子，养饲以时，居止以道，导之将以尽其能，窃自谓此虫不可谓非际遇。"友既以其虫来寒斋，复为言如此。予固以所蓄仿明宣德盆一品赠之，因谓产翠微者宜居此。至谓天气佳丽，厥生异虫，则尚待证明。

1936年10月13日
《实报·漫墨》
署名闲人

蟋蟀的著作

我在从前是很好养蟋蟀的，但我那时养它，最受了“书毒”的养法，是不要“伤雅”，所以一切器具虽在“讲究”，而确不肯作赢房子赢地、赢现大洋的那些乌烟瘴气的勾当，而只是二三知己在玩。有时也参加去打“将军”，和梨园子弟们在一起，但也只不过是汇丰堂饭庄吃吃，同兴堂饭庄喝喝而已。有时却开一坛陈绍，狂歌痛饮，胜固可钦，败亦可喜，现在想起来，直同大梦，但这梦是多么珍贵，多么足以傲人呀！

我的“书毒”太深，为养蟋蟀，费去了几十年的搜集工作，得了不少的关于养蟋蟀的著作，这和我因养鸽子而搜集鸽谱是同一的嗜好。但鸽谱我得的不多，而我却硬搞了一厚本《都门豢鸽记》，且曾译过英文本。可是养蟋蟀因为所得的促织经、蟋蟀谱较多了，所以我自己还是“游夏之徒，莫敢赞一辞”。

斗蟋蟀是在唐以前就有的玩意儿，到了宋贾似道才传了部《促织经》，由宋至明，关于这幺麽小虫的畜养，也就一天比一天严密起来，敷衍了很多的窍要，有的是“经”，有的是“传”，有的是“论”，有的是“说”，有的是诗词，有的是歌赋，有的是颂赞，有的是禅偈……真是备文体之大成，极文章之能事。我因为搜集较多，所以对于哪个是经，哪个是传，很下过一番整理梳剔的功夫，也曾有文字发表过。[1]我以为贾似道的文章并不多，也许是全出于伪托，或是由后人附益进去，致弄得见不到本来的面目。

我除了散见于《虫天志》《帝京景物略》等等关于蟋蟀的文字，就我所得的单行版本，我现在把它条举在下面，作为养蟋蟀的一种参考。

（一）明刊本《鼎新图像虫经》。上下卷，题着“宋平章贾秋壑辑，明居士王淇竹校”，据序里说：“近得促织旧本一帙而备览之……予因所感，遂复抒以己见，增以诗词若干检梓以锓，用彰不朽。……”王淇竹是万历进士，这刊本也是那时的。现在北平图书馆有那个抄本，我不记得题着什么，好像是用松坡图书馆稿纸抄的，而且是绿色的格。这本东西大概是后来所刻各书的“祖本”，后来本只是“删”，而增益的很少，图是画着各样的蟋蟀、盆罐之类。

（二）康熙刊本《促织经》，这是刻于《四生谱》(《促织经》《鹌鹑论》《画眉解》《黄头志》）的，据六厂氏（按:《正字通》“三点成伊”，读如伊。后来人有误为“下”为“小”的）序里说：“……至宋贾秋壑（似

[1] 见1931年9月18日—10月6日《北平晨报·艺圃》、1940年9月7—23日《新北京报》连载《促织经》，均为作者据各种版本汇校而成文。

道）著《促织经》，所谓形色始详论焉。迨明季坊刻，多创为歌吟，著其名兼考其象，绘其色亦绘其声，然错舛纰缪，正复不少。……因检旧编，挑灯删定。……时康熙乙未仲秋上浣。”由此可见明本上那些歌诀，都是明人的手笔，而我正爱它俚质的文学。

（三）光绪聚珍本《蟋蟀谱》，这是隆福寺聚珍堂用聚珍版印行的一本。它的序里，并无因袭着什么刊本，只有“光绪十有四年岁在戊子立夏日聚珍主人识”这一点，可以看出是六十年前的版本。它的内容很好，右“总论”“地道”……里很发了前人所未发的见解，的确是一本很有研究价值的著作，而是每半页十行，每行二十二字的薄薄仅仅二十一页。

（四）民国十一年铅印本《蟋蟀谱》，这是完全复印康熙《四生谱》本，里面有民国八年夏七月贾树模序，他说：“敝麓中幸存《促织经》……乃重加校正特刊专本。……”但他并未说明为什么改题《蟋蟀谱》，而不仍题《促织经》。

（五）民国十四年铅印本《促织经注释 · 秋虫志异合编》，这本注释和志异，是曹家骏作的，误“六厂”为“小天”，但文字见解都很可供参考。

（六）石印本《蟋蟀谱》，这是我友李大狮先生一部杰作，他的确也根据着明刻本——或者就是我所得的《鼎新图像虫经》。洋洋洒洒，整个编述，却是后来居上的大作。里面的图，也是根据着明朝本画的。

好了，我这贫俭的搜集，写出来不免为富有者所笑。可是您要知道这小小的虫儿，为什么要不顾同类，不顾肢体，不顾生命地斗个不休？这显然是被导演决输赢的双方所窥破，且双方不断地借着“经”，借着“谱”，借着……而利用它们的争，肯打得头破血出，焦头烂额，彼此在拼命。而导演的双方又从而一“荧”一“荧”地在诱导，在鼓励，在很阴谋地加以挑拨，必使它们两方分出强存弱死真存亡，必使它们打得筋疲力尽，而至万劫不复，两败均伤！而导演的却得去了胜利的微笑，笑哈哈地对于为他卖命的劝勉，加上句“顶好顶好!”，或是俏骂句:“这个傻瓜!”

1947年
《一四七画报·非闇漫墨》第14卷第8、9期
署名于非厂

《促织经》

《促织经》《蟋蟀谱》这些书，对于养斗诸法，都是根据贾似道（明沈宏正《虫天志》有促织论）那本《促织经》推行而来的。这些书，有康熙乙未时刻于《四生谱》的，后来刻本，大半根据这本。民国十一年，中华印刷局有单行本。咸丰时有一本，系根据康熙本而多添出些咏虫诗，均无著者姓名。仅康熙《四生谱》本有六厂一序，“至宋贾秋壑著《促织经》，所谓形色始详论焉。迨明季坊刻，多创为歌吟，著其名兼考其象，绘其色亦绘其声……因检旧编，挑灯删定……”六厂不知何许人，光绪戊子聚珍堂有一本，仅聚珍堂主有一序，内容持论颇精辟，不为康熙本所囿。民国十四年曹家骏有一本，题曰《促织经注释·秋虫志异合编》。义州李大翀有一本，似据明本重编，并非明人面目。数年前我无意得一明抄本，这本书题曰《鼎新图像虫经》，正是六厂氏所谓明季坊刻，著名考象绘色绘声的东西。内容丰富，文字质朴，不但后来诸本均从此删节而出，就是义州李氏本，也是从它重行改编的。我很费了些精神气力，汇合着校订了一下，觉得养蟋蟀虽不是照本画符，但是明朝人斗蟋蟀的玩意儿，也确实是经过多少人的研求的。

1946 年 8 月 17 日
《北平日报·太平花》
署名非闇

《蟋蟀谱》（二则）

一

前者连载李石孙先生关于蟋蟀各说，精赅为同嗜者所欢迎，其中涉有先生所为《蟋蟀谱》，其时鄙人亦未一见也。顷由先生惠我一部，石印本，半页十一行，行二十八字，共为七十一页，为自有《蟋蟀谱》以来所仅见。此书民国十九年出版，共一千部，除赠友三百部，余悉付坊间代售。其坊间代售，北平则为琉璃厂皈子庙文心社，天津则为法租界泰康商场清燕阁，价则一元五角。全书首宋迄明盆图，次集古题词。卷一，盆考，用具，葮法；卷二，论说；卷三，饲养；卷四，产蟋蟀地志，五色变虫诠考；卷五，斗法；卷六，形体；卷七，促织上八格歌，颜色目别，辨色说，色名辨正；卷八,三秋异形超品，三秋异形中品；卷九,三秋异名上品；卷十,三秋异名中品，三秋异名次品。

颇能融汇古今各说，而独抒己见。该斗虫之戏，鄙人嗜之十数年也。因函询者多，不暇一一答复，因书于此代柬。

1935年9月27日
《北平晨报·闲谈》
署名闲人

二

有几位不大懂养蟋蟀的朋友，他们组织了一个养秋虫消闲会。会址是一所很好的房子。他们知道我略微懂得一些养蟋蟀的方法，他们竟聘我为最高顾问，差不多一切的一切，都令我出主意，指给他们。及我跑到了会里，见他们所养蟋蟀，“伏地”的也有，“山地”的也有，外来的也有。本来养蟋蟀很难，绝不是随便就可以养得好的。而第一要诀，先要辨“伏地”“山地”，然后再辨自然生成和人工孵成。把这辨认清楚，再谈店里的外来货。我看这些位养秋虫的人，不但是印度纵认不清，就是土布他们也不太认得。那我这最高顾问，真是为难至极。不就职又怕得罪朋友，就职实在无法子去备员。拙作的《都门蟋蟀记》，又没有单行本，这只好先为他们绍介义州李大翀（石孙）先生所著的《蟋蟀谱》，这谱所举，最为详赅。民国十九年出版，北平琉璃厂皈子庙文心社，天津泰康商场清燕阁，均有代售，每部定价一元五角。

1936年9月11日
《实报·漫墨》
署名闲人

养络纬

北平为帝王之都，历数百年，匪特文物荟萃，即奇技异能，历久弥精，其巧有夺天工者。吾幸居北平久，性尤好嬉，吾辄喜考其所为技。于制钓具、作鸽铃……吾且笔之书，以传其艺术之灵巧，即以冬煴言，有煴花草，煴瓜果，煴昆虫……之不同，在习见中以为无足珍异；而当其创制之初，其经营之惨淡，设备之周密，固有至堪惊诧者。夫虫鸟之鸣，最关时令，顾人力卒能与时令转移之。即以络纬言（俗名蝈蝈儿），入夏始鸣，秋深则死，今独能初冬养之，鸣于腊底，其为技不足异耶？尝考煴络纬，殆始于康熙。乾隆十三年《咏络纬诗序》云："皇祖时，命奉宸苑使取络纬种育于暖室，盖如煴花之能开腊底也。每设宴，则置绣笼中，唧唧之声不绝，遂以为例。"明朝刘侗《帝京景物略》："有虫，便腹青色，以股跃，以短翼鸣，其声聒聒，夏虫也，络纬是也。"所谓取络纬种育于暖室者，其法盖不如是之简单。法以秋

于非闇《菜蔬蝈蝈》（1941 年，北京画院藏）

末之络纬，雌雄各一，入瓦缶中，中敷沙土，上置嫩菘，俟其产卵土中，去菘叶，以细水喷之，俾稍湿润。时气已渐寒，育之者置土炕中，日加热，温暖若春。十余日，子渐生，蠕蠕若蚁，以嫩菘，或豆粉杂鸡卵黄饲之，经十余日，渐孵化，饲以玉蜀黍粉及菘叶等。此际已近阴历十月，气颇寒，土炕或过暖过寒则多毙，不受日光则不蜕化，为煴术之最难。要在室中温度，须暖若三春，俾日午可以曝一二时也。自后渐化为络纬，青翠较夏日生者尤可爱。此时体虽成形，娇弱乃不能胜，饲料一不佳，辄毙。时已严冬，求合络纬身体之所需，如陇亩间之小昆虫，其何能得！此又为养络纬者一大难关。艺之者审其如此，察玉蜀黍宝中生虫，经严冬不僵毙也，取以为饲，虫体乃健，及鼓翼而鸣，即可任饲以物矣。

1928年8月15、16日

《新晨报·花萼楼随笔·十、十一》

署名于非厂

畜蝈蝈

吾于去年中秋节后，在白塔寺庙集市一“络纬”（即蝈蝈儿），作草白色，鸣器颇奇，俗所谓“咋嘴翅”者。置笼中养之，饲以胡萝卜，聒聒然鸣，声若钟也。及寒，吾易以葫芦，笼而怀之，鸣声四溢。笼络纬之葫芦，为特制，俗谓之“蝈蝈葫芦”，以范笼嫩稚葫芦，而使成长，充实其范，范设为花纹，故长成，花纹特凹凸，盖自康熙时始有其物也（见乾隆御制《咏络纬诗序》）。吾有数葫芦，得二异品，就其花纹色泽而测之，皆道咸时制，即以其一笼此虫，仍饲胡萝卜。至冬至月，间以“玉米虫”饲之，鸣愈烈。“玉米虫”者，为冬季饲鸟之小虫，体多浆，捕而置于苇筒中，一筒四五虫不等，每至庙集，业之者，辄提巨囊即鸟市而售之，盖村农就玉蜀黍中捕之者。及饲虫不复予以胡萝卜，间以豌豆粉饲之，故迄今犹琅琅然聒耳，而龙钟老态，不特不能跳，即昂其首，且不能焉，历时已六个月余也。此虫乃野生，业者就枯草中捕得，俗谓之“秋子”。“秋子”之寿命，相传至立春节前必死，无有如此之延年者。冬季所畜，为人力煴出，煴出之虫，其寿亦鲜有过立夏节者，吾亦得两虫，如吾法而养之，将以验其寿焉。煴出之虫，俗谓之“煴蝈蝈”（煴之音为忿），盖其卵，予以适宜之温度、水分、养料……则孵化而为虫，翠碧视野生者尤可爱。若于其鸣器粘以药，使发声，尤北京玩戏中之特嗜者也。

1929年3月27日
《新晨报·花萼楼随笔·一〇二》
署名于非厂

数九的秋虫

北平冬天养蝈蝈、蛐蛐、油葫芦等，这数九的天气，一直到立春前，正是好的时候。这和秋天养蝈蝈、斗蛐蛐，满不是一回事——您要知道。

蝈蝈就是“叫哥哥”，和纺织娘是一类的鸣虫。在秋天不值钱，在这时是由温室煴出来的，“个头”要大，“翅子”（鸣器）要长，绿的不如草白，草白不如黑的，黑的不如茄皮紫而蓝面红睛的值钱。

斗的蛐蛐（蟋蟀）讲颜色，讲个头，讲牙，讲爪……此时的蛐蛐，只讲“翅子”，要宽长健厚，要全须全尾，有飞翅也不在乎。

因为在这时养它们，是为听声音，声音要洪亮，要沉重，要雄厚，所以蝈蝈只要黑紫色的声音合乎条件，绿的虽然美丽，只是鸣起来，总显得娇嫩，显着轻浮，显着不够宏重。

油葫芦在秋天，只是买来去喂百灵鸟，可是到了此时，它是煴出

隆福寺售卖秋虫的地摊（1940 年）

来的，却比蛐蛐珍重，因为这时它的声音，不但觉着可听，而且也可谓它能翻出十三个嘟噜，用它“押”黄鸟（使黄鸟学鸣），这正是它走鸿运的时期，还要用葫芦盛起来，揣在怀里。

1946 年 12 月 25 日
《新民报·土话谈天》
署名闲人

听叫

我喜欢养秋虫，我是为写生。养虫的工具，我自然也搜集着一点，而尤其是关于草虫的书籍图谱。数九后养虫，我也玩过，并且我也曾在茶馆里，掏出几只葫芦，和朋友斗斗法，赛赛“本长”（读去声）和“模子活”，“本叫”和“抹子”……“本长”是天生的葫芦，“模子活”是幼稚的葫芦，套上模子，范成形状。“本叫”是虫的天生成的声音，“抹子”是鸣器上点上点药使声音洪大。

在这严冬的季节，早些起床，揣上快要冻僵的蝈蝈、油葫芦（夜间用棉帙包起，放在邻近人卧的地方，不可近炉火，不可入被，天明即冻得半僵），遛一趟早弯儿，这是有闲阶级“心、身、虫”三有益的事。

养虫也讲“手法”，要能调节，有时喂它“玉米虫”，有时要湿，有时要暖，有时要晒，有时要通风。惟一的目的，要令它何时鸣即鸣，何时不要它鸣即不鸣，这不是一朝一夕三言两语的事情。

可惜我不是有闲阶级，我现在连国家大事、国际新闻都没有时间去看去打听，“听叫”的游戏，更感不到什么兴趣，读者们请听我叫吧！

1946年12月26日

《新民报·土话谈天》

署名闲人

捕蜻蜓

北平顽童捕蜻蜓，为法最备。择苇竿，端粘桐油树皮胶，摇之得飞者，伺之得栖者，皆伤翼，不如网取。网以竹为圈，径尺许，施彩线，结为胡椒眼，长尺许，以小竹纠结作柄。昼捕，多系雌者为诱；暮捕，以丝系棉球诱之，皆伺其既近径取之，技工者独不能伤。缚其雌，系小枝执而伺，遇雄来，放之，雄疾来奔以交，童执枝徐徐置地，雄不肯解，直以手取如探囊，不用竿与网也。遇黠者，一交即又飞去，童必作歌诫之曰："上天每脑颏，下地琉璃河。"则其意可深思矣。

1932 年 8 月 10 日
《北平晨报·非厂短简·六六》
署名非厂

吊蜻蜓

“飞过来!”“来”字拖声至长。复喊:“那面有鬼，这面有水。”鬼与水二字凝重而音长，随喊随以手中所持鲜苇茎，上系蜻蜓，使之飞以诱之。此北京河边童子吊蜻蜓也。北京蜻蜓种至多，其大而色绿者，即童所吊。头与胸腹皆绿，四翼有褐晕，尾褐而紫，近胸隆然而色绿者为雌。体略小细，翼无褐晕，尾为黑色环节，近胸隆然处呈娇蓝色，仿佛唐宋画上所用之石青，此为雄，即童子所吊者。雌蜻蜓日暮始出觅食，童子右手持捕虫网，左手以小竿系线可尺许，线端缚棉花小球，俟飞至，以球诱之，向左领，彼以为蛾与粉蝶，尾追，右手网随其后兜抄，十九为所得。既捕，以蝇蚊之属饲之，至翌日，系以线缚至鲜苇茎上，即河边伺尾呈石青色之雄者。雄自日出游水中觅雌交尾，童以线系雌诱之，疾追至，与雌强交，童徐俯其身，以苇茎就草地，雄不舍雌，不用网，以手牵而得，若拾芥，雄至成囚，不悟。此之谓吊蜻蜓，第不知“鬼水”之喻，蜻蜓曾闻知否?

1941年6月13日
《新北京报·非閒漫墨·卷三》
署名于非厂

捕蝉

蝉在北京，五月间始鸣者，曰鸣蜩。体黑色，有黄褐色斑纹，前翅有赭褐色淡黄色斑点。似之者曰蟪蛄，体小，黑褐色，前翅半部黄，半部浅灰色，后翅黄，均有黑斑，秋深时始鸣。俗谓之“秋凉儿”。蚱蝉，体大而色黑，有黄纹，翅透明，六月鸣，声最大，俗名“吉蟟”。视蟪蛄稍大，体绿色间以褐条纹，入伏始鸣，鸣声尖锐有二音，俗就其鸣声之似，谓之“伏天儿”。用竹竿三四节，竿端裹以胶，胶特制，以榆树皮桐油为主。出城闉[1]，即柳林中遍觅，柳梢青，蝉体黑，极易寻觅。觅得后，先辨头尾向，竿自尾后去，微用力就梢横拨，扑棱一声，即得。惟竿入柳枝时，易粘叶，须避之。捕蝉者泰半为养鸟，鸟有所谓“自在红”“自在黑”者，皆就其鸣声而名之。入伏鸟脱羽，养者为捕蝉以饲，往往步十余里，汗热颈酸楚，不顾也。

1941 年 7 月 28 日

《新北京报·非闇漫墨·卷三》

署名于非厂

[1] 闉（yīn）：古代瓮城的门。

蜻蜓与蜻蛉

我因为自二十来岁就学画昆虫，同时我又喜欢玩蟋蟀，那么，蜻蜓，更是我描绘的对象。蜻蜓，北平叫“琉璃”，大概是因为四翅透明，头部半透明的缘故。我知道静止时四翅平展的叫蜻蜓，四翅合在一起或两起的叫蜻蛉，它的学名是什么，那只有翻翻书就知道，用不着我来抄。至于用网去网蜻蜓，前两天下过雨之后，我还用来哄孙子，依然一网一个，这和我啃窝头一样，当年一顿吃一个，现在依然不减当年。至于味道同不同，那是另一个问题。

北平蜻蛉，据我所见到所画过的，有朱红色的头胸腹尾足的，有绿头胸腹尾足的，有蓝头蓝腹绿胸绿尾足的，有黑头草黄色胸腹尾足者。而最奇的，要算是颐和园内谐趣园竹塘中那一种肉红色而加浅黑环的蜻蛉，它们的六足中后两足，附生着椭圆形的两片叶，飞起来真是美丽，而它们的身长，也不过市尺的一寸二分。另外那片竹塘里，还生存一些身长二寸的乌黑四翅闪闪作金光的蜻蛉，头胸腹尾是绿色，眼和足是黑色，另有一种腹部是翠蓝色的。这东西在河边草际也常见，它的飞法是前两翅一合，后两翅一张；后两翅一合，前两翅一张，周而复始，非常美妙。从我学写生的俞致贞，她很描写了几个曼妙的姿态，这是我们去年汗水湿透重衣的成绩。

蜻蜓，我所知道的有二十来种，大概开玉兰的时候即有，开菊花的时候还可以看见。伏天未雨之前，或是既雨之后，有一种黄色的蜻蜓，赤睛，腹面有赤纹的是雄虫，腹面上有黄纹，腹的下面呈白色的是雌虫，俗名叫“龙蝇”，可以预占晴雨。

1947年7月18日
《北平日报·太平花》
署名非闇

螳螂

石榴枝上来一螳螂，身大肚肥，葱绿可爱。有位小友又送我一个，身略小，肚紧缩，也把它放在枝上，它们好像“似曾相识”，又好像“久别重逢”。后来的那个，很欢欣鼓舞地凑上去，原来那个大肚肚的，只把头回一回，须触一触，态度非常倨傲而又有些庄严。小的一个，慢慢地爬到前面，身子伏下去，用尾巴去拨弄，去挑逗，去委，去蹭，仿佛乞怜式地求爱。那位大肚子的姑娘，反倒掉了头，佯佯不睬，态度越发“拿跷”。这个小家伙，并不失望，又攀到另一枝，由那枝相好了地势，一飞一跳，又到了大肚姑娘的眼前。它并不变换手段，变换姿势，仍照前法一味地用尾巴去委委蹭蹭，这种水磨的功夫，我这旁观者，已经替它着急，费去了两支烟卷的时间，居然“有志者事竟成”，大肚姑娘用两条须先拂它几拂，然后才跳上身去，用“她”的尾巴去触它，它这时全身颤动，仿佛快感已极。“她”渐渐地咬上它的头，它并不逃避，而身的颤动也越紧，直到它的头全被“她”吃光，它仍然是头动着，尾去盲目地寻觅“她”的尾巴而乱触着，结果，被“她”吃到“她”不愿吃下去为止，残肢断腿，飘落下来完事。可是“她”，仍高踞着枝头，做“她”那捕蚊捕蝇的工作。这样延续十多天，忽然不见，可是石榴枝上，却下了一个螵蛸，直到翌年初夏，这螵蛸的顶端，裂了个小孔，爬出来许多小螳螂，送给我很好的画稿。

按：螳螂，在我国书上异名很多，如“螳蠰”“莫貈”“蛨螂”“蛑”“石螂”，是见于《尔雅》的。“髦”“虰”“蛘蛘”是见于方言的。又《礼记·郑注》王瓒问曰：“今沛鲁以南谓之螳蠰，三河之域谓之蛨蜋，燕赵之际谓之食庬，齐济以东谓之马敫。”《淮南子》高诱注又说：“蛨螂世谓之天马。”扬子云又说：“兖豫间谓螳蜋为拒斧。”总上所引，这个小虫的异名，也就可观了，但全承认它产的子叫螵蛸。

昆虫交尾，雌登雄背的有蟋蟀、蜘蛛，蟋蟀和蛨螂，全是雌的满其所欲，即把雄的吃了，而雄的不逃不避，被咬至于断了头，仿佛快感仍盛，这道理我实不解。蜘蛛吃不吃，我未见过。至于“螳螂捕蝉，黄雀在后”和那“举足抟轮”（见《韩诗外传》，即俗所谓“螳臂当车”），一个是太不量力，一个是贪心急进，却都不曾料到秋风飒飒，一样的不能久长。

1947 年

《一四七画报·非闇漫墨》第 15 卷第 7 期

署名于非厂

读画与钓鱼

吾近来颇嗜读画，往往足不出户，日夜与古人相晤对，转觉日行之过速。友人屡邀吾为钓鱼之戏，吾皆婉谢。盖钓鱼吾所好，二者不可得兼，吾宁舍钓鱼而读吾画焉。友人审吾然，坚以检理所藏书请，吾姑往，钓具已备，欣然诣河干。久久弗得，不可耐，钓丝忽动，举竿得鲋，喜甚，连举三鱼，均肥硕，友所获亦丰。是吾开岁以来，第一次垂纶也，不可以不记。

1928年4月17日

《晨报·非厂漫墨卷二·十九》

钓鱼答客问（二则）

一

吾前草《都门钓鱼记》，初不易吾之说乃为一二人所识，竟千里寓吾书，以钓之道就商榷。特录其一节，以见妙谛。“……此地（指哈尔滨）无有知‘戳草’钓法者。如法垂丝，时得大鱼。惟所用之饵，往往为鱼所吞，不能上钩。经细心研究，凡遇此种情形时，其垂线必骤着大力，且不倾斜，而钩饵由草间坠下时，不俟稳定，即为所吞。是岂鱼大钩细之所致乎？抑当由草间坠下时，不俟稳定，即为吞扯而去乎？……”此盖巨鱼急吞，而腕不稳定，骤遇大力，急为掣之之所致也。及吾以此意敬告，复得书云：“……遵而试之，其力愈骤而巨，则故纵其丝，缓缓掣之，不爽。……”当巨鱼急吞时，鱼之口必大张，乘其张而掣，钩乃自口突出，不着边际故屡空。随其急而故纵之，鱼得食，其两鳃必为水所侵入，俟吐出而口合，身且逆退，此正纵丝而

于非闇著《都门钓鱼记》书影（北平晨报社，1928 年）

缓掣之之时也。鱼纵黠，未有不上钩者。

又友人近由市肆得一鱼状若鳄，鳃两对，重斤许，其左鳃骨扣一铜质环，谓据售者云，“得自某湖者”。豢不数日，竟死。吾知某湖鱼，在曩年多奇种。日事网捕，求斤许之鲫，已不易得，是岂透网鳞而复罹于难乎？北平鱼界，经数十百年之豢养，其蕃息滋长，久已为当国者所罗云。其尚未至尽其种者，惟中南海一池耳。吾乃不暇为此奇鱼悲不幸也。说者曰：“子既断断以戕捕鱼为可悲，何又倡夫钓？”要知吾所钓者，特鲫耳，其为量固至细。奇鱼纵贪，钓术纵精，绝不能致也。吾曾见罗致之者已，以苇帘围之不足，继之以密网；网之不足以尽其类，继之以虾饵之箝。鱼纵能突帘围，漏密网，独于虾饵之箝，乃不能不受其愚，盖奇鱼与巨鱼，日间皆浅水藻深处，入夜始觅食。捕者习其性，以小竹枝（此竹枝，非任竹皆可用，惟北方所产之细竹，用以作竹帚者，始能用，因其富弹力也），截为长二寸许，两端削为小刃，在其中心处系以绳，长尺许，绳之一端，联于数十百丈之长绳，长绳每隔尺许，系此一具，其状若旒，取河虾，以小竹枝一端插虾下颚，一端插虾尾根，虾之爪与须，莫或损，小竹枝遂成环形，而虾之为状，不死，亦不能脱，鱼见之，若虾之栖息与水藻间焉，捕者乘小舟，执长绳，缓缓布水藻深，而特系长绳两端于桩，日将暮时行之，及翌晨，起其绳，鱼为小竹枝箝口中，莫得脱，且无外伤，望之者若串珠焉，盖当吞虾时，虾脱，竹枝富弹力，钳其口，鱼愈巨，箝之乃愈力，鱼被箝，全身遂失其用，其为术，不尽其类不止也。

1929 年 1 月 13、19 日
《新中华报·非厂识小录·五、六》
署名于照

二

往者不自量其力，举所知为都门四记（豢鸽、钓鱼、艺兰、蟋蟀），三者且有单行本，今日视之，直同儿戏，文不足观，义多肤浅，犹有不克深入其窍者，甚矣一技之难也。迩者王君孤云雅有同嗜，辱书以钓鱼之法为问，敢不再举所知，以就正于当代君子，而孤云君之垂询，颇亦近于道者也。宣和时，酒店壁间有句云："是非不到钓鱼处，荣辱常随骑马人。"吾之多嗜，是与非竟及于钓鱼处矣，悲夫！

钓鱼的地点，自以北海公园为佳，但是您所写的方法，如"戳草""钓底"，往往"戳草"竟日不见一鱼，即偶有发见，送下饵去，鱼已走去，岂是池中无鱼？亦是方法不善？在我试行您的方法，差不多已经过一年时期，而所谓"戳"，从未钓到一尾鱼，至于"钓底"，比较的似有把握，而您所列的方法和手续，也不免有繁缛或故事张皇的毛病。……

来书一节。

北海公园，地点设备……皆甚合于娱乐，惟钓鱼贵幽静，地愈幽僻，人迹愈稀，愈适于钓。北海公园为青年男女漫游之所，桨声人夥，鱼乃不得安居，此最不适于"戳草"也。深秋之际，水燥日蒸，三希堂左右，容或可以投饵，以地点论，自以天然博物院为最宜。天然博物院水道四通，"黑水洋"尤为巨鱼潜息之所，时届立夏，地静草肥，唼喋之声，时出萍藻，历夏徂秋，直至结冰之前，无不可以"戳草"，亦无时不得见鱼。盖戳鱼之地，水面不宜过宽，两岸丰草，用为隐避，就地形论，北海与中南海皆失之辽阔，转不如天安门前玉栏长池为合于势也。

“戳草”之关于天气者，又有说。雨后阴霾，狂风未息，乍阴乍晴，忽寒忽燠，皆不宜，以鱼不上浮也。天清气和，日暖风微，快雨时晴，暑酷不濡，遇此天气，鱼皆上浮，隐身草际，咋然而鸣，于时投饵，易同探囊，随所指而取焉，法盖莫易于此者。虽然其关乎技者，则又有说。“钓底”者，鱼觅人也，鱼之大小觅否在乎鱼，人俟之，累日而鱼不至，或有至，又有吞与不吞，至而吞，吞而非小鱼，则为幸；小者或仅一吞，或竟日不得一吞，使人颇不耐也。惟其法易，故“钓底”者每为人喜，甚畅适焉。“戳草”者，人觅鱼也，人之觅，务巨务多，声之细且脆者，审为鱼之小，辄舍去，务其声洪而实大者，故“戳草”之得鱼巨且多。惟其可以多，可以得其巨者，在技则非熟练不为功。一须审音也，鱼咋草，口之声与水草和，声滃然而远，鱼有小大，小者声弱而浮，大者洪沉，尤大者声尤凝重，鱼之发声非一，声愈众，别其巨细愈宜审，声在左，右觅则失之；声在右，左求则无得，故欲“戳草”须先审音，音既可以别沉浮轻重左右，则觅而求之。二须辨向也，鱼之咋草，声随草出，草因咋动，若雷电然，一瞬转即逝也。耳与目会，音与迹合，随声觅动，动已形得，不误投，不过听，如所闻而不有差误，夫然后始可谓人觅鱼也。因声得迹，迹之状由于力，力之来有自，迹之动有方，于是审其所自，察其所之，而鱼之头尾可以推知其所向矣，得其迹，审其口之所向，迎合其口而投以饵，故三次准确也。

“戳草”所用竿，都为三节，每节长六七尺，间有用八尺四节者（共长三丈余），竿须柔韧而直，可任意短长之，音审向辨，随所辨以饵直指其处而投之，则手技非纯熟准确不可，不则不为鱼见，不则误有所投，不则致惊鱼遁也。自咋草之发声，至鱼之吞咽，其间仅能以分秒计，鱼既得食，前鳍鼓张，头上昂，身乃倒退，若投饵于既退之后，则鱼有他适之虞，纵投饵准确，而为时已晏，故四须敬速也。心与手应，手与鱼合，“戳草”之为乐，殆有非枯坐垂丝，目睁心悬，殷殷然望浮子之有动，而思一掣得鱼比也。吾前所书“钓底”之手续与方法，初非故为张大，每当春夏之交，鱼辄择水草深处产卵，卵后尤不忍去，辄就其处监护其生长，水深草密，艰于投饵，故必用“锚刀”以刈除可以投饵之草，刈除既竣，造成井形之窠，投米谷其中，诱鱼使至。当夫刈除投米之后，所诱来者率多寸许之小鱼，稍巨者每不肯至，或不敢即至，而水中经此刈投，巨大之鱼，固已注意及矣，钓者此际，最忌投饵，沉其机以观其变，必俟水面已起有双泡——为巨鱼来食之证，然后以饵投之，否则频为小鱼所食，大鱼愈不敢至矣。“钓底”必要之手续，曰择水草，造窠，投米，相机，缺其一往往枯坐，盖此法虽为人俟鱼，又谓之鱼觅人，然果行之有道，亦颇有趣也。若夫风和日永，即北海柳荫深处静观男女竞渡，心疲目眩，浮子频动，茫然且无知，是岂法之不善乎？

您的办法，最好是“戏白鱼”，因为既省目力，又可以日夜行之。我很在北海里戏过几次，划着小船，停到水心，夕阳既下，烟波乍起，用很短的竿，只需探到草边叶下，不消几分钟，便可得到一尾细鳞白，这是多么美的事？但是这种方法，为什么只限于一定的时间，或者是只这种鱼是如此么？

来书又一节。

鱼之性随其类而有不同，因之捕鱼之法，亦随之而异。白鱼之食料惟虾，他且不食，故其目敏锐，其行若飞。虾之性自日出迄日夕，多潜岸边水底不甚游行，日将夕，则跳踉于萍藻间，作长夜之游，故捕虾者，日中多在岸边堤次也。白鱼目既敏锐，其力可视数丈外，岸旁之人行树影，反映河干，腹虽饥困，不敢近岸，鱼愈大愈然。日渐暝，虾已游行，隐身叶底草边，伺机捕食，咋然有声，故人得于此时捕之，惟此鱼惟然，他不适也。

有一日我俩依着您的方法，在一个浓绿的柳树底下“钓底”，果然得着了许多鱼。但有的时候，鱼已经钓出到水面，而它拨剌的一挣扎，竟自逃下水去，这或者是钓钩的不良？您能不能介绍我一个好钓钩的制造者？

来书一节。

谨按所谓“我俩”，全书只两见，究所指为何，姑不具论。工欲善其事，必先利其器，钓钩之于钓鱼，其所关至重且大。往往因用钩之不良，致鱼脱钩而去，在“钓底”者，尚不多见，独至钓白鱼，则非佳钩不可。因其鱼拨剌之力绝大，既钩之后，掣之上岸，脱钩而复逃入水者，殆为恒见之事。故鱼钩之制，非有特殊之研究，则往往偾[1]事。在昔年有号称纪聋子者，以制钩名，其所制以德国之钢针，煅而环之，刻为倒掣之刺，钩环之状，随所用钓之鱼而不同。既环之后，

[1] 偾（fèn）：败坏，破坏。

虽强力不可复屈伸，倒掣之刺，圆团而细锐，利于刺入而难于脱出，无论钓何鱼，皆不脱，而取值每柄自二文钱直增至铜元二枚，亦已廉矣。钩制之尤难得者，为清宫造办处，造办处在昔多艺人，凡所制作无不精妙，而鱼钩特其一，顾极难得。吾十数年前辗转获一柄，精巧殆无其匹，钩之柄镌“造办处”三字，非精目不辨，以之“戳草”，无虚掣，可宝也。自尔，制鱼钩者皆俗手，无特制。其为弊，易脱，遇巨鱼且伸直，鱼食饵一掣不获刺入口，而钩之尖端与倒掣之刺，皆扁阔而不圆细锐敏，故钩刺入鱼之伤口极大，大故易脱，幸不脱而鱼亦不得活，转不如外国制尚可应用。外国鱼钩以俄人制最精，次为日本，俄日所制，尖端皆敏锐，易钩不易脱，惟其伤口皆大，遇巨鱼或为萍藻所阻，不得一掣出水，则往往为所挣脱，然求之今日，已觉此善于彼。抑吾犹有说，鱼之脱不脱，虽皆恃乎钩，而钓竿之精否，亦不可谓无关。钓竿之为质，尚苇而忌竹，吾已屡言之，苇之性坚柔而韧，弹之力绝强，其顶端用着芦花之柄为之，尤不易折，丝系顶端，随鱼挣扎拨刺而嬗动之，鱼欲左，竿则随之左，鱼右则随之右，自人手握竿直至钩鱼之口，能保持相当之牵引力，鱼虽巨，用大力挣，其伤口亦不扩大，纵所钩着之处极浅，亦不易脱落也。吾往者好钓鱼，吾以为钓鱼最美快之时，乃在一掣而得，鱼未牵出，手握钓竿，观其戏水，是非竿与钩皆精，则未有不失意者。至于既得之后，纳诸罟中，暝烟四起，携之归家，举示妻子，烹而大嚼，则非吾所引为快者也。

1932年5月23、24、26、30日
《北平晨报·北晨艺圃》
署名非厂

《钓鱼记》补遗

往者草《都门钓鱼记》，仓促印行，赖吾友林君仲易之力为多，可感也。此时所为记，有不能详者，有遗其精摭其误者，为作补遗，傥他日再版时，林君或肯为附于篇末乎？壬申四月下旬记。

鲫鱼肉最鲜美，为立夏后迄夏至前。此际鳞皆被金光，灿烂耀目；不及此时，鱼特患瘦；一逾此时，鱼乃过肥，过肥则肉坚，不鲜嫩，二者之失维均，此善食鲫者所能知也。鲫鱼自立夏后始产卵，迄夏至止，为其身体一大变化，钓之者在此时期，多不易得，即得，亦鲜巨者。北平在四五月间每苦旱，旱则蚯蚓不肥，入土深难致。而钓者又不习鱼之性，徒苦饵之不易得，即得鱼亦不喜食，固无怪鱼之不易钓也。吾往者颇亦病此，作是徒羡鱼美，苦致之莫由。自吾以河中小白虾为饵，"戳草""钓底"得独多，然后知鲫鱼在产卵期间，独以小虾为食，故其鳞泽而有光，其肉鲜美，而向之病鱼难致患饵不肥者，转觉取之易易焉。

“钓底”所用浮子，以雁翎、孔雀翎为最佳，二者茎圆体轻，精确乃无匹。今市售钓具者，翎皆方茎，体特重，感动迟缓，不能确知鱼吞饵状，然视日本人所制为种种形状者，则犹觉彼善于此。一日在北海公园观钓，钓者二人，持渔竿皆精美，浮子频动，频掣而久不得鱼。浮子长可四寸，径分许，棱然作奇觚，一用日本人木制，泽以彩绘，色殷红，望之若塔状，鱼方吞，浮子已摇荡，既摇荡则又寂然，久又动，摇荡如故，则又寂然，若是屡，卒不可掣。钓者于法颇精，能视浮子之动，而知鱼吞入与否。今见浮子之摇荡为未曾吞入，故不掣，而旁观者可两句钟，浮子摇荡已十数，终未吞，而钓者固未知浮子之彩绘易为鱼见，欲吞惊逸，卒莫得也。吾不忍其无所获，告之故，易以白色形小之鸟翎浮子，连有获，浮子之关乎钓有如是。

“钓底”所用之丝，愈细愈妙，其质以野蚕丝六条各二合再三合之，此丝坚而任重，不虞断。日本人钓丝非不佳，惟不细密，稍动易为鱼见，故不可用。另一种丝，为化学制，半透明，遇水则柔，坚挺有力，惟其感动迟缓，每多误事。市上售钓丝者，多用熟丝线三合之，俗谓之扎花线，体重脆弱，不耐久，不任重。善钓鱼者，他皆可假手于人，惟丝非匠心独运不可。盖丝制一有不合，不能任意投掣也。在昔造办处有某君，精制丝，丝入水则透明若无物，结绳精密而匀停，细若发，力可任五六斤。友人郭君尚保有一丝，已朽，不忍弃也。去年吾“戳草”于万牲园[1]，鱼咋草，声巨而洪，喜遇巨鱼，亟投饵，饵

[1] 即1906年筹建之京师农事试验场附设的动物园，后辟为北京动物园，是中国历史上最早的近代公共动物园。

甫入草，澎然吞入口，左右萍藻为之震动，疾掣之，起巨浪，水花四溅，竿为折，鱼独不得脱，力牵出，庞然老鲫也，归而权之，得斤又四两有奇。同日遇鲇鱼，误食饵，既上钩，知非鲫鱼，故纵之，苦不脱，牵出，其长尺又半，是皆钓丝之精也。

吾前记“钓底”，视浮子之摆动定鱼之大小，文虽不工，自谓颇足以曲曲传其窍要。去年于北海公园船坞之前“钓底”，“搭窠”之后，垂丝投饵，静坐而视其浮子，浮子矗然屹不动，可半时，鱼渐集，双泡频自水底涌上，凝视其变动，久久浮子寂然，双泡涌如故，心焉异之。时有二友，皆精于钓，相与议，避而之他，吾独以为巨鱼将至，姑俟之。历又一刻钟，浮子陡动。先是浮子直立水面，出水可寸许，水面忽起双泡，泡灭又起，浮子动，仅一上下，渐自下而上，倾侧欲跌，二友鼓掌曰，鱼果至矣。吾掣之，巨浪汹涌，水花四溅，竿曲丝直，力提而不能出水，于是起而执竿，逆退而曳其丝，二友则立岸旁俟之，防其他变，时鱼已上钩，而尚未见所钩者为何鱼也，曳近岸，友乃狂呼。提而出，得巨鲫，其长尺有半，金鳞乌首，目灼灼视人，归而权之，得二斤许。友理竿丝，欲再钓，吾执不可，友垂丝历一句钟，浮子寂如故，吾促之他，友每以巨鱼将至见拒，直至夕阳已下，柳烟暝合，方止，卒无所得焉。此鱼既硕大，鱼之小者不敢至，故“搭窠”之后，不见他鱼，既钩之后，鱼不敢复至也。按北京一二斤许之老鲫，为吾所钓者，以万牲园为独多。项城[1]当国时，北海为公府消防队驻警，吾识其主者得入钓，所钓皆巨鱼，然未有如此次“钓底”所得者。

友人言：北海公园静心斋前“戏白鱼”，所获颇多，但其地多芦

[1] 指袁世凯（1859—1916），字慰庭（又作慰亭），号容庵，河南项城人。

草，时为黑鱼、黄鳝所困。“戏白鱼”须长竿，长竿之竹筀皆精，遇黑鱼或鳝，十九损折。犹忆往年垂钓时，用四截“跷竿”，竿为数十年前物，下二截之竹与上二截之筀，殷红成一色，温润有光。以生丝系钩，饵青虾，入水诱白鱼，竿长而精，鱼之巨细，吞之浅深，由竿传之手握处，若目见，故所获多而巨。方狂喜，遇巨吞，力迟而凝重，吞之力自钩而传之丝，自丝而竿而传之手，两手为之战，举目视竿尖，尖为鱼掣，反倾伸入水，自以为非黑鱼即黄鳝，此竿将为所损，不敢轻为掣也。疾起立，执竿逆退徐徐而撤其竿，鱼欲左，竿随之左，鱼欲右，则反折竿而右随之，一任鱼之力脱，不为强掣，意谓鱼脱钩不损吾竿乃为幸，顾鱼卒不可脱，历十余分钟，竿之末截已撤回，再徐撤，四截俱尽，手已执丝，竿得不损，胆为之壮，鱼尚挣脱不得，一掣出水，则为巨首之鲫，非黑鱼亦非鳝也，权之得斤有半，然已汗流浃背矣。

《钓鱼记》中尚有记“戳草”未详尽者。“戳草”之饵，二三月蚯蚓不易得，以河底污泥中所生小红虫为最佳。小红虫生河底污泥中，大者约长三分，作胭脂色，嗅之有微腥，俗谓之“胭脂虫”。二三月之鱼，尚不浮出，池沼之草，亦未满铺，于此之际，若专就草际寻觅，殆若缘木之求。其时筀笋方出水，放两三叶，鱼于水底多就筀根处觅食，其时自巳历午未而止，钓者于此，则执竿具饵，即筀笋处而俟，见水泡自河底翻而上浮，或一二次，或连续五六次，则知鱼潜水底，就筀根觅食，即以饵投之，竿欲精，腕欲稳，自水面徐徐沉下，勿遽动，勿左右荡，鱼见红虫遽吞饵，为力绝猛，俟其线稍偏，即掣之，所得时有大者，俗谓此曰“戳筋”，“筋”谓因鱼吞食而生之水泡也。鱼既在筀根处觅食，其荡漾旋转，往往荡动露出水面之筀，人观筀之荡动，即可审鱼之所在，随其动遽以饵投之，手欲敏，投欲确，勿摇动，勿遽提，必俟鱼吞方掣。当其审动而投饵也，饵投入之处，必距苇茎寸余远，方不致钩为苇缠，纠扭不开，俟饵既吞而线倾侧也，择不为苇碍者掣出之，方不致鱼为苇阻，拨刺脱钩，俗谓此曰“戳杠”，“杠”谓鱼在水中有苇茎为识也。此二者可同时行之，饵皆宜用“胭脂虫”，若钓术未精，竿掣未善，则往往钩缠苇际，线断竿折。盖“戳草”中以此为最难也。

1932年6月3、4、14、15、21日
《北平晨报·艺圃》
署名非厂

钓鱼续记

闲人平生自认为较有研究者，写闲适之小文外，厥惟钓鱼。吾躯壳曾饱经事变而不坏，目之明足以察秋毫，心性弥坚而弥劲，晨迄暮无倦容，谈笑风生，倔强犹昔。持竿而钓，徜徉于柳荫草际之间，今且逾二十年。知我者不谓吾好嬉戏，吾以是得幸而获生存，钓之益于我盖如此。

吾未尝不足以夤缘于大人老爷，吾未尝不可以投附于某系某派别。吾妻虽已老，子女虽尚稚，而投人所嗜牺牲之以为钓官钓势钓金钱之具，吾又未尝不肯具决心。顾吾钓鱼之瘾得过，大人老爷金钱势力等等，皆可不问，穷与困宴如也，了无足以动于中。

民国十七年时，曾草《钓鱼记》，梓行以传。其时所记多浅肤，未足尽其道，兹特赓续言之。

北平可钓之地，首推天然博物院（即三贝子花园[1]）之“黑水洋”。水深鱼肥，萍藻不甚深厚，小鱼虾之为鱼食者较多，故钓亦较难，然每有得，味特鲜美。颐和园水特清澈，鱼尤肥美，设择僻静处投饵，往往得其大者。吾最喜北海公园，北海公园多游艇，鱼为所扰聚一隅，小鱼虾则悠游自如，不虞吞噬，大鱼乃有饥不暇择之势，易上钩。静心斋之对面，鱼之荟萃处也。中南海久成禁囿，鱼界之多，甲于他所，徒以水面既广，萍藻复深，同类相残，大者噬小，投其饵望望然去，若不屑一顾者。玉带桥横绝南北，北海大鱼若灾官，若失势军阀，投其饵，不问为虾为蚯蚓，争食，最易致，可慨也夫！向之垂钓处，若高梁桥，若什刹海，若菱角坑，若莲花池，屡遭竭泽，巨细靡遗，枯坐终日，了无所得，已不胜今昔之感矣。

钓鱼须先审地利，地既熟，得鱼若探囊。北海鱼最多处，除静心斋前面外，次则五龙亭西南岸一带，再次则三希堂前短垣下。中海则居仁堂东垣外沿岸，南海除瀛台之左待月亭前，要以云绘楼后船坞以南，或新华门之左为最多，而丰泽园以西，则多大鱼者也。

钓鱼之地既如此，钓鱼之时亦须知。阳历之四五六及八九十月为最佳，四月起下浣，六月之中旬，八月起下旬，直至十月之末，天如和暖，可至十一月中（皆就北平气候而言）。三月间已可钓，惟不必得大者，至四月初，天暖草长，鱼欲产卵，于是逐队而游，鹣鹣鲽鲽，只知有追逐，历万险而不辞，其为期约至五月初。卵既产，身轻如燕，口贪思食，时已暖，水温，群思觅食，其为期稍骤，约不过六月中旬。自尔天已热，萍藻菱荷之属已盛旺，有所蔽，钓渐不易，觅食亦只晨

[1] 三贝子花园，位置在今北京动物园。

暮。八月至下旬，气渐爽，荷菱之叶渐刈除，水渐清，隐匿无所，日方中，辄蔽萍藻间咋然觅食。九月至十月天渐寒，萍藻亦黄落，小鱼虾无所托，大鱼觅食遂日艰，曝背就温，嗷嗷鸣，投其饵易致，多大者。入冬，水未冻，就日中而钓，斤许之鱼，有时犹四五尾也。忌风，忌阴雨，忌酷热。一日之中，四月晨与暮不如日之午未，五六月则午未不如晨与申。八月则午至暮尤佳，九十月末巳未可钓。四五月沿岸蒲苇未长，钓可不用舟，九月杪迄结冰，沿岸蒲草已衰疏，巨鳞多隐于此，亦宜沿岸钓，余则惟恃舟。

舟之用，以北海之小划船为最佳，不用桨，以竹竿撑之，即水草。撑之法惟稳，须熟练，必水波不兴，徐徐而前，既前，不宜退，退则水荡。未前，须视鱼所，得其所，避荷梗蒲尾无使有声，择水草疏处而前。手执竿，若妙女拈花，轻倩不着力，度已近鱼，徐止，忌骤，骤则水荡草动鱼惊逸。善撑者逼近鱼，鱼且不觉，轻投饵，一掣而出，泼刺有声，喜可知也。当其迹得鱼所也，轻拨，屏其息，平气使勿促，目凝注，一手拄竹竿俾前，一手握钓竿度远近。此时耳无闻，目无瞬，阳光灼肤，热汗浃背，臀木然压船中横板，苦痛已不觉，荣辱死生忧乐皆忘。比近，未投饵而鱼已觉，飘然远引，于是手僵目涨头痛，髀骨酸楚，啸然吁，张口以舒其气。又游目，又有见，又撑，又不闻不瞬，悄然忘其苦痛而前，终一日，未尝疲也。

钓鱼之法，前记已详，凡所续言，皆指“戳草”。所谓“戳草”，不用浮子，饵用虾或蚯蚓，鱼在水草之下，咋草有声，就其声而投以饵，其势骤，其入草提出也疾，故谓之“戳草”。“戳草”所用钩，须大而锐，丝则弥柔而弥坚者为贵。日本人制钓钩，尚可用，惟其丝坚而生硬，最不合。北平以钓钩名者，前有“纪聋子”，纪晚年制稍粗，惟遇斤许之鱼，不弛不折。友人傅君懋儒精于制，所制富弹力，刚柔得中，“戳草”无一失。盖鱼之咋草，咋然有声，隆然有形，行动声发，鱼之小大多寡以判。声宏动巨，鱼虽大而草必不厚，鱼可往来游，投其饵，有时鱼已去，有时置鱼后不为见，幸见而来吞，其势游荡，浮而不实，脱非佳钩，往往为所脱，既脱，则他鱼咸惊逸。故钩之第一要义，在一吞而上钩，一钩出水而不脱，不致使他鱼惊逸也。惟是声宏动巨之鱼，有时不即上钩，而在其旁之小鱼往往吞饵，故在善于“戳草”者，当小鱼之吞饵，由钩而丝而竿而传之手上之力，觉脆而微，即已知非大鱼之吞，任其吞噬，不掣而上之，其意盖惧一掣而大鱼反惊逸也。在苇边草厚之地，鱼咋然有声，声呜咽而沉，草动不甚巨，而动随声且不已，则其鱼沉沦草底，盖数日未曾游动，必巨且大。脱与声宏动大者较，声宏者鳞必金光照眼，声沉者鳞必乌若黑漆，而漆黑者又必大于金光照眼者倍计也。且易上钩，投其饵即吞，往往牵草为动，必力掣始得出，而力掣之钩，日本人制者易折，恒制者易弛，故钩之第二要义在不弛不折也。线不柔，不足以入草际，柔而不坚，不足以致大鱼，此盖易晓者。

钩制之最佳者，既如上述。我有一钩，不详为何人所制，在我手，已历十五六年。曩者，钓鱼长河紫竹院，于苇间拾得，钩丝咸备，盖钓者所遗。此钩有特长，凡投饵时，鱼一见饵即试吞，并不咽下，故在钓者由此吞之力传之手觉一顿，因谓此试吞为“顿”，“顿”必两三次，然后合其口直吞下咽，凡鱼皆如此。“顿”一二次后，鱼直吞必倒退，其退则执竿者见垂直之线已倾斜而徐动，因谓之“走线”，“戳草”而不“走线”，虽力掣不得鱼，“戳草”“走线”，他钩亦有时不钩得也。此钩当一二“顿”之后，鱼即为钩刺所牵，不得脱，不必俟“走线”，百无一二失。

去年秋已深，棹小舟“戳草”于北海静心斋之前，残荷叶脱，枯梗纵横，水草衰老，赭然与斜晖争光。于败梗枯草间，发见一鱼，咋草之声，宏沉而重，每一咋，水草动荡呈尺余之辐射形。轻蹑而前，投其饵入草隙，入草隙俗谓之“达下”，乍“达下”即为所吞，隆隆两声，曳之而线走，心知其为巨鳞，且惧其或脱也。手持竿欲横掣，横掣为钓鱼之要诀，掣之术要骤，要疾若失，腕之力要活，要有节，不可泛扫，意若觉已钓着鱼，即不再力掣也。惟此法不能行于枯梗纵横间，果行，则为梗所阻转失鱼。惧梗阻只有上掣，上掣最不妥，易脱钩，借使不脱，亦往往钩下唇，不易钩上颚，下唇骨软，脱易，上颚最不易脱。顾此时其势不得不上掣，恃有此钩，或不脱，遂力掣，水泼剌有声，果得鱼，大尺许，权之斤有半之金鳞鲫也。

钓之为用如上述。在北海以棹舟故，钓竿则不必佳，佳者且无所用。最好为三截竹竿，每截长六尺余即敷用。苇竿较轻，畏水湿，遇巨鳞易折；不若竹竿，可以撑船，可以钓，钓一掣可以出水，而价又最廉，耐久用不敝。

吾不能如阔人之藏书、藏字画、藏瓷玉鼎彝，吾所好惟钓鱼。十数年来所得钓竿，在吾视之，直同球璧。竹竿已殷红，竹节因用之久，已光润无棱；苇之色紫若肝，莹泽若玉：殆皆百十年前好事者所自制，未尝一假俗工手。漆竿缠丝，映日闪闪作金光，漆皆在数十次。长者四截，每截九尺有五，短者五截，每截四尺有二三。竹每截之节必相对，苇每节之距短及寸。虽不敢谓蔚为大观，而友朋中若我之嗜痂者盖寡。金石书画，人人知其为宝而宝之；独钓竿，先民呕心沥血发巧思奇制而毁于庸人俗子贩夫小儿女者数已不胜计。吾从而拾之，整理之，揭诸于篇而昭告于人，俾不为庸人俗子贩夫小儿女所毁弃，从而保护之，其为意与金石书画仅供阔人之把玩者当有别。

钓竿之搜集，远在十年前。所得虽不多，汰粗留精，浸浸乎已足吾用而有余。退而息，短衣箬笠，挟长竿步出阜成门，即柳荫坐，远望翠微山苍茫隐现。垂其纶，泰然平其气，静持竿，得不得无所动于中，觉倦收竿安步而归，以视世之踯躅于名利者无乃妄自颓废也耶？

日前于北海钓鱼，酷热少风，鱼咋咋然鸣。棹舟诣五龙亭之西，沿蒲草觅，草密水清，声宏而重。连得三尾，不甚大，才半斤许。以为未足，冒暑沿蒲折而南以迹，图书馆横隔红垣下，于蒲草丛中发为声，声呜咽，凝重而迟，不数数发。心窃喜，以为果钓得，其大当在斤有半。轻掉进，迹之，久久始得其踪，整钩投饵，饵才至草际，遽为吞，猛掣，鱼已出水，大尺许，泼剌一声，竟脱钩而逸。顿觉热汗涔涔，懊丧至不可奈。反视钩，钩已折，始悟所用者非恒用之钩，乃日本人制，故不能得，则又少慰。易钩而前，又迹得，声虽不如逸者之凝重，而呜咽迟缓，必其为巨鳞。投饵而下，左之则右鸣，右之则左鸣，不少顾，亟提顿，历时约二分，不觉“吞”，只见丝缓缓下坠，知有异，一掣而得，大与逸者相埒，乌鳞巨口之老鲫也。其吞饵，俗谓之“蔫撮”，口张势促，一吸而进，不觉“吞”而已下咽，惟大鱼为然，此吞饵“蔫撮”于“戏白鱼”时尤恒见。

“戏白鱼”亦为有趣味之钓鱼一种。竿须长，愈长愈妙，故有“一尺竿一尺鱼”之谚。通常竿每截长须八尺有五，四截约三丈五六尺。饵用虾，钩须大而钩柄须长，亦无浮子，借提顿之力为上下。鱼吞虾，其力由钩而丝而竿而传至手，觉隆然一顿，随视丝，丝必倾斜不垂直，一掣即得，视“戳草”较易。若用舟，竿不必特长，即水草深处停舟，投饵于草边，提顿上下，不必目有见耳有闻。月明之夜，漪澜堂前或瀛台之左，以钩穿小虾，提顿以俟，所谓“一钩掣动沧浪月，钓出千秋万古心”，其为乐南面王殆不可易。

民国八年之际，冯总统卖鱼，中南北三海密网罟，打捞日夜不倦。鱼受多年豢养，一旦遇难，靡有孑遗，于是赤鳞金环绿茸紫背皆上市，而总统得价才八千元，人因呼之为卖鱼总统。吉林成澹堪[1]先生有《老鱼行》一首记其事。序曰：“三海鬻鱼，获大者长三尺许，鳞作黄金鳞熠熠银牌光，大书深刻嘉靖某年字。吾思嘉靖朝，已余五百年，五百年中几劫火，尔鱼应自全其天。老鱼闻言忽腾跃，鱼目常醒人语作，本来万古濠梁游，哪知十日秦皇索？竭泽而渔之，吾侪何以能咸若？我笑老鱼象齿自焚，胡不衔环献之大君？摸金都尉宜策勋，银章兼配武与文，朝恩之裔鱼将军。鱼乎鱼乎尔何痴？身入番舶将安之？釜中之游何乐为？君不见枯者过河泣，太液池中且殃及。”

1934年6月4日—7月14日
《北晨画刊》第1卷第3—9期
署名闲人

[1] 成多禄（1864—1928），字竹山，晚号澹堪。吉林永吉人。诗人，书法家。

钓鱼

六月一日那天，我顺便跑到瀛台去看画展，实则我一来赴纯一斋看朋友，借便会会黄君宾虹、汪君亚尘，二来我要看看风头，能不能再来这里钓钓鱼。黄汪二君我会着了，尤其是宾虹那样高高的身量，胡须不太长，精神矍铄，似乎深得了金石书画的涵养，绝不像七十岁的衰翁。和他谈起金石版本来，他总是很诚恳地说下去，娓娓不倦。我对于钓鱼，虽不敢说太内行，但是在太液池中，弄一叶扁舟，在那夕阳残照里荡漾起来，也仿佛为名园平添了一点风趣。不过在过去的几年中，我或是画一两张画，刻一对图章，恭恭敬敬献给主人，打个秋风，而请您赏我一张钓鱼证，那我很安闲地钓起来，送送朋友，或是仍旧送回水里去，因为我不吃钓来的鱼，而我又出不起一次钓鱼票半元钱。今年风儿来得太紧，水儿弄得欠清，经我这次巡视，似乎还未至其时。可惜鲫鱼最美的四月初，白白地过去了！

1936 年 6 月 3 日
《实报·漫墨》
署名闲人

昆明湖叉鱼

予好钓鱼，以为可以免是非荣辱。不求得亦不必得也。旧钓竿搜集十余年，有致佳者，漆固美，不漆而竹已殷红，尤视为无上妙品。时届重阳，收藏之法，密揩，注生桐油，盛以囊，悬之壁间，不虞冬日燥裂。每竿不必用，偶得暇，出而把玩，滋可乐。予向所为《都门钓鱼记》，不钓黑鲇诸鱼，不用叉，不施罟，以为伤雅。有某君者，以钓鱼名太液池，泛小舟，役两人，人则以钓鱼为生者，某君用之，所得独多。君善用叉，太液池畔举叉得鱼，时以鳞巨细视友好，以故神叉之名闻太液池。君名既炫赫，或邀赴昆明湖显神手，便欣然往。昆明湖叉鱼以夜，燃电炬，伏舟中俟，鱼过，修如白练，迅疾。舟中尚有二人，皆善叉，君居中，二人亦举叉挟君左右俟，鱼掠过，二人先得鱼，君数叉不能中，中或非要害，卒不得。一日过君居，君谓用叉十余年，卒败于昆明二竖子[1]之手，言下不免悒悒。君思浼此辱，夜燃电炬练，计来春昆明叉巨鱼，当有一番角逐也，书以志之。

1938 年 11 月 4 日
《新北京报·哭之笑之随笔》
署名于非厂

---

[1] 竖子：此指小子（含鄙视意）。

钓白鱼

御河白鱼，视松花江差小，而鲜美过之，若钓得烹食，味尤佳。榴花开时，御河白鱼正肥也。白鱼口巨眼敏行快速，即萍藻间捕虾为食，每捕，口作声，吐泡沫，设静观可见虾之四散状。钓白鱼用竿务长，钓竿在昔年，东西城制不同。东城喜用漆，竹与苇四五截，平直。西城多不用漆，以竹色黄赤光可鉴人为尚，仿佛京师玩扇骨，以白竹而玩至麦黄色光润若漆为可贵也。西城钓白鱼且有专用钓竿，凡四截，两截为竹，两截为苇。苇尚旱地生，经雪后始刈之，储三四年，愈坚实，以之制竿，可钓二斤余之白鱼。竿每截微上翘，接成，以竿与苇之巨细虚实至平直。东城钓竿未接成，难平直，既接则端必下俯，成新月形，不若此竿接成始平直，以之钓巨鱼翻有力也。予曩年作《都门钓鱼记》，为晨报丛书之一，已绝版，予亦不愿再刊。记中言钓竿之制特详，京师在昔，虽玩物必有可观也。钓白鱼钩，亦须特制，钩柄长，曲钩之形以俗所谓“和尚头”者为贵。质必德国大钢针，煅为钩，往年以纪聋子制者为最佳，虽巨鱼无脱。其妙处在一吞饵即被钩，不须用力也。饵为活虾，以钩尖刺虾尾间，直贯脏腑，尽纳之，宛然一屈背之虾。钓丝自竿尖至钩，长不过二尺，无浮子，余丝缠竿上，务牢固，能长尽前端二苇尤稳妥。盖钓白鱼须防黑鱼、鲇鱼、鲤鱼，鲇鱼力伟，往往竿尖接苇夺而出。白鱼性敏锐，游水中央，故竿须长，最短亦须两丈八九。西城竿既上仰，可坐钓，就萍藻浮水面处纳钓饵，上下提顿，若虾跳踊萍藻状。线垂直，鱼吞饵，其力自丝至竿传至手，觉有声隆然，勿动，视其丝已斜，就水面平掣之，泼剌一声，白鱼得矣。钓白鱼有定时，晨则辰正巳初，午则未正至申正，尤以入夜酉戌为佳。

1941 年 6 月 6 日

《新北京报·非闇漫墨·卷三》

署名于非厂

顿黑鱼

顿黑鱼，竿以竹二截或三截，丝长可丈许，端系钩，钩大寸有五，捕田鸡，钩尖自尾间刺入，逆而上，田鸡随钩势头上仰，两前足横张，舒后足伸直缚丝上，望之若游水上前跃状。黑鱼在春暮产子，产后，眼失明，幼鱼数百随其前，以身摩擦其双眼，至夏，幼鱼渐长，母鱼目复明。故捕黑鱼者，在春季惟恃叉，其时母鱼浮水面曝日，目未明，幼鱼追随左右，极好寻觅，觅得以叉取之，百无一失。今所谓顿黑鱼者，为夏季之钓法，其法在拙作《都门钓鱼记》中不屑谈之，以其钓非孔武有力而又善走者不能也。文人借钓鱼作排遣，初不必举丈余长竿，自高梁桥北岸沿堤至万寿寺，再自万寿寺南岸，举长竿回高梁桥也。当入夏，沿岸萍藻深处，忽水面尺许无萍藻，水明净，此黑鱼窝巢也。以竿纵饵，提顿水四旁之萍藻处，托田鸡之跳跃状，此谓之“顿”。鱼在巢，则自水底横扑之，有声隆然。顿者至此，忽掣竿，徐徐纵其丝，丝入水约达尺有半，则知鱼已吞饵，用力掣，鱼若重三四斤者，一掣且不出水，此夏初之钓黑鱼也。端阳以后，鱼往往不在窝巢而即河之中央，钓者望有萍藻处，举长竿，平乜其丝，俾田鸡轻落萍藻上。人直立，以竿之下端骑两股间，双手执竿，腰挺直，腹前凸，抖两肘腕，其力仅竿尖，贯丝，直至田鸡上。田鸡受力跳跃若生，遇黑鱼，口咬有声，纵丝入水一如初夏之钓窝鱼。汗透衣裤，手酸腰痛不为苦焉。

1941年6月23日
《新北京报·非闇漫墨·卷三》
署名于非厂

雁来钓鱼

北平有两句歌谣，是说北平节气的，就是“七九河开，八九雁来”，现在是八九的时候（由冬至数九算起），今年因为寒流和气压的关系，雁声还未曾听得（我在二月二十七日写的时候）。

我是很嗜好“玩”的人，虽然是件件稀松，距离“玩”的专门很远，只是得了一些常识，而脑子最近又专门用在字画上，其余的小玩意儿，差不多都记忆不清了。现在就我记忆的先谈谈雁来钓鱼。

北平开河不久，即可以持竿钓鱼，这是很好玩儿的事。时间是午前十一时至午后四时最有效，地点要选择向日避风的水边，有阴影的水面不好，水面要满是太阳，水底要有些水草，而这水草要有深有浅，有断有连，有凸出有凹下的。你选好了地点，要平心静气地坐一忽儿，看看草里有没有向上冒一对一对像大珠似的水泡？那凹进去或凸出的水草，是不是有时在摇动？如是，这是有鱼在潜伏，马上可以钓。这里如果水面水底全平静，那你还要看看你左右或者较远的地方，水面有没有无风而波，或是水纹有些小动荡，至于泼刺一声水响，那正是古人所谓“春暖观鱼跃”，也正是我们要寻觅而最理想的地方。因为这是开河之后，大的鲫鱼要觅地产卵，但是雄鲫鱼总是四五条在后面追逐。产卵的地点是水草的凹处，雌鱼躲避开雄的追逐，它一头钻进草里，秘密地产卵，而同时它的一对前鳍，也不会静止，总是扇动着，所以水草也在摆动。它正在产卵时，总是一对儿对儿地喷出气泡，这气泡由水底直达水面，方才爆裂。雌鱼若是始终逃避不开那些追逐者，它很活泼地在它选择好的那一片水草，上下左右游行，游行的姿态，我觉得仅仅用“活泼”两个字来形容还不够，所以古人只用一个“观”字，这妙谛只可意会了。当它选定这一片水草，假如人把钓饵也放在此处，自然群鱼惊散，它或是避开，或是钻入草中借避雄鱼追逐，这样就很有机会把它钓出，也有时会把伏伺的雄鱼钓起来。这种鱼都是鲫鱼，都相当大，起码也够四五两一条，有时钓着过斤的鲫鱼，那是很可能的。假如您成盆地养过龙睛鱼，产卵的情形自然熟悉了。不过，鲫鱼的产卵，比较龙睛鱼还要热烈而活泼。

事前先要寻觅鱼饵，这刚刚开河的鱼饵，是冰层下面泥土里生长的一种小红虫（俗名胭脂虫，色像胭脂，最大的也不过市尺一分，两头尖，中间圆，内包胭脂色的红水。从前金鱼池有卖的，现在我不清楚了），把靠岸的河泥，就河水慢慢地漂去泥，就会找到这种虫。钓钩要小，要钓着大鱼不至于钩弄直了。钓线非生大丝九股自己捻成不可，并且不得用旧线，日本透明线也太倔强。或用浮子（北平所谓“漂儿”），或不用。我那时钓这鱼，不用浮子，选个小钩，系上线，线虽长，自竿尖至钩在一尺以内，竿也选那短的轻的，苇竿即成，甲竿和乙竿的接口处，却要严密而坚实。因为产子的鲫鱼，第一找向阳的地方，第二找水浅的地方，并不似夏天它游于深水。

用浮子自然浮子动，即可知道它上饵。不用浮子，却只仗着执竿手上的感觉和线的动静。鱼假如一吞饵，它这力量，自然由钩传到线，由线传到竿，由竿传到手，觉得小小的一震动。这时眼却要看竿尖，望着线，竿尖下垂，或是线稍倾斜，那时鱼已吞饵而将要下咽，就此轻轻一提，鱼便泼剌出水了。若是感觉震动而竿尖不下垂，或线不倾斜，那是一吞即吐，也有吞即昂头的，这却也要一提，看是有无，不得大意。若是寸许的小鱼在吞饵，那只觉得频频地震动，这趁早另换地方，或是提出来休息一下再钓。因为这种红虫，正是这些小鱼的美食，它们要和你"蘑菇"上，简直讨厌，而你的钩又钓它们不上。

1947年

《一四七画报·非闇漫墨》第10卷第9期

署名于非厂

钓竿

一

往者吾草《都门钓鱼记》，约略言之，颇不为都士人所深恶，且颇有以钓之道垂询者，吾则滋愧。吾深恨吾不早生数十年，得与先民之精于钓者，一领略其创作改善之工，仅就其迹之未或湮者，从而略述之，所得即仅，无或征焉。即以渔竿言，精于制者，多以凋谢；后生小子，莫克继承。所制既粗，取材亦劣，往往一经使用，既成废材，总览神京，殆成绝响矣。吾于是不得不述两艺人：一为祥某，护国寺庙集售渔竿者也。年六十余，终身役役于此，其所制虽不甚精，然漆竿则多佳制，今春已物化矣。一则人所称为康聋子者，向以制竿名，皤然一老，穷窘不堪，已无复有当年兴致。此外制竿者，唯利于售，借以糊口，匪特无佳制，即制之者，亦不审何者佳也。

1927年4月21日
《晨报·非厂漫墨·三六》
署名非厂

二

吾前草《都门钓鱼记》，所为说自信尚能得此中三昧，近有寓书于吾，叩吾以渔竿之最佳者。年来香妃、凤眼等珍异竹竿，连来北平，其较有纹理者，一二尺长，即索价数元或十数元。以之为钓竿，自觉珍异，然非吾之所谓佳也。凡吾所谓佳者，不在竿之精粗，乃在苇之水旱，与制之拙巧耳。其在今日，能令苇生于高阜，经霜雪而不刈，不为薪柴者，已不易得。若专为制钓竿而培植旱苇，在光宣之际，已无此闲人闲力也。苇既不易得佳质，纵有美竹，亦徒具装饰。反之，苇质既佳（苇之为质，遇阴毒，辄能保持其矗直，迥非竹所能及），制作精巧，竹虽恒品，亦为佳构。

1928年8月6日
《新晨报·花萼楼随笔·二》
署名于非厂

三

曩岁草《都门钓鱼记》，于钓竿所知未能周。竭数年力搜讨，渐有积，且得两友。为书如后。

明人墨盛称程君房、方于鲁，程以墨侠，不可利致，特为士林重。钓竿制，有利可致者，有独以侠称，力与利皆不可致，其所制独出心裁，精妙罕俦，较力可致者，岂第天壤！

往者不自揆，曾出所藏钓具于青年会参与展览，尔后识傅君懋儒，懋儒因言有牛君子和者，见所展览，以为无足奇，吾自是知两君皆深于此道，乃恨相见晚。

两君钓竿皆合作，所谓相得而益彰。两君富于资，多闲。选竹曾遍走九城；掘苇，非东郊乐家花园不取；市白丝，动辄数十元；竿口缠蛇皮，皮非蒙胡琴者不用；漆皆精品，不佐桐油，其关于资料者如此。制一竿，以漆之故，费时且三年。

竹既选配，制为两截，凿通，灌脂，经秋冬不裂损。梳白丝使栉比，无棼。两君挟竿赴茶馆，僻静室，对坐，各手一竿交互相持，相缠丝，排比若缎，若文锦，每日各缠十余节，每节约二寸许，则已腕酸臂痛目痴矣。若是者两三日，始各尽一竿。

竿与竿相接，其接竿处谓之口，口以丝缠结，已牢固，不可破，顾犹有所虞。熬膘取清，蛇皮截为片断，横包，惟固。蛇皮遇温水性展，干则紧缩，温湿包，比干，益坚固有力。

缠既竟，俟伏日阴雨，先以漆涂缠丝，俟干再漆，如是才两三次，秋飙已至，则不复能漆，历三年，漆八九遍，竿成。温润莹澈，发奇光，丝缠闪闪若金箍，远非市售所能比。或有问："竿精若此，以之钓，宜若有得，得且大而多?"是则不必然，亦聊以示不苟焉耳。

傅君精于缠丝制钩，牛君于配竿敷漆皆有独到之处，二君盖相得而益彰。所合作不下数十具，皆非可以利致以力取。世有慕二君者，纳交追随，十数年或不得。相交骤，一见倾心，不必假杯酒，举竿赠，以为欣有托。故吾谓两君若程君房，盖独以侠闻。

按北京在三四十年前，东西城所尚不同。以钓竿艺术论，西城钓者向不用漆，白竹，不去皮，不假磨治，凿通，内灌生桐油，浸润俾勿裂，外以用久，温润莹泽若紫玉，雅洁绝伦。吾曾获一"白渔竿"，四截，每截长九尺有八，色殷红，为锦华斋主所手制，主人于姓，以制竿名，亦为难觏之品。

1934年5月4、5、7日
《北平晨报·北晨艺圃》
署名于非厂

四

北平钓竿，向分工制与自制。工制粗而重，用且不耐风雨。自制分漆与灌油。择竹之坚致者，度为短长巨细，放置之，经一寒燠，不坼裂。去表皮维细腻，以生丝缠之，两相接处，以蛇皮若鳝鱼皮胶缠为口，竹筒通其节，以生漆灌入，又经年，自外漆之。北平用漆惟伏日，三伏漆三次，又置之；翌年又漆，若是者三，竿成，遇风雨不曲不裂，坚而韧。技尤精者，竿断为五截，截六尺，体轻若执苇，此之谓漆竿。选竹截为二，可相接，每竹节二者相对，不毫黍差，再以旱苇接为梢，亦二截，短长视竹苇与苇接又与竹相接，合为一竿。两相接处亦以蛇皮、鳝鱼皮为口，通其节，以生桐油灌润之。可一岁，倾油出，则肌理为油润，遇风干不裂。外不去皮，日惟以核桃油擦之，直至光润为度，每三年灌油一次，若是者十年，色渐黄赤。呈殷红，光可鉴人者，非六十年工夫不可也。

1936年6月16日
上海《大公报·非厂漫话》
署名非厂

钓钩·渔竿

前几天同几位朋友谈天，因为在未谈之前，大家总是这样警惕着：勿谈军国大计，勿发牢骚，所以大家说的话，就不免有“商女后庭”的轶出范围了。

我是好钓鱼的，朋友们总是问钓钩哪里买，钓竿东安市场哪一家是否可用。我自然不客气地批评，他们都说：你何妨写下来给人们看，不招灾，不惹祸，正好是闲话——是闲话的材料。

原来北平做钓钩的，现在可以说是无人，或者说无钩。因为原料是德国钢针，欧战后即不好。圆曲为钩，仍要保持它那相当硬度而有弹力的特质。自纪聋子（制钩人）死了，可以说无人。不过在西直门外高梁桥有一个卖鱼钩的，他的制法，在全北平的现在，是比较有些研究的。

东安市场那一家卖渔竿的，把竹皮刮得净净，那是堪看不堪用，而那位制竿老板，面孔极难看，要出价来，更使人不耐烦，还不如护国隆福两寺卖渔竿的，花他两三元钱，买一架金漆四截竿，较为合算些。因为那种竿，如果不喜欢它时，还可以卖得一两元钱，东安市场的竿，恐怕一经烈日，就会裂了。

1933年5月12日
《北平晨报·艺圃》
署名非厂

说猫

畜猫

友人好畜猫，所畜百余只，五光十色，入其门者，觉别具天地。每餐，杯盘罗列，环主人而嗷嗷，而乞食，而跳踉者，声达户外，至不可耐。几间置小铃，主人力振之，皆慑服，屏息莫敢声，逡巡各即其所而蹲伏，若伺后命者。主人餐毕，厨娘置大盆盎四五于庭，各盛米饭约二升，佐以羊肝肉屑，置既竟，主人手小杖挥之，群猫皆起，各就盆盎而食之，鲸吞虎咽，瞬已食尽，徐徐戏庭除，主人欣然以为乐。主人妻早殁，无子，游宦所入以饲猫，颇有余。每谓吾曰："吾以至诚御吾猫，吾猫咸能感吾意而为吾乐。生今之世，以至诚待人，反颜若不相识，落井而投石者，乃比比然，吾不得不寓情于吾猫也。"其言若有所激；吾尤喜其能以法部勒[1]百十猫，皆使就范也，特记之。

1928年8月9日
《新晨报·花萼楼随笔·四》
署名于非厂

谈猫

我爱猫，我尤其爱北平的白狮子猫。可惜我得了多少只好猫，有一只且是金银眼的，可惜走失的走失，死的死了。到现在只剩下一只瞎猫，不但活老鼠捕不着，就是死老鼠，它也撞不着。总计我这四整年中，死走逃亡的猫，共是十四只，是不是我养得不好，是不是我住的地方不好，真使我莫名其妙了。

按《说文解字》说猫是“狸属，豨狸”(《广雅》引《说文解字》作貔狸),《埤雅》说:“鼠害苗而猫捕之，故字从苗。”《本草纲目》说:“猫有苗茅二音其名自呼。”这是解释猫的名义的。“猫，豨狸之呼。”《博雅》这样说，似乎是抄《说文解字》。“猫本狸属，故名狸奴。”《韵府》上这样说，奴字却雅得很。至于《物姓纂异》上说:“猫之为兽，其性属火，故善升喜戏，畏雨恶湿，又善惊，皆火义也。与虎同属于寅，尤灵于夜。”这几句话真难懂，大概是如诗云:“有猫有虎，连类而及。”如俗说“猫是虎的老师，只是未教给上树”可以为证。总之我国往籍，猫狸是一类的。最具体地说:“家猫为猫，野猫为狸。”(见《正字通》)再进一步说:“阔口为猫，尖嘴为狸。”(见《雁岩山志》)

[1] 部勒：部署；约束。

传有相猫经，我不曾见。我读《挥麈新谈》及《山堂肆考》所引，大概猫相须具“十二要”。

（一）头面贵圆。经云：“面长鸡种绝。”

（二）耳贵小贵薄。经云：“耳薄毛毡不畏寒。”又云：“耳小头圆尾又尖，胸膛无旋值千钱。”

（三）眼贵金银色，忌黑痕入眼，忌泪湿。经云：“金眼夜明灯。”又云：“眼常带泪惹灾星。”又云：“乌龙入眼懒如蛇。”

（四）鼻贵平直，宜干，忌钩及高耸。经云：“面长鼻梁钩鼻鸡鸭一网收。”又云：“鼻梁高耸断鸡种，一画横生面上凶，头尾欹斜兼嘴秃，食鸡食鸭卷如风。”

（五）须贵硬，不宜黑白兼色。经云：“须劲虎威多。”又云：“猫儿黑白须，拉屎满神炉。”

（六）腰贵短。经云：“腰长会过家。”

（七）后脚贵高。经云：“尾小后脚高，金褐最威豪。”

（八）爪贵藏，又贵油爪。经云：“爪露能翻瓦。”又云：“油爪滑生光。”

（九）尾贵长细尖，尾结贵短，又贵长摆。经云：“尾长结短多伶俐。”又云：“尾大懒如蛇。”又云：“坐立尾带摆，虽睡鼠亦亡。”

（十）声贵喊。经云：“眼带金光身要短，面要虎威声要喊。”

（十一）猫口贵有坎，九坎为上，七坎次之。经云：“上颚生九坎，周年断鼠声，七坎提三季，坎少养不成。”

（十二）腰要蟠而圆，藏头掉尾。经云：“身屈神固一枪护。”

上边是相猫的方法，还有五长五短的说法，如头、尾、身、足、耳五样皆长或全短，也是贵种。不过这都是可遇而不可求的。

至于猫的异名,《格古论》叫“乌圆”,《韵府》叫“狸奴”,《本草集解》又美其名叫“玉面狸”,《表异录》叫“衔蝉”,《清异录》叫“鼠将”，又叫它“雪姑”。《采兰杂志》叫“女奴”。古人这样看重它，岂不是它真的可爱极了吗！但是《稽神录》却称它“白老”,《表异录》上却称它“昆仑妲己”，您说这别号新鲜不?

向人乞猫必用聘礼，黄山谷诗:“买鱼穿柳聘衔蝉。”这是多么重视它呀！现在我们向朋友乞猫，必须送给朋友点盐和茶叶，俗说是休咬断了亲朋。其实这用盐的办法很古，陆放翁诗云:“裹盐迎得小猫奴。”送盐乞猫，是有来历的。有人说,“盐”字的音与“缘”字声相近，“裹盐”正是“果有缘”的意思，那么，送茶又如何说法呢?

猫是一种最可爱的小动物，文人画士都喜养它，用它作题材画本。我虽不敢比黄鲁直[1]、滕昌祐[2]，但它对于我的用处，却是保护我藏书不为鼠咬，因为我不曾囤积食粮啊!

1946 年

《一四七画报》第 6 卷第 6、7 期

署名于非厂

来 猫

连日合作社如何如何，救济面又如何如何，电力又如何如何,《北京人》的每日一吃，不如改为每日一抢，闲人处此，只有闭口无言。

---

[1] 黄庭坚（1045—1105），字鲁直，号山谷道人。北宋文学家、书法家。

[2] 滕昌祐，字胜华，唐末、五代画家。

闲人家里有一只小猫，这猫并不是向朋友聘来，而是它挨不起饿，自己投到家里的。我家里没有猫，自然不管它是牝是牡，是老是少，是好是坏，因为是来猫，格外加优遇。它或者是怀才不遇，一旦生了知己之感，它倒捕了几个老鼠，做成它赫赫的成果。这样一来，自然格外复给饮食，宽假词色了。前几天小孙儿把它胡子剪掉了一半，它成了半边胡子的猫，鼠虽不再捕，甚至偷鸡窃鱼，也不觉得它讨厌。昨天因为捕雀，把玻璃打碎了，但看着它那半边胡子，非常可笑，也只好自认倒霉，替房东再配上一块。

谈天每天必写，我只得写此来塞责。

1946 年 11 月 18 日
《新民报·土话谈天》
署名闲人

谈狗

狼狗

“儿不嫌母丑，狗不嫌家贫”此俗谚，今请言狗。吾向主负看守宝物之责者，宜弃人而用狗。狗不问其为真赵子昂画马，与假赵松雪画骆驼，与夫绿宝石蓝宝石之惊裂与否，惟有人盗窃，则照例先汪汪几声，然后恶狗扑食照定大腿一啮。狗愈多，声且闻数里，更不虞不惊贼人之胆。夫如是分班训教，按区布岗，日间一条铁索，夜间两个窝头，不数岁繁衍生息，且有一笔大收入。且初豢之狗，若虑搜集之不易，不妨就卫生家所捕之野犬试用，与其致之死而吃狗肉，莫如豢之养之，作正用也。此为予向之主张，今且不谈。予养一纯狼种之狗，已一岁半，最近与友易养，友之狗亦纯狼种，二狗虽易主，而驯顺若绵羊，各相安。于是知“狗不嫌家贫”，只限于中国狗，若外国种之狗，沉醉夫物质文明，恐不可靠。

1936年8月30日
《实报·漫墨》
署名闲人

再谈狗

昨日所书狗，意犹未尽，不补书，将訾我囫囵吞枣，补书，又恐于狗有未慊[1]。思维再四，只言吾所知于中国狗者。往者吾于故都玩嬉之事，若养鸽、豢鸟、畜鱼、植花、斗虫、驰马诸词少所为，曾历历言之，颇不为读者所深恶。故都有四科，为阔少必修之学，曰声，曰色，曰狗，曰马，而吾于四科者独未及于狗。有知我者，且曾见我披老羊皮白碴皮袄，以蓝绒绳牵"獾狗"（今谓之猎狗）冒风雪，深夜蹲伏于丛莽间，捕獾猎兔，而十年前吾家豢哈巴狗四五只，每客至，狂吠若奏迎宾乐，床头桌下蜷伏，每阴雨，虽洗涤勤，隐隐且泛腥臭气。顾写短文十数年，而从未一及于狗，滋可异。予家曾患贫，曾一领破席，两片窝头，一杯浊酒，与先君子谈汉唐文娓娓漏[2]三下不倦。今先君子弃养正十年，先君子最爱狗，吾言之且滋痛，故独不及于狗，夫狗，有非人之所可及者。善守，特其一焉耳。

1936年9月1日
《实报·漫墨》
署名闲人

谈　狗

先君子晚年喜养狗，所养皆珍种，最爱者有四只，食息皆集于一

---

[1] 未慊（qiè）：不满。

[2] 漏：古代计时器。

室，惟精洁。盖先君子既深铜驼荆棘[1]之感，酒酲[2]，无所为乐也。先君子弃养前一年，狗乃相继死，予念先君子，自是不复饮白干酒，家亦不畜狗。前岁，同德医院刘植源大夫见贻一狼狗，名劳瑞，养之成，为张君大千所见，遂以赠之。近刘大夫得陈博生家小猎狗二，赠我一头，复以其所豢狗名哈代者见贻，二狗皆养于予家。予以非先君子所养之哈巴狗，故敢收之。不了此猎狗，竟因感冒患肺病，日瘦弱，刘大夫乃抱之归，为节食饮，力调护。当此狗之初病也，刘大夫午夜来视，吾辈乃相与谈狗。窃意惟居今时，惟可以谈狗，因书以名吾篇。倘先君子有知，当亦喜吾之克肖也。

1936年12月4日
《实报·漫墨》
署名闲人

再谈狗

前所书刘植源大夫喜狗，事有未尽。刘大夫身硕而长，面若银盆，其趺坐远望乃若弥勒佛，宅心仁厚亦如之。善戒烟毒，瘾君子咸乐就之，以故事倍忙，而养狗之兴愈热烈。外应诊，行路一二十分钟，亦务使不虚掷，辄携狗往，大者随车叫跳，小者抱之怀，心念念在病人，目与手则并用以视乎狗，若是者予已不一见。予转赠张君大千之狗，为狼种，毛卷卷若电炙，惜张君已失之。刘大夫复赠我者，与此狗为

---

[1] 铜驼荆棘：亦作“荆棘铜驼”，形容国土沦陷后残破的景象。语出《晋书·索靖传》。

[2] 酲（chéng）：喝醉了神志不清。

兄妹，亦曾一度为人劫去，自亡归，为汽车伤股，予养之愈。当前日之降雪也，刘大夫凌晨起，携两狗步入稷园，曾谓予：视凌晨遛鸟尤有味。狗善守，撄[1]其怒则攻，人无肯致疑于狗之不守者，故可爱。

1936 年 12 月 6 日
《实报·漫墨》
署名闲人

母　狗

已死说相声的焦德海，他曾有这两句问答："也不是怎么个碴儿?""这里头没碴?!"这大概就是这两天华清池畔的大略情形。这且不言。我家里养着一只母狗，驯顺得很。在半个月前，它生产了两只小狗，一只是灰色的，一只是浅绛的。每日汪汪地叫着。本来这母狗，它的母亲是德国种，很受主人优待，过着优裕的生活。自从它到了我家，饮食上既不大考究，设备上在冬天也只预备一只稻草的浅窝，放在院中的窗檐下，但是它既未曾冻饿而死，反而产了两个宁馨之儿，仍卧在那草窝里，度它那产褥的生活。肥肥的那两只小狗，加上我家这五七个孩子都放了假，在这岁莫天寒的当儿，也真来得闹热。

1937 年 2 月 4 日
《实报·漫墨》
署名闲人

[1] 撄（yīng）：触犯。

走　狗

予在韶年喜养狗，以蓝绒绳牵而跃，狗力前，牵之欲其后，狗前俯力趋，人牵绳后仰，狗力增，人力亦健旺。入冬午夜牵狗沿僻巷行，伺猫，遇则嗾狗啮，如是者咸如意，狗之教以成。严冬，三五少年约，架鹰牵狗出城郊，近则三家店、磨石口，远则昌平、易州，即深山古墓，日捕兔夜猫。虽雨雪，露宿荒山旷野，短棉袄裤，系腰带，外披老羊皮裘，寒风刺透若裸，志在猫，虽齿振体战，犹屏息伺，不敢使同侪见也。尽两三日夜，所俘多，入城，招摇过市，即大茶馆，就门前列坐，陈所俘，大饮嚼，洋洋不啻南面王也。比归家，诡词以对尊长，受严责，不悛。日前偶捡旧箧，得养鹰狗所用之绳环，均钢制，造办处物也，因忆及之。

1938 年 10 月 15 日
《新北京报·哭之笑之随笔》
署名于非厂

为狗请命

狗是家畜之一，守夜守门，不顾一切地尽它的义务，主人虽穷，它也依恋着不忍舍去。义犬养犬，这是古今传为美谈的。

鸽子市卖狗以来，又以捕野犬闻。当这深秋的季节，狗毛是丰满润泽的时候，上梁山是吃人肉包子而不吃狗肉包子，但是鲁提辖那条狗腿，吃起来总比山肴野蔌来得解馋。

我不愿意再说乡村里已无狗，不论是“收复区”是“解放区”。我愿再谈敌伪时捕野犬。犬本来是有主人的，弄得作俎上肉、坊里皮，还被上“野”字的恶名。您要知道，现在的狗托命于北平已是九死一生之余了。

当敌伪时期，敌把北平的狗也恨极了，半夜三更，敌和“狗腿子”们跳墙入院，美其名曰检查。这时忠于职守、忠于主人的狗，不知葬送了多少条。这还不够，又美其名曰捕野犬，时期大概是仲春仲秋（狗交尾期），三四个穿蓝布制服的人，推一辆闷子车，两个人持着长竿，竿头缠着铁线套，沿巷执行职务。狗正在求爱，他们择肥选丰举竿一套，放入车里，互相笑乐着“这个毛好”“这个肥”“这个不老”“这个送黑田去”，弄得人人切齿，敢怒而不敢言。而这“哑巴畜生”它更不会找证件而证明它有主人，它并不曾“野”！

1946年9月20日
《新民报·土话谈天》
署名闲人

且谈狗

我们在这“孤岛”（指北平，市长大人语）生存着，晚间点上煤油灯，在灯下写东西，幸而未有放爆竹的，这时只宜谈狗。

我很喜欢养狗，这些年里我不知养了多少条。在这多少条里，最使我喜欢的，是一条狼种的雌狗。它曾一次产过九只小狗——“九狗一獒，獒是五爪”，我确乎在九个之中，找到了这么一个，五爪，而且是一条雄的。后来这个小獒，被张大千先生要了去，不知它现在是不是还存在着，有没有特异之点。因为适在“七七事变”之后，谁还有闲心管它獒不獒！

现在家里有两条狗，一条大，一条小；一条是秋田种，一条是猎犬种；一条是黑如墨，一条是白似雪，都没有杂毛，都相当神气。秋田种是由熊戏子的旧居用一幅画换来的，翘起尾巴成个圈圈，总是一闻叩门，即狺狺地叫，叫得像梆子那么响亮。猎犬种很雄伟，不大叫，咬人总是鼻子擦着地，扑过来偷袭，抽冷子给一下子，尤为裱画的屈子芹先生，曾挨了它一下，幸而口下留情，因此我对于它，特别留意。这家伙专门和院中的麻雀过不去，因为它小的时候，饲过它一个死雀。下雪之后，几只冻雀在觅食，它总是抽冷子扑过去，有一次居然被它扑着了一只真够倒霉的麻雀。它于是见麻雀就扑，怎样矫正也是枉然。至于墙上过个野猫，或是猫在叫春，它和它的伙伴，总是一个叫，一个扑，扑得看不见影儿，才颓然而返。

养狗在从前并不感觉也是一种负担，现在却有点儿那个，好在“孤岛”生活，最后还许弄点狗肉延续生命。

1947年2月18日
《新民报·土话谈天》
署名闲人

编后记

本书分为《食货篇》与《花鸟虫鱼篇》两辑。

前者始于1929年初所作《帝都食货志》，是应《新中华报》主编陈慎言之邀撰稿，“颇欲以耳目所经，草为帝都车服器用礼乐习俗各志，虽已小有所获，而文献尚未尽足”。可见当年作者有着庞大的关于晚清至民初“帝都”社会经济题材的写作计划，囿于文献搜集不甚完备，故先据汉代班固《食货志》“厥初生民，食货为先”之说，撰写《帝都食货志》，其写作意图：所述时间自清入关始，迄于改称北平时这期间的、非皇家之饮食器用的、包括旗籍内外各族的个人见闻，拟分食与货上下两卷，在上卷中，先谈“食”，后及“饮”。遗憾的是，由于政局动荡，人事变迁，文章自1929年1月5日始至5月14日止，饮食部分仅连载有面、米两类，尚不及完竣，布帛金刀之项更未涉及，所载被迫中辍。其间，又有《故都食货志》及散论饮馔、蔬果、酒茶、茶馆诸项文章，大多是小馆野摊、肩挑串巷的民俗小吃，城市贫民生活日常饮食。作者采取白描剪影之笔，捕捉出生活场景瞬间，而非斤斤于食谱菜系制作与考证，是其此类文章的特有风格。至于钱财布帛、五行八作等“货”物之文，偶有涉笔，未见完备，只能将散见文章依类编排于后，以略窥作者意图之一斑而已。读者通过这些生动传神、京味十足的艺术描写，去感受那种老北京生活特有的忠厚淳朴之浓浓味道。

《花鸟虫鱼篇》，选取《都门钓鱼记》《都门艺兰记》《都门豢鸽记》三种业已出版单行本之外的散论文章，自然包括《都门蟋蟀记》这部连载中辍未能结集为“四记”之作，在类别上更加广泛，养花莳草，钓鱼豢鸟，畜虫扑蝶，养猫驯犬，看似闲情逸致，实则与作者的观察、从事写作绘画有着极为密切的关联。他的工笔画创作中造型准确、刻画精微、形神兼备的特点，即为佐证。而梅兰竹菊的傲幽坚淡品质，也是中国文人感物喻志的象征，恰与作者文章和绘画中惯用之小中见大、寸瑜胜尺瑕的审美特征高度融合。当然，其中的有些文章显然是借题发挥，别有深意，这要读者依据文章的发表历史背景与时间，自行去咀嚼体味了。

本书中选取的相关历史照片及作者的金石书画作品，意在以图佐文，使读者在阅读文章时通过这些图片能够对历史现场进行联想，加深对文字的理解，既可以看作“读图时代”的趋同，更是对历史文献的保存和传承。这些图片资料主要来自各种印刷出版物和各类网站拍卖会图片、电子数据库文献资料截图等，虽无法达到图文间精准对应，更难于辨析作品真赝，只是作为一种阅读参考而已，借此对各位编著者、收藏者、网络经营者及热心提供资料的友人致以由衷的申谢。

本书得益于杨良志先生热情推荐，文津出版社总编辑高立志先生精心策划，编辑部同志的倾心工作，得以顺利出版，再此一并申致谢忱。鉴于本人学识浅薄，见闻有限，书中如有疏漏不当处，期待读者不吝指正。

出版说明

本书主要整理了于非闇（1889—1959）发表在民国时期报刊中的文章，文章发表时间跨度较长，为尊重先生不同时期的写作习惯、遣词风格，以及语言文字自身发展的变化规律，故在整理出版时对人名、地名、物名、书名等的称呼及异体字的使用不进行硬性统一及现代汉语的规范化处理。由于先生笔名较多，出版时署名遵循最初发表时使用的笔名。对于先生编辑的栏目中无署名的文章，据文辞风格判定为先生所作的，依据最初发表时的状态落款不署名。

特此说明，提请读者注意。

文津出版社

图书在版编目（CIP）数据

食货花鸟 / 于非闇著 ；沈宁编注 . — 北京 ：文津出版社，2023.7

ISBN 978-7-80554-833-3

Ⅰ. ①食… Ⅱ. ①于… ②沈… Ⅲ. ①地方文化—北京—文集 Ⅳ. ①G127.1-53

中国版本图书馆 CIP 数据核字（2022）第 163024 号

策　　划：高立志
统　　筹：王铁英
责任编辑：陈　平
责任营销：猫　娘
责任印制：陈冬梅
装帧设计：吉　辰

食货花鸟
SHIHUO HUANIAO
于非闇　著　沈宁　编注

出　　版：北京出版集团
　　　　　文津出版社
地　　址：北京北三环中路 6 号
邮　　编：100120
网　　址：www.bph.com.cn
发　　行：北京伦洋图书出版有限公司
印　　刷：北京汇瑞嘉合文化发展有限公司
开　　本：889 毫米 ×1194 毫米　1/32
印　　张：16.875
字　　数：210 千字
版　　次：2023 年 7 月第 1 版
印　　次：2023 年 7 月第 1 次印刷
书　　号：ISBN 978-7-80554-833-3
定　　价：88.00 元